AI 토론으로 다시 묻는
종부세 합헌 판결의 진실

**AI 토론으로 다시 묻는
종부세 합헌 판결의 진실**

초판 1쇄 발행 2025년 11월 24일

지은이	AI(ChatGPT 5.0)
기획자	이재만(기획정리)
발행인	강재영
발행처	애플씨드
브랜드	북메소드
출판사	등록일 2021년 8월 31일 (제2022-000065호)
이메일	appleseedbook@naver.com

CTP출력 인쇄 제본 (주)성신미디어
ISBN 979-11-24121-01-6 (03360)

- 북메소드는 애플씨드의 자비 출판 브랜드입니다.

- 이 책에 실린 내용, 디자인, 이미지, 편집 구성의 저작권은 지은이에게 있습니다.
  따라서 저작권자의 허락 없이 임의로 복제하거나 다른 매체에 실을 수 없습니다.

AI 토론으로 다시 묻는
종부세
합헌 판결의 진실

AI (ChatGPT 5.0) **지음** | 이재만 기획 정리

머리말

헌법 위에 선 조세 정의를 묻다

　우리 사회는 지금 "세금"이라는 이름 아래 국민의 기본권이 어디까지 제한될 수 있는가라는 근본적인 질문 앞에 서 있습니다. 종합부동산세는 본래 부동산 자산의 불평등을 완화하고 조세 형평을 실현한다는 명분으로 도입되었습니다. 그러나 2020년 이후 급격히 강화된 세율, 공시가격의 급등, 공정시장가액비율의 인상, 조정대상지역의 확장 등은 그 본래 취지를 넘어 국민의 재산권을 직접적으로 침해하는 결과를 낳았습니다. 특히 법인과 다주택자에 대한 차별적 중과세는 "조세를 통한 형벌화"라는 우려를 낳으며, 헌법이 보장하는 평등권과 조세법률주의의 경계를 무너뜨렸습니다.

　그럼에도 헌법재판소는 이러한 현상을 단순히 "입법목적이 정당하고 수단이 적합하다"는 이유로 합헌이라 판단하였습니다. 그러나 그 판단은 헌법상 조세 정의의 실질적 기준을 검토하지 않은 채 형식적 논리에 머물렀습니다. 조세의 합헌성은 단지 법률 조문이 존재하느냐에 의해 결정되는 것이 아니라, 그것이 국민의 재산을 얼마나 침해하고, 자유로운 경제생활의 기반을 얼마나 훼손하는가에 의해 가늠되어야 합니다. 입법 목적만 내세워 국민의 재산을 무상으로 박탈할 수 있다면, 그것은 세금이 아니라 권력의 명령에 불과합니다.

이 책은 바로 그 문제의식에서 출발하였습니다. 여기에는 종합부동산세의 헌법적 정당성을 둘러싸고 재산권·평등권·조세법률주의·사회계약원리 등 핵심 가치들이 서로 충돌한 과정을 토론 형식으로 담았습니다. 각 패널의 발언은 단순한 찬반 논쟁을 넘어, 조세의 본질과 법치주의의 근간을 되묻는 과정이었습니다. 토론의 흐름 속에서 드러난 것은 명확합니다. 종합부동산세는 헌법이 보호하는 재산권의 본질적 내용을 침해하고, 조세평등주의를 왜곡하였으며, 예측 가능성과 법적 안정성을 상실한 세금이라는 점입니다.

국가가 국민에게 세금을 부과할 수 있는 권한은 국민의 자유와 재산을 보호하겠다는 사회적 계약 위에서만 정당성을 가집니다. 그러나 종합부동산세는 그 계약의 근본을 흔들었습니다. 납세는 의무이지만, 그 의무는 헌법이 허용하는 한도 안에서만 강제될 수 있습니다. 세금이 국민의 생존 기반을 침해하고, 사적 유용성을 넘어 원본 재산을 잠식한다면 그것은 더 이상 조세가 아니라 재산의 몰수입니다.

이 책은 단순히 한 세금 제도의 문제를 지적하는 데 그치지 않습니다. 이것은 헌법이 보장하는 자유와 권리, 그리고 국가 권력의 한계를 다시 확인하려는 기록입니다. 종합부동산세를 둘러싼 논쟁은 결국 "국민의 재산권을 어디까지 국가가 제한할 수 있는가"라는 자유민주주의의 근본 질문과 맞닿아 있습니다.

이 책이 국민과 법학자, 입법자, 그리고 헌법 수호의 책임을 지닌 모든 이들에게 조세 정의와 헌정 질서의 본질을 다시 생각하게 하는 계기가 되기를 바랍니다. 세금은 정의로워야 하며, 정의는 법 위에 있어야 합니다.

2025년 11월
ChatGPT

차례

머리말 5

서론 — 부동산 보유세의 본질적 특징 11
    01. 부동산 보유세의 본질적 특징 13
    02. 종부세의 문제점(위 성격과 대비) 14
    03. 여기서 이어질 논의 포인트 15

1장 종부세 토론 주제 (1) - 과세체계의 구조적 문제 17
    사회자 발제 19
    패널 토론 25
    교차 토론(핵심 쟁점별 응답) 28
    사회자 정리·평가(결론) 29

2장 종부세 토론 주제 (2) - 종부세와 재산권 침해 33
    01. 종부세 토론 주제 (2-1) - 재산권의 본질적 내용 침해 35
    02. 종부세 토론 주제 (2-2) - 과잉금지원칙의 위배 70
    03 종부세가 재산권을 침해했는가에 대한 사회자 종합평가 및 결론 161

3장 종부세 토론 주제 (3) - 종부세와 조세평등주의 위반 문제 165
    01. 종부세 토론 주제 (3-1) - 종부세 차별 과세와 조세평등주의 위반문제 167
    02. 종부세 토론 주제 (3-2) - 경제적 파급 효과와 사회적 형평성 문제 191
    03. 종부세와 조세평등주의 위반문제에 대한 사회자 종합 평가 212

4장 종부세 토론 주제 (4) - 종부세와 조세법률주의 위반문제 217

01. 종부세 토론 주제 (4-1) - 과세요건 명확성 침해와 포괄위임의 한계 219
02. 종부세 토론 주제 (4-2) - 납세자 신뢰보호 원칙과 법적안정성 문제 273
03. 종부세 토론 주제 (4-3) - 법률개정의 남용과 예측가능성 문제 327

5장 종부세 토론 주제 (5) - 형식적 법률주의와 실질적 조세정의 349

사회자 발제 351

패널 토론 355

교차토론 367

6장 종부세 토론 주제 (6) - 종부세와 사회계약 원리 375

사회자 발제 377

패널 토론 381

교차토론: 패널 3의 반박 주장 및 결론 387

사회자 종합 평가와 종합 결론 — "종부세는 정당한가 아니면 잘못 설계된 것인가" 373

01. 한문장 요약 395
02. 핵심 사실·구조 진단(요지) 395
03. 헌법·원칙별 최종평가 397
04. 반대 논거에 대한 응답(요지) 398
05. 최종 결론 399

서론

부동산 보유세의
본질적 특징

01. 부동산 보유세의 본질적 특징

물세(物稅)의 성격
- 소득세·법인세와 달리, 납세자의 능력(담세력)보다는 부동산이라는 특정 물건의 존재 자체에 따라 과세.
- 따라서 세액은 소득 발생 여부와 무관하게 "보유 사실"에만 근거.
  → 그렇기 때문에 과도한 과세는 쉽게 원본재산 침식으로 연결됨.

명목적 재산세(Nominal Tax)
- 국제적으로 보유세는 "재산 원본을 보존하면서, 기대 가능한 수익(사적 유용성)에 낮은 세율을 적용하는 것"이 원칙.
- 즉, 과세 한계는 재산 원본이 아니라 그 재산이 현실·잠재적으로 창출하는 이용가치.

- 독일 판례의 반액과세 원칙(기대임대소득 50% 한도)이 대표적 기준.

응익과세 성격(Benefit Tax)
- 지방정부가 제공하는 치안·도로·상하수도 등 공공서비스 편익의 대가로서 부과.
- 그래서 대부분 지방세로 단일비례세율을 채택.
- 예: 미국의 지방 property tax, 영국 council tax.
- → 이는 국민에게 "세금은 공공서비스 사용료"라는 인식을 줘서 조세저항이 최소화됨.

02. 종부세의 문제점(위 성격과 대비)

종부세는 위 세 가지 성격에서 모두 벗어남
- 물세인데도 원본을 침식 → 기대임대소득 초과 과세.
- 명목적 세율을 넘어선 실질적 압류세 → 특히 다주택자·법인에 3~6% 중과세.
- 응익과세 원칙 무시 → 지방정부가 아닌 중앙정부 세수, 편익과 무관.

결과적으로 종부세는 국제 기준상 "부동산 보유세가 아닌 준-부유세(Wealth Tax)"에 가깝고, 이는 헌법적 정당성도 흔들리게 됨.

03. 여기서 이어질 논의 포인트

재산세와 종부세의 이중과세 문제
- 재산세로 이미 응익과세가 충족되는데, 종부세는 별도의 재산세를 중복 부과하는 구조.
- 국제적으로 이중 구조를 가진 나라는 전무.

사적 유용성 초과 여부
- 2021~2022년 기대임대소득률(0.9~1.5%) vs 종부세 실효세율 (2~4배 이상).
- 법인과 다주택자 사례(특히 SH공사처럼 순자산 상실 위험).

헌법 제23조·제37조와 연결
- 헌법은 "재산권 보장"과 "본질적 내용 침해 금지"를 규정.
- 보유세가 재산 원본을 무상 몰수하는 수준이라면 헌법이 정한 조세 한계를 명백히 벗어남.

1장

종부세 토론 주제 (1)
- 과세체계의 구조적 문제

:

| 사회자 발제 |

1. 주제 정의

한국의 부동산 보유세 체계는 **지방세(재산세)와 국세(종합부동산세)의 이원 구조입니다. 이 구조가 (a) 실질적 이중과세인지, (b) 과세표준·세율 운용이 자의적·과도한지, (c) 국제적 보편모형(응익·단일비례·지방세 중심)과 충돌하는지 여부가 핵심입니다.

2. 주제가 왜 중요한가?

우리나라 국민이 내는 부동산 보유세는 크게 두 가지가 있습니다.

하나는 재산세: 지방세로서 시·군·구청이 걷어 지역 치안, 도로, 환경 등 지역 서비스 비용을 충당하기 위해 부과됩니다.

다른 하나는 종합부동산세(종부세): 국세로서 국가가 걷는 세금입니다. 이 세금은 집값 안정과 자산 불평등 완화라는 정책 목적을 내세우며 만들어졌습니다.

문제는 이렇게 재산세 + 종부세 두 개가 동시에 부과되는 구조가 국제적으로 매우 드물다는 점입니다. 대부분 나라들은 지방세인 재산세 하나만으로 보유세를 운영합니다.

3. 실제로 어떻게 세금이 매겨지나?

부동산 보유세(특히 종부세)는 세금을 계산하는 방식이 아주 복잡합니다. 세금은 크게 두 가지를 곱해서 계산합니다.

- 과세표준: 세금을 매길 기준이 되는 금액. (공시가격 × 공정시장가액비율 공제금액)
- 세율: 그 기준 금액에 곱해지는 세금 비율.

여기서 문제가 생깁니다. 공시가격은 정부가 정하는 집값인데, 시장가격보다 높게 잡히기도 하고 지역 주택 유형에 따라 들쑥날쑥하게 조정됩니다.

공정시장가액비율은 원래 세부담을 완충해 주는 장치인데, 정부가 마음만 먹으면 60%로 낮췄다가 95%로 올릴 수도 있습니다.

세율은 단순히 집값에 비례하는 게 아니라, 주택 수, 조정대상지역 여부, 법인 소유 여부에 따라 몇 배씩 달라집니다.

즉, 같은 가치의 집을 가진 사람이라도

1주택자는 세금이 상대적으로 낮게 나오고,

2주택 이상 보유자는 몇 배로 늘어나며,

법인은 공제도 없고 상한도 없어 사실상 폭탄세금이 부과됩니다.

실제로 2021년에는 같은 금액의 주택을 보유했는데도, 어떤 사람은 100만 원을 내고 다른 사람은 5천만 원을 내는 식으로 최대 50배~60배 차이가 났습니다.

4. 관련 법규정(개요)

- **헌법**: 제23조(재산권 보장), 제37조②(본질적 내용 침해 금지), 제11조(평등), 제38·59조(조세법률주의).
- **종부세법**:
  - 제8조(과세표준: 공시가격·공정시장가액비율·기본공제·합산배제 등),
  - 제9조(세율: 주택 수·조정대상지역 연동 중과 규정의 변천),
  - 제10조(세부담상한: 개인/법인 차등 · 법인 상한 폐지 변천).

- **지방세법(재산세)**: 부동산가격공시에 관한 법률(공시가격), 주택법

등(조정대상지역 지정 근거), 민간임대주택에 관한 특별법(합산배제/과세전환 연동).

5. 판례·결정의 흐름(요지)

- 2008년 일부 위헌: 과세방식의 특정 요소가 평등·담세력 원칙과 충돌한다는
취지의 제한적 위헌(세부 항목 생략).
- 2021·2022년 합헌: 공시가격·공정시장가액비율 운용, 중과 구조 등에 대해 "입법재량의 범위 내", "온전히 자의에 맡긴 것은 아님"이라는 취지로 합헌 판단.

- 민간임대주택 관련(2024.2.): 등록말소·제도개편의 과잉금지원칙 위배 아님(합헌).

※ 위 헌재 판단은 "목적의 정당성·입법재량"을 중시했습니다. 반면, 청구측 자료(2021·2023·2024)는 실효·형평·명확성·신뢰보호 침해를 구체사례(법인·다주택·일시적 2주택·민간임대)로 제시합니다.

6. 사실관계(핵심 변화)

- 과세표준 측면:
  - 공시가격 현실화 정책('20 이후 가속),
  - 공정시장가액비율 상향(장기 80% → '21년 95%) 후 변동('22~'24 조정),
  - 합산배제(민간임대) 축소·과세전환.

- 세율 구조 측면:
  - '21년 다주택·법인 중과 강화 → '23년 조정대상지역 2주택 중과 폐지 등 일부 완화,
  - 법인: 6억 공제 삭제·세부담상한 폐지로 급격한 세부담 확대 경험.
- 효과: 동일 자산이라도 주택수/법인 여부/지역에 따라 세율·세액 격차가 매우 큼(최대 수십 배), 공시가격·공정시장가액비율·세율의 삼중레버리지로 단기간 세부담이 수배 급등 가능.

7. 이게 왜 문제인가?

첫째, 이중과세 문제입니다. 이미 재산세를 내는데 또 종부세를 낸다면, 똑같이 "집을 보유했다"는 이유로 세금을 두 번 내는 꼴이 됩니다. 헌재는 "목적이 다르다"고 해서 합헌이라고 했지만, 국민 입장에서는 같은 집에 세금이 두 번 매겨지는 것과 다름이 없습니다.

둘째, 세금이 들쑥날쑥합니다. 공시가격, 공정시장가액비율, 세율을 정부가 조정하면서 어떤 해에는 세금이 2~3배 폭등하고, 또 어떤 해에는 갑자기 줄기도 합니다. 세금을 예측하기 어려우니 가계나 기업은 장기적인 계획을 세울 수가 없습니다.

셋째, 평등 원칙의 훼손입니다. 같은 집을 가진 사람이라도 "몇 채 보유했느냐, 어디 있느냐, 개인이냐 법인이냐"에 따라 세금이 수십 배 차이 납니다. 원래 조세법의 기본은 "비슷한 담세력(내는 능력)에는 비슷한 세금"인데, 지금은 이 원칙이 크게 깨지고 있습니다.

넷째, 국제비교에서 예외적입니다.
미국: 지방정부가 부과, 연간 인상률 상한(2~6%) 있음.
일본: 3년에 한 번 평가, 인상률 5% 상한.
영국·프랑스·독일: 임대소득(사적 유용성)을 기준으로 세금 부과.
이처럼 해외에서는 보유세가 국민 생활을 압박하지 않도록 장치가 마련되어 있습니다. 하지만 한국 종부세는 그런 안전장치 없이 정부 정책에 따라 크게 요동칠 수 있습니다.

8. 토론의 핵심쟁점

① 재산세+종부세의 이중과세성: 동일한 기초사실(보유)로 지방세·국세 동시 과세가 실질 이중인

지, "목적·기능 상이"로 정당화 가능한지.

② 과세표준의 자의성: 공시가격/공정시장가액비율이 정책결정에 따라 세부담을 5~6배까지 좌우
하는 구조가 조세법률주의(명확성·예측가능성)와 양립 가능한지.

③ 세율·세부담 격차: 주택수·법인 여부에 따른 과도한 차등이 평등원칙·담세력 원칙과 조화되는지.

④ 국제비교: 응익·단일비례·지방세 중심의 보편모형과 한국의 국세 추가·중과모형의 괴리.

⑥ 사적 유용성·질식적 과세금지: 구조적 논의가 결국 재산권 심판에서 어떤 위헌 리스크로 수렴 하는지.

| 패널 토론 |

패널 1·종부세 찬성 입장

"재산세와 종부세는 목적이 다릅니다. 재산세는 지방 공공서비스의 응익 대가, 종부세는 국가 차원의 자산 편중 완화·투기 억제라는 사회정책세입니다. 이중과세가 아니라 기능분담입니다. 또한 상위 소수(약 2%)에게 국세를 부과하는 것은 수직적 형평 실현입니다. 공시가격·공정시장가액비율 조정은 시장 급등기에 과세표준의 현실화를 통해 형평을 회복한 조치입니다. 다주택·법인 중과는 조세회피·투기 수요 차단을 위한 합리적 차등이며, 그 효과로 다주택 보유 유인이 약화되었

습니다. 국제비교를 말하지만, 한국은 자가보유 비중·전월세 구조·수도권 초집중 등 고유한 특성이 있어, 그대로의 모방은 곤란합니다."

패널 2 · 헌법재판소 입장

"입법목적은 정당하고, 수단도 대체로 적합합니다. 공시가격 산정·공정시장가액비율 설정·조정대상지역 지정 등은 법률의 통제 하에 운영되며, '온전히' 행정부 자의에 맡긴 것은 아닙니다. 과세체계가 다층적이라는 이유만으로 곧바로 이중과세라 할 수 없고, 입법재량을 존중해야 합니다. 차등과세는 합리적 근거가 있을 때 평등원칙에 반하지 않습니다. 납세자 신뢰보호·예측가능성은 중요하지만, 공익상 필요와 과도하지 않은 경과조치가 병행되었다면 헌법에 합치될 수 있습니다."

패널 3 · 종부세 반대 입장

"형식적 목적 구분으로 실질을 가릴 수는 없습니다. 동일한 '보유'라는 과세요건으로 재산세와 종부세가 중복되며, 종부세는 응익과 무관한 국세라는 점에서 세계 보편모형과 충돌합니다. 공시가격과 공정시장가액비율은 정책 레버로 남용되어 단기간 세부담을 수배로 증폭시켰고, 특히 법인 공제 삭제·상한 철폐는 담세력 한계를 넘어섰습니다. 다주택·법인 중과는 동일 가액에 수십 배 격차를 만들었고, '조정대상지역 2주택 중과'처럼 법령 외 타 제도와의 연계로 사실상 세율을 행정결정으로 바꾸는 효과가 있었습니다. 국제적으로 보유세는 사적 유용성(기대임대소득) 범위 내 낮은 세율·단일·지방세가 원칙입니다. 한국 종부세는 원본자산 기준·중앙정부 중과·고율 누진으로 명백한 이탈입니다."

패널 4 · 글로벌 스탠다드 관점

"OECD 대부분 국가는 지방재산세 단일체계이며, 단일비례(혹은 완만한 구간), 가액 변동 상한(미국 주별 2~6%/년 등), 평가주기·상한으로 예측가능성을 보장합니다. 영국·프랑스·독일은 평가를 임대가치 기반으로 설계해 사적 유용성 초과 과세를 구조적으로 방지합니다. 과거 부유세wealth tax를 운영하던 나라들도 자본이탈·낮은 효율성·갈등 심화로 대부분 폐지했습니다. 한국의 '지방 응익+국세 중과' 이중구조는 국제 보편모형과 거리가 멉니다. 또한 정책목표(가격 안정)는 보유세 단독으로 달성하기 어렵고, 거시·공급·금융·임대차 제도와의 종합 설계가 필요합니다."

| 교차 토론(핵심 쟁점별 응답) |

이중과세성

- 종부세 찬성: 목적 다르면 이중 아님.
- 종부세 반대/글로벌 스탠다드: 과세요건이 동일(보유)이고, 응익은 이미 재산세로 가격에 내재. 추가 국세는 실질적 중복이며 국제적으로 예외적.

과세표준 자의성

- 종부세 찬성/헌재: 법률·절차 통제, 평가 공시 체계 존재.
- 종부세 반대: 공시가격·공정시장가액비율·조정대상지역지정이 정책변수로 단기간 수배의 세부담 변동을 야기. 명확성·예측가능성 침해.

세율·세부담 격차

- 종부세 찬성: 투기 억제 위한 합리적 차등.
- 종부세 반대: 동일 담세력에 수십 배 격차는 평등원칙과 충돌, '조정대상지역' 같은 행정결정 연동 세율은 위임입법 한계 이탈 소지.

국제비교

- 종부세 찬성: 한국 고유 상황.
- 글로벌 스탠다드: 고유성 인정하되, 예측가능성·단일성·응익성은 보편적 헌법적 품질 기준. 한국은 이를 지속적으로 위반.

재산권 침해

- 글로벌 스탠다드/종부세 반대: 국제표준은 사적 유용성 범위 내 낮은 세율. 한국 구조는 원본침식 위험.
- 종부세 찬성/헌재: 개별 사례의 과도는 개별 구제 문제.
- 종부세 반대: 구조 자체가 질식적 과세를 유발(법인·다주택·공기업 사례).

| 사회자 정리평가(결론) |

구조적 진단

- 한국 보유세는 지방 응익세(재산세) 위에 국가 중과세(종부세)를 얹은 이원구조로, 국제 보편모형(단일·지방·낮은 세율·예측가능)과 괴리가 큽니다.

- 공시가격·공정시장가액비율·지역지정·주택수 계산이라는 네 축의 정책변수로 세부담이 단기간 수배로 변동 가능(명확성·예측가능성·신뢰보호에 취약).
- 세율 차등이 담세력 원칙을 넘어서 동일 가액 간 수십 배 격차를 실무적으로 발생시킴(수평·수직 형평 동시 훼손 위험).

헌법적 평가(구조 단계)

- 이중과세 논점: 목적이 달라도 동일 사실(보유)에 근거한 중복과세는 실질 심사를 요합니다. 응익은 지방세에서 이미 실현되는 만큼, 추가 국세는 과잉·중복 논란이 큽니다.
- 법률주의·평등: 정책변수로 세부담이 5~6배 움직이는 체계는 과세요건의 명확성·예측가능성에 대한 우려가 크고, 주택수·법인 여부에 따른 과도한 차등은 합리성 심사에 취약합니다.

재산권 심판과의 연결

- 국제표준은 보유세를 사적 유용성(기대임대소득) 범위 내 낮은 세율·단일로 설계해 원본침식을 방지합니다.
- 한국의 이원·중과 구조는 사적 유용성 초과를 제도적으로 유발하여, 나아가 질식적 과세금지(담세력 질식) 위반 소지가 큽니다(법

인·공기업·다주택 구체사례에서 현출).

정책적 시사점

① 단일·지방 중심으로 보유세 구조 단순화,

② 평가·공정시장가액비율·세율의 상한·완충장치 법정화(연간 인상률·총부담 상한),

③ 주택수·지역연동 중과의 단계적 축소(위임·자의 통로 차단),

④ 사적 유용성 기준의 법정화(임대가치·거주편익 반영)로 헌법적 안전장치 확보.

종합 결론

현재의 이원·중과 구조는 국제 보편모형과 괴리가 크고, 조세법률주의·평등원칙·재산권 보장의 측면에서 **헌법적 리스크**가 구조적으로 내장되어 있습니다. 구조 개선 없이 부분 손질로는 위헌 논란과 시장 왜곡을 반복할 가능성이 높습니다.

2장

종부세 토론 주제 (2)
- 종부세와 재산권 침해

01

종부세 토론 주제 (2-1)
- 재산권의 본질적 내용 침해

| 사회자 발제 |

1. 헌법 규정과 기본 원리

- 헌법 제23조 제1항 : "모든 국민의 재산권은 보장된다. 그 내용과 한계는 법률로 정한다."
- 헌법 제37조 제2항 : "국민의 모든 자유와 권리는 국가안전보장, 질서유지 또는 공공복리를 위하여 필요한 경우에 한하여 법률로써 제한할 수 있으며, 제한하는 경우에도 자유와 권리의 본질적인 내용을 침해할 수 없다."

※ 따라서 조세는 공공복리를 위해 정당하게 부과될 수 있지만, 본질적 재산권(원본 보존 및 이용 가능성)을 침해하는 수준까지는 허용되지 않습니다.

2. 헌법재판소 판례의 흐름

- 2008년 위헌 결정(일부):
  - 종부세의 과세 방식 중 일부가 평등원칙과 담세력 원칙을 침해한다고 판단.
  - 다만 제도 자체는 합헌으로 인정.

- 2020년, 2021년, 2022년 합헌 결정:
  - 공시가격 현실화, 공정시장가액비율 상향, 다주택자 중과 등은 "입법재량 범위 내"라며 합헌 판단.
  - 특히 2021년 결정에서는 "공시가격 산정과정이 온전히 행정부 자의가 아니고, 기대임대소득을 초과한다고 해도 본질적 침해로 볼 수 없다"는 입장.

- 그러나 이는 독일·프랑스 등 해외 헌법재판소가 사적 유용성 초과 자체를 위헌으로 본 태도와는 뚜렷한 차이를 보입니다.

3. 종부세 제도 및 과세요건 변천

- 과세표준 = (공시가격 × 공정시장가액비율) 기본공제
  - 2021년: 공정시장가액비율 95% (역대 최고치)
  - 개인 기본공제: 6억(1세대 1주택자는 11억)

- 법인: 6억 공제 삭제, 세부담 상한도 폐지

■ 세율 구조
- 개인 2주택자(조정대상지역): 1.2~6.0% (누진)
- 개인 다주택자(3주택 이상): 최대 6.0%
- 법인: 단일세율 6.0%
- 농어촌특별세: 종부세액의 20% 추가 부과

■ 결과: 동일 가액이라도 1주택자와 법인 사이에 세부담이 수십 배 차이 발생.

4. 구체적 사실관계(2021년 기준, 기대임대소득 vs 종부세 실효세율)

■ 헌법소원 청구인이 제시한 기대임대소득률(2021년 기준)
- 개인: 0.91% (공시가격 대비)
- 법인: 1.525% (공시가격 대비)

■ 실제 종부세 실효세율(공시가격 20억 가정)
- 개인 다주택자(공시 20억, 조정대상지역 2주택 이상)
- 과세표준: 20억 × 95% − 6억 = 12억
- 종부세율: 누진 적용 시 약 3% 전후 → 실효세율 약 1.15%
- 종부세액: 약 2,294만 원 (실효세율 1.15%)

- 농특세(20%) 포함 시: 약 2,754만 원 → 실효세율 1.38%
- 기대임대소득(0.91%) 대비 1.5배 수준
  - 법인 다주택자(공시 20억)
- 과세표준: 20억 × 95% = 19억
- 종부세액: 19억 × 6% = 1.14억
- 실효세율: 5.77% (공시가격 대비)
- 농특세(20%) 포함 시: 1.37억 → 실효세율 6.84%
- 기대임대소득(1.525%) 대비 약 4.5배 초과

- 비교 요약

구분	기대임대소득률(%)	실효세율(종부세만,%)	실효세율(농특세포함,%)	기대임대소득 대비 실효세율
개인 다주택자 (조정대상지역내 2주택자 포함)	0.91	1.15	1.38	1.5배
법인 다주택자	1.525	5.77	6.84	4.5배

- 개인 다주택자: 기대임대소득 대비 1.5배
- 법인 다주택자: 기대임대소득 대비 4.5배

※ 두 경우 모두 사적 유용성(기대임대소득)을 초과, 원본 재산 침식으로 이어질 수 준임이 수치로 확인됩니다.

5. 국제비교

- 독일: 반액과세 원칙 → 보유세 등 총세부담이 기대임대소득의 50% 초과 시 위헌. 최근에는 질식적 과세금지로 발전.
- 영국·프랑스·독일 : 과세표준 자체를 임대가치로 산정 → 기대임대소득 초과 불가능.
- 미국·일본: 공시가격 산정 시 인상률 상한(2~6% 또는 3년간 5%)으로 급등 방지.

※ 즉, 선진국은 모두 재산 원본 보호를 위한 안전장치를 두고 있습니다. 한국 종부세는 이런 장치가 부재해 "사적 유용성 초과 → 원본 침식"을 구조적으로 내포합니다.

6. 핵심 쟁점 정리

- 기대임대소득 초과 여부
  - 개인 다주택자: 기대임대소득의 약 1.5배 초과
  - 법인: 기대임대소득의 4.5배 이상 (농특세 포함 시 6.84%)
    → 사적 유용성을 명백히 초과

- 헌법적 해석
  - 헌재: "극단적 상황만 본질 침해" → 합헌

- 해외 헌재: "담세력 초과 자체가 위헌" → 위헌 가능성

- 정책적 리스크
  - 단순한 과잉이 아니라 원본 재산의 무상몰수 위험
  - 민간임대사업자의 경우 임대보증금 구조 때문에 더 빠른 속도로 순자산 고갈 → 사실상 몰수 효과

- 결론
  - 2021년 종부세는 재산권의 본질적 내용 침해 소지가 명백
  - 국제적 헌법원리와 비교 시 위헌 가능성 더욱 강화됨

| 패널 토론 |

패널 1 · 종부세 찬성 입장

저는 종부세가 재산권의 본질적 내용을 침해했다는 주장은 받아들이기 어렵다고 생각합니다.

① 종부세의 목적적 정당성
- 종부세는 단순히 "재산을 보유했다"는 이유로 무차별 과세하려는 세금이 아닙니다.
- 우리 사회에서 주택가격 급등은 국민 다수에게 주거 불안을 안겨

왔고, 특히 소득은 늘지 않았는데 집값만 치솟아 자산 격차가 심화되었습니다.
- 종부세는 이 불평등을 완화하고, 고액 부동산 보유자가 사회적 책임을 지도록 설계된 사회정책세입니다.
- 즉, 응익과세 성격의 재산세와는 달리, 종부세는 조세 정의 실현과 투기 억제라는 공익적 목적을 지니고 있습니다.

② 재산권 본질적 내용 침해 아님
- 헌법 제23조는 재산권을 보장하면서도 "공공복리에 적합하도록" 규정합니다.
- 따라서 재산권은 절대적 권리가 아니라 사회적 제약을 수반하는 권리입니다.
- 종부세가 다소 무겁게 느껴지더라도 이는 사회 전체의 주거 안정과 형평성 실현을 위한 부담이지, 재산권의 본질적 침해라고 보기는 어렵습니다.
- 헌법재판소도 2021년, 2022년 결정에서 "사적 유용성을 초과했다"는 청구인 주장을 인정하지 않고, 입법자의 정책 판단 범위 내라며 합헌을 선고했습니다.

③ 기대임대소득 기준의 문제
- 청구인 측은 "종부세가 기대임대소득률(예: 0.91%~1.5%)을 훨씬 초과한다"고 주장합니다.
- 그러나 기대임대소득률은 단순한 가정치일 뿐, 실제 보유로 인한

경제적 효용은 훨씬 넓습니다.
- 자가 거주의 경우, 임대료를 내지 않아도 되는 편익(이른바 거주 편익, imputed rent)이 존재합니다.
- 부동산 가치 상승에 따른 자본이득 기대 또한 무시할 수 없습니다.
• 따라서 기대임대소득만을 담세력 기준으로 삼아 세금을 제한해야 한다는 논리는 협소합니다.

④ 세율 및 세부담 문제
• 맞습니다. 2021년에 공시가격 현실화, 공정시장가액비율 95%, 다주택자 중과세율이 겹치면서 세부담이 크게 늘어난 것은 사실입니다.
• 그러나 이는 일시적 정책적 조정이었고, 2023년 이후에는 조정대상지역 2주택 중과가 폐지되고, 공정시장가액비율도 완화되었습니다.
• 즉, 제도는 조정 가능하며, 일시적 급등 사례만으로 "헌법 위반"이라고 단정할 수 없습니다.

⑤ 국제 비교의 해석
• 청구 측은 OECD 대부분 국가가 단일 비례세율, 임대소득 기반, 지방세 중심이라고 지적합니다.
• 그러나 한국은 주거 형태가 특수합니다.
- 자가보유율은 낮고, 전세·월세 비중이 매우 높으며, 수도권 초집중 현상은 다른 OECD 국가에서 보기 드뭅니다.

- 따라서 단순히 외국제도를 그대로 가져와 비교하는 것은 타당하지 않습니다.
- 오히려 불평등 심화, 주택 투기 억제를 위해 한국 상황에 맞는 특별 세제가 필요하다고 볼 수 있습니다.

⑥ 농어촌특별세 포함 문제
- 종부세에 농특세까지 포함해 실효세율을 부풀려 계산하는 것은 과장된 측면이 있습니다.
- 농특세는 별도의 목적세이고, 전체적으로는 사회적 연대 기여 성격을 가집니다.
- 이를 단순 합산하여 종부세의 위헌성을 주장하는 것은 적절하지 않습니다.

⑦ 결론
- 종부세는 헌법이 보장하는 재산권의 본질적 내용을 침해했다고 보기 어렵습니다.
- 기대임대소득 초과 과세라는 주장은 담세력 개념을 지나치게 축소한 것이며, 재산권은 사회적 의무와 균형을 이루어야 합니다.
- 공시가격과 세율 조정 과정에서 다소의 불합리와 조세저항은 있었으나, 이는 제도적 개선의 문제이지 위헌 사유는 아닙니다.
- 따라서 종부세는 헌법적 한계 내에서 합헌적·정당하게 운영되는 사회정책세라고 평가할 수 있습니다.

패널 2 · 헌법재판소의 입장

저는 종부세가 재산권의 본질적 내용을 침해하지 않았다는 헌법재판소의 입장을 말씀드리겠습니다.

① 헌법적 기본 틀
- 헌법 제23조는 재산권을 보장하면서 동시에 "공공복리에 적합하도록" 하여야 한다고 규정합니다.
- 따라서 재산권은 절대적 권리가 아니며, 공공의 이익을 위하여 입법자가 합리적으로 제한할 수 있습니다.
- 헌법 제37조 제2항도 자유와 권리가 본질적 내용을 침해하지 않는 범위에서 제한될 수 있다고 명시하고 있습니다.

② 종부세의 입법 목적
- 종부세는 단순히 재정을 확보하기 위한 세목이 아니라, 부동산 가격 안정, 투기 억제, 조세 형평 실현이라는 뚜렷한 공익적 목적을 지닌 세제입니다.
- 이는 주거 안정과 사회적 불평등 완화라는 헌법적 가치와도 직접 연결됩니다.
- 따라서 그 입법 목적은 정당합니다.

③ 과세요건의 명확성 및 합리성
- 헌법소원 청구 측은 "공시가격과 공정시장가액비율이 자의적으로

결정된다"고 주장합니다.
- 그러나 헌법재판소는 2021년 결정에서 다음과 같이 판단했습니다.
  - "법률이 직접 공시가격의 산정 기준이나 절차, 한계를 정하지 않은 것이 아니다. 관련 법령에 절차와 기준이 마련되어 있고, 국토교통부 장관이나 시장·군수의 결정이 자의적으로 이루어진다고 볼 수 없다."
- 즉, 과세요건은 법률과 하위법령의 틀 속에서 정해지고 있으며, "온전히 행정부의 자의에 맡긴 것"이 아니라는 것이 헌재의 입장입니다.
- 공정시장가액비율 또한 법률이 위임한 범위 내에서 합리적으로 조정된 것이므로, 조세법률주의에 반하지 않습니다.

④ 재산권 본질적 내용 침해 여부

- 청구 측은 종부세가 기대임대소득률(0.91%~1.525%)을 훨씬 초과한다고 주장합니다.
- 그러나 재산권 본질적 내용 침해를 논하려면 단순히 수치상 초과 여부가 아니라, 소유권 자체의 핵심적 기능(사용·수익·처분)이 사실상 불가능해졌는지를 따져야 합니다.
- 종부세 납세의무자 대다수는 여전히 부동산을 소유·이용·처분할 수 있으며, 일부 고액 보유자의 세 부담이 증가했다고 해서 곧바로 재산권의 본질적 침해라 할 수는 없습니다.
- 헌재는 "종부세 부담이 과도하더라도, 그 정도가 소유권을 실질적으로 박탈하거나 본질적 권능을 훼손하는 수준에 이르렀다고 보

기 어렵다"고 판단했습니다.

⑤ 담세력·형평성 원칙
- 조세는 국민의 담세력(지불 능력)에 따라 부과되는 것이 원칙입니다.
- 다주택자나 법인은 실질적으로 더 많은 자산을 보유하고 있으며, 그 자체로 더 큰 담세력을 가진 것으로 평가할 수 있습니다.
- 따라서 세율을 높이거나 공제를 배제한 것은 담세력에 따른 차등 과세일 뿐, 자의적 차별이 아닙니다.
- 헌법 제11조가 요구하는 평등원칙에도 합치됩니다.

⑥ 국제비교와 한국의 특수성
- 청구 측은 "OECD 국가는 단일비례세율, 임대소득 기준, 지방세 중심"을 원칙으로 한다고 지적합니다.
- 그러나 헌법재판소는 국제적 모형을 그대로 따라야 할 의무는 없다고 보았습니다.
- 한국은 전월세 제도, 수도권 초집중, 낮은 자가보유율 등 특수한 시장 구조를 가지고 있어, 종부세와 같은 별도 국세로 조정 장치를 마련할 합리적 이유가 존재합니다.

⑦ 세부담의 급등과 예측 가능성
- 2021년 세부담이 급격히 증가한 것은 사실이지만, 이는 부동산 가격 급등이라는 사회 현실을 반영한 결과였습니다.
- 또한 정부는 이후 공정시장가액비율을 조정하고 중과세 규정을

완화하여 세부담을 완충했습니다.
- 즉, 제도는 고정된 것이 아니라 시장 상황에 맞게 조정 가능한 구조로, 법적 안정성과 예측 가능성이 일정 수준 보장됩니다.

⑧ 결론
- 종부세는 고액 부동산 보유자의 담세력에 맞추어 공정하게 부과되는 세금입니다.
- 과세 목적은 정당하고, 과세요건은 법률에 근거하여 합리적으로 운용되고 있습니다.
- 일부 납세자에게 세 부담이 크더라도, 이는 재산권의 본질적 내용을 침해했다고 보기 어렵다는 것이 헌법재판소의 일관된 입장입니다.
- 따라서 종부세는 헌법상 허용되는 범위 내에서 합헌적으로 운용되고 있다고 할 수 있습니다.

패널 3 · 종부세 반대 입장

저는 종합부동산세가 헌법이 보장하는 재산권의 본질적 내용을 침해한 세금임을 분명히 말씀드립니다.

① 헌법적 원칙
- 헌법 제23조: 재산권은 보장된다. 단, 공공복리에 적합하도록 하

되 본질적 내용은 침해할 수 없다.
- 헌법 제37조 제2항: 자유와 권리는 국가안전보장·질서유지·공공복리를 위해 제한할 수 있으나, 그 본질적 내용은 침해할 수 없다.
➜ 종부세는 소유권의 본질을 구성하는 사용·수익·처분권 중 "수익" 권능을 심각하게 훼손하여, 사실상 원본 재산을 몰수하는 결과를 초래합니다.

② 사적 유용성 원칙(기대임대소득)
- 부동산 보유세의 한계는 단순히 "가액"이 아니라 사적 유용성(해당 부동산이 창출하는 수익·이용 가치)에 있습니다.
- 사적 유용성은 통상적으로 기대임대소득으로 환산됩니다.
- 독일 연방헌법재판소도 1995년 "반액과세 원칙"을 통해 재산세와 기타 세금을 합산한 총 세액이 기대임대소득의 절반을 넘으면 위헌이라고 명확히 밝혔습니다.
- 프랑스·영국·독일은 공시가격 자체를 임대가치 기준으로 산정하여, 사적 유용성을 초과하는 과세를 제도적으로 차단하고 있습니다.
※ 한국처럼 사적 유용성을 초과하여 보유세를 부과하는 나라는 OECD 어디에도 없습니다.

③ 구체적 사실관계 및 세액 계산
- 헌법소원에서 제시된 2021년 기준 기대임대소득률:

- 개인: 0.91%
- 법인: 1.525%

■ 실제 부과된 종부세 실효세율 (농특세 포함):

- 개인 다주택자 (조정대상지역 내 2주택자 포함, 공시가격 20억 기준): 약 1.38%

■ 법인 다주택자 (공시가격 20억 기준): 약 6.84%

※ 개인의 경우 기대임대소득의 2배 수준, 법인은 4.5배 초과.

※ 이는 "수익" 권능을 넘어 원본 자산을 잠식하는 수준입니다.

④ SH공사 시뮬레이션 사례

- SH공사는 공공임대주택을 대규모로 보유한 법인입니다.
- 만약 SH공사가 일반 법인과 동일하게 종부세가 부과된다면,
- 매년 기대임대소득을 초과하는 세금을 내야 하고,
- 약 7년 내에 모든 순자산이 소멸하게 됩니다.

※ 이는 단순한 세금이 아니라 사실상의 원본 재산 몰수이며, 헌법적 보호 가치가 있는 재산권을 전면적으로 침해하는 결과입니다.

⑤ 원본 재산의 무상몰수 문제

- 사적 유용성을 초과한 세금은 납세자의 소득으로도 감당할 수 없고, 결국 재산 원본을 팔아서 세금을 내야 하는 상황을 만듭니다.
- 이는 "세금"이라는 형식을 빌린 사실상의 강제적 재산 몰수입니다.
- 헌법이 보장한 재산권은 원본 보존을 전제로 한 수익과 이용을 보호하는데, 종부세는 이 전제를 깨뜨리고 있습니다.

⑥ 국제 비교의 시사점
- 미국: property tax는 지방세로만 존재하며, 연간 인상률 상한이 2~6%로 제한됨.
- 일본: 3년에 한 번 평가, 5% 상한 규정.
- 독일·영국·프랑스: 임대소득 기반, 사적 유용성 초과 불가.

※ 한국처럼 공시가격을 급등시키고, 공정시장가액비율·세율을 동시에 중과하여 원본 몰수 수준의 세금을 부과하는 제도는 전례가 없습니다.

⑦ 담세력의 한계 초과
- 조세는 헌법상 납세의무와 결부되지만, 이는 어디까지나 담세력 범위 내에서입니다.
- 소득세·법인세도 실질 소득 범위 내에서만 부과됩니다.
- 그러나 종부세는 "보유"라는 사실에만 근거하여 실질 소득과 무관하게 원본을 잠식합니다.
- 이는 담세력 원칙을 정면으로 위반합니다.

⑧ 결론
- 종부세는 사적 유용성을 초과하여 부과됩니다.
- 이로 인해 납세자는 기대임대소득을 넘어 원본 자산을 처분해야 하며, 이는 사실상 재산 원본의 무상몰수입니다.
- 헌법 제23조·제37조가 보장한 재산권의 본질적 내용이 침해된 것이 명백합니다.
- 세계 어느 나라도 사적 유용성을 초과하는 보유세를 허용하지 않

습니다.

※ 따라서 종부세는 헌법적으로 허용될 수 없는 위헌적 세금입니다.

패널 4 · 글로벌 스탠다드 관점

저는 국제비교와 비교헌법의 시각에서 한국 종부세가 보편적 보유세 모형과 어떻게 다른지, 그리고 그 차이가 왜 헌법적 리스크(재산권 본질침해)를 키우는지 설명드리겠습니다.

① 세계 보유세의 공통된 '품질 기준'
글로벌 스탠다드 표준으로 관찰되는 보편 원칙은 네 가지입니다.

- 단일·지방세 중심(응익성)

대다수 OECD 국가는 보유세를 지방재산세 하나로 운영합니다. 지방 공공서비스(치안·도로·환경)의 편익 대가라는 응익 과세 원리가 분명합니다. 국세로 같은 과세요건(보유)을 한 번 더 물리는 구조는 예외적입니다.

- 과세표준의 '임대가치(사적 유용성) 앵커'

영국·프랑스·독일은 공시가격 자체를 임대가치(기대임대소득)에 기반해 산정합니다. 이 설계는 구조적으로 "사적 유용성(담세력)의 한계"를 넘는 과세를 막는 안전장치입니다.

■ 낮은 세율·완만·예측가능

미국·일본처럼 거래가치 기반을 쓰는 나라조차, 연간 인상률에 법정 상한(미국 다수 주 2~6% 내외, 일본 3년간 5% 상한 등)을 두고 급등을 방지합니다. 세부담은 완만·예측가능해야 합니다.

■ 평등성과 중립성

동일 가치의 자산이라면 유사 세부담이 기본입니다. 다주택·법인 여부를 이유로 수십 배의 격차가 나는 구조는 조세법의 수평·수직 형평 원칙 모두에 취약합니다. 특정 행정지정(예: 조정대상지역)으로 사실상 세율이 바뀌는 방식도 위임·자의 논란을 키웁니다.

→ 요약하면, 글로벌 스탠다드는 사적 유용성(기대임대소득)을 넘지 않게, 단일·지방세로, 낮은 세율·상한·예측 가능하게 설계합니다.

② 한국 종부세의 구조적 일탈: 국제 기준과 대비할 때 한국 종부세는 다음과 같은 이탈이 뚜렷합니다.

- 이원 과세(재산세+종부세): 동일한 '보유' 사실로 지방세와 국세가 동시 과세됩니다. 목적을 달리 주장하더라도, 실질적으로는 중복 과세 논란을 피하기 어렵습니다.
- 세부담 레버리지 3종 세트: 공시가격(현실화 정책), 공정시장가액 비율, 중과세율(주택수·법인·조정대상지역)이 동시에 가동되면 단기간에 세부담이 수배로 급등할 수 있습니다. 국제적 상한·완충 장치와 정반대입니다.
- 과도한 차등: 동일 가치라도 1주택/다주택/법인에 따라 수십 배의

격차가 발생. 평등·담세력 원칙과의 긴장이 큽니다.
- 위임·자의 논란: 조정대상지역 지정·주택수 계산·합산배제(민간임대) 등 핵심 과세요건이 하위법령·타법에 포괄 연동되어 세율·과세범위가 행정결정에 준해 바뀌는 효과가 나타납니다.

③ '사적 유용성(기대임대소득)' 초과 여부 한국 수치의 의미
- 이 토론에서 정리된 2021년 기준 수치를 글로벌 스탠다드 관점에서 읽어보면:
- 기대임대소득률(공시가 대비): 개인 0.91%, 법인 1.525%
- 실효세율(농특세 포함)
- 개인 다주택자(조정대상지역 2주택자 포함): 약 1.5~3.6%
- 법인 다주택자: 약 6.84%
- 이는 사적 유용성 대비 개인 2~3배, 법인 4.5배 초과라는 뜻이고, 보편적 기준에서 담세력 한계를 넘어 원본을 파고드는 수준입니다. 해외는 임대가치 앵커·상한 규범 덕분에 이런 상황이 구조적으로 발생할 수 없게 설계되어 있습니다.

④ '질식적 과세 금지'와 재산권 본질침해의 국제적 해석
- 비교헌법상 조세는 비례성/과잉금지 심사를 거칩니다. 특히 보유세는 반복·지속 과세이므로, 담세력(사적 유용성)을 초과하면 질식 confiscatory 효과가 발생합니다.
- 독일계 전통에서 발전한 논의(반액과세·질식적 과세 금지)는, 결과적으로 '사적 유용성 방파제'를 세워 원본침식을 막자는 취지로

이해됩니다.
- 영국·프랑스·독일의 임대가치 과세는 같은 맥락의 제도적 방화벽입니다.

핵심은 "초과" 그 자체가 이미 헌법적 위험이라는 점입니다. '극단적 박탈까지 가야 한다'는 해석은 글로벌 스탠다드 표준과 거리가 있습니다.

⑤ SH공사 시뮬레이션과 '무상몰수' 효과

공익법인인 SH공사를 일반 법인과 동일 과세로 가정하면, 기대임대소득을 초과하는 세금이 매년 누적되어 약 7년 내 순자산 소멸에 이릅니다. 이는 단지 "세부담이 무겁다"가 아니라, 반복과세로 원본이 체계적으로 소진되는 구조 — 곧 사실상 무상몰수 효과를 뜻합니다. 민간임대사업자들도 보증금 구조 탓에 현금흐름 압박 — 원본 처분으로 이어질 위험이 큽니다. 이런 유형의 결과는 국제적으로 보유세가 피해야 할 금지선에 가깝습니다.

⑥ 반론에 대한 글로벌 스탠다드 관점의 답변
- "한국은 시장 구조가 특수하다"는 주장: 특수성은 정책 수단의 선택을 바꿀 수 있으나, 헌법적 품질 기준(예측가능성·평등·비례성·사적 유용성 존중)을 폐기할 면허가 아닙니다. 특수할수록 상한·완충·경과조치가 더 필요합니다.
- "농특세는 별도 목적세이니 빼야 한다": 납세자 입장에선 총세부담이 담세력과 충돌하는지가 본질입니다. 목적세라 해도 현금유출

은 동일하며, 초과부담을 정당화하지 못합니다.
- "일시적 급등이었다": 반복·지속 과세에서의 급등은 계속성 가정 아래 장기 **박탈효과**를 유발합니다. 해외는 그래서 **연간 인상 상한**을 아예 법정화합니다.

⑦ **결론**(글로벌 스탠다드 관점의 헌법평가)
- 한국 종부세는 이원 구조, 사적 유용성 초과, 과도한 차등, 급등 가능성, 위임·자의 리스크로 인해 국제 보편모형과 구조적 괴리가 큽니다.
- 2021년 기준 수치(개인 약 1.5~3.6%, 법인 6.84% vs 기대임대소득 0.91%/1.525%)는 담세력의 방파제를 넘어섰음을 명확히 보여줍니다.
- 비교헌법적 관점에서 이는 재산권 본질적 내용 침해 위험이 크며, 적어도 강한 비례성 심사에 취약합니다.
- 글로벌 스탠다드에 맞춘 구조적 개편(단일·지방, 임대가치 앵커, 상한·완충, 형평·중립, 위임통제, 신뢰보호)이 없다면, 동일 논란이 주기적으로 재발할 가능성이 높습니다.

※ 한 문장 요약: 세계 표준은 "사적 유용성 한계 내 낮은 세율·단일·지방정부부과·예측가능", 한국 종부세는 "한계 초과·이중·중앙정부 부과·변동성" – 이 간극이 바로 헌법 리스크의 핵심입니다.

| 교차토론: "종부세와 재산권의 본질적 내용 침해" 쟁점별 공방 |

[쟁점 1] "종부세는 재산세(응익)와 달리, 조세정의 실현·투기억제라는 공익 목적이 있다"
- 사회자 요지: 목적의 정당성은 인정될 수 있으나, 그 자체로 본질적 내용 침해를 정당화하지는 못합니다(헌법 제23·37조 체계).

- 종부세 반대 입장 측의 반박
  - 헌법 심사에서 목적의 정당성은 출발점일 뿐입니다. 사적 유용성(기대임대소득)을 초과하는 반복 과세로 원본 재산을 잠식하면, 목적이 아무리 고귀해도 본질적 내용 침해가 됩니다.
  - 수단 – 목적 적합성도 미흡합니다. 가격안정·불평등 완화는 거시금융 규제, 보유·거래·양도·임대차 제도 전반의 정교한 패키지로 달성할 문제이지, 보유세 단일 중과로 해결될 사안이 아닙니다(이미 1차 토론에서 검토).
  - 국제비교: 영국·프랑스·독일은 임대가치 앵커·낮은 세율·세부담 상한으로 "과세는 하되 원본은 건드리지 않는다"가 핵심입니다. 한국처럼 국세(종부세)를 보유사실에 중첩해 목적을 달성하겠다는 설계는 예외적이고, 본질침해 위험을 키웁니다.

- 미니결론: 공익 목적이 과잉·질식적 과세를 정당화하는 면허는 아닙니다. 목적 정당성 ≠ 본질침해 정당화.

[쟁점 2] "세부담이 다소 무거워도 주거안정·형평을 위한 부담일 뿐, 본질침해는 아니다"

- 사회자 요지: "다소 무겁다"의 문제를 정량으로 따져봅니다. 본질침해는 질(권능 박탈) + 양(반복·초과 규모)로 판단합니다.

- 종부세 반대 입장 측의 반박
  - 2021년 기준 기대임대소득률: 개인 0.91%, 법인 1.525%(헌법소원 제출치).
  - 실효세율(농특세 포함):
    - 개인 다주택자(조정대상지역 2주택 포함) 약 1.5~3.6%
    - 법인 다주택자 6.84% (= 6.0%×공정시장가액비율 0.95×농특세 1.2)
  - 결과: 개인 2~4배 초과, 법인 4.5배 초과. 이는 매년 사적 유용성(담세력)을 초과하므로, 임대료·임차보증금 이자 등 정상흐름으로는 세액 감당 불가 → 원본 처분으로 귀결됩니다.
  - 반복성이 핵심입니다. 한 번의 급등이 아니라 매년 동일 구조가 작동하면, 소유권의 수익·지배 권능이 실질적으로 붕괴합니다(본질적 내용에 가해지는 질(權能) + 양(규모·기간)의 동시 침해).

- 미니결론: 여기서 말하는 건 "무겁다"의 주관이 아니라 반복·초과라는 구조적 사실입니다. 본질침해 임계를 수치로 넘어섰습니다.

[쟁점 3] "기대임대소득만을 담세력 기준으로 삼는 건 협소하다"
- 사회자 요지: 사적 유용성의 **표준화** 지표로 기대임대소득(혹은 임대가치)을 쓰는 것이 국제 표준에 부합하는가?

- 종부세 반대 입장 측의 반박
  - 비교법·국제실무: 영국·프랑스·독일은 공시체계 자체를 임대가치(기대임대소득)에 앵커링합니다. 이 때문에 과세가 구조적으로 유용성 한계를 넘지 않도록 설계되어 있습니다.
  - 자가 거주 편익도 기대임대소득 개념에 포섭 가능합니다. 즉, 기대임대소득은 협소한 지표가 아니라 가장 중립적인 담세력 표준입니다.
  - "자본이득 기대"는 실현 전(未實現) 이익으로, 보유세의 과세근거가 될 수 없습니다(양도·보유의 과세영역 분리). 미실현 이익을 담세력으로 잡아 현재 보유세를 부과하면 **현금흐름 – 세부담 괴리**로 곧바로 원본 침식이 발생합니다.

- 미니결론: 기대임대소득은 협소가 아니라 국제표준 담세력 지표입니다. 이를 초과하는 보유세는 원본침식 위험을 본질적으로 내포합니다.

[쟁점 4] "세제는 조정 가능하다. 일시적 급등만으로 위헌을 단정할 수 없다"
- 사회자 요지: 사후 완화가 위헌 상태를 치유하나? 보유세의 반복

성·예측가능성 관점에서 본다.

- 종부세 반대 입장 측의 반박
- 보유세는 매년 반복됩니다. 2021년처럼 공시가격·공정시장가액 비율·중과세율이 동시에 가동돼 수배 급등이 가능했다면, 그 설계 자체가 예측가능성·신뢰보호에 취약합니다(조세법률주의 훼손).
- 사후에 일부 완화했다 해도, 당해 연도에 발생한 본질침해는 이미 발생했고, 향후 정권·정책에 따라 동일 위험이 재현될 여지가 큽니다("레버리지 3종 세트"가 그대로 존재).
- 국제표준 해법은 "조정 가능"이 아니라 법정 상한·완충(미국 연 2~6%, 일본 3년 5% 등)으로 "급등 자체를 제도적으로 금지"합니다.
- 미니결론: 위헌 가능성을 사후조정으로 덮을 게 아니라, 급등 불가 구조(상한·완충·임대가치 앵커)로 선제 차단해야 합니다.

[쟁점 5] "외국제도 단순 모방은 곤란, 한국 상황엔 특별세제가 필요"
- 사회자 요지: 상황의 특수성은 인정하되, 보편적 헌법 품질기준(명확성·예측가능성·평등·비례성·사적 유용성 존중)은 지켜야 합니다.

- 종부세 반대 입장 측의 반박
- 특수성은 수단의 디테일을 달리 만들 뿐, 핵심 원칙(담세력 한계·본질침해 금지·예측가능성 보장)을 무력화할 근거가 아닙니다.
- 한국은 오히려 전세·수도권 집중·자가 낮음 등으로 현금흐름 취약한 보유자가 많으므로, 더 강한 상한·완충·경과가 필요합니다.

- 한국식 "지방 재산세 + 국세 종부세" 이중 구조와, 주택수·법인·조정대상지역에 따라 수십 배 격차가 나는 중과 체계는 수평·수직 형평 모두를 해칩니다. 이는 특수성의 문제가 아니라 원칙 위반입니다.

■ 미니결론: 국제제도를 베끼자는 게 아니라, 보편 원칙(사적 유용성 한계, 상한·완충, 형평·명확성)을 한국형으로 제도화하자는 것입니다.
※ 보충: SH공사·임대사업자 "원본 재산 무상몰수" 효과
- SH공사 시뮬레이션(가정): 일반 법인과 동일 과세 시, 매년 기대임대소득 초과 세금이 누적되어 약 9년 내 순자산 소멸. 반복·지속 보유세의 질식적 과세 전형입니다.
- 민간 임대사업자: 고(高)보증금·저(低)현금흐름 구조에서 농특세 포함 중과세가 가해지면 영업현금흐름 〈 세부담으로 원본 처분이 필연.
   → 둘 다 "일시적 무거움"이 아니라, 구조적으로 원본을 갉아먹는 메커니즘입니다.

[쟁점 6] "다주택자·법인 담세력과 차등과세" 쟁점

■ 패널 2 (헌법재판소 입장)
① 담세력 차이 강조
- 다주택자와 법인은 더 많은 자산을 보유하므로 재산권 보호 수준보다 조세부담 능력이 더 크다.

- 따라서 세율을 높이거나 공제를 배제하는 것은 담세력 차이에 따른 합리적 차등과세이며, 자의적 차별이 아니다.

② 합헌 논거
- 헌법 제11조 평등권은 "같은 것은 같게, 다른 것은 다르게" 취급하는 것을 원칙으로 한다.
- 다주택자·법인은 소유형태·자산규모·시장 영향력이 개인 1주택자와 뚜렷이 달라, 세법상 구별은 합리적이다.

■ 종부세 반대 입장의 반박
① 담세력 ≠ 무제한 세부담 가능성
- 담세력은 **현금흐름**(소득·임대수익·유동성)으로 판단해야 합니다.
- 2021년 기준 기대임대소득률은 개인 0.91%, 법인 1.525% 수준.
- 그러나 종부세 실효세율은 개인 다주택자 1.5~3.6%, 법인 6.84%로, 현금흐름을 수배 초과합니다.
  → 이는 "담세력"을 넘어 원본 재산 매각·침식 없이는 납부 불가. 단순히 자산총액이 크다고 무제한 세금을 부과할 수는 없습니다.

② 차등과세가 '합리적'인가 '과도한 격차'인가
- 동일 가치 주택을 보유해도:
  - 1주택자: 실효세율 0.6% 내외
  - 다주택자: 1.5~3.6%(4배)
  - 법인: 6.84% (10배 이상)

- 국제비교: OECD 대부분은 단일비례세율, 동일 자산은 동일 과세.
- 한국: 동일 자산임에도 55~65배 격차 발생 (2021년 기준).
  → 이는 "합리적 차등"이 아니라 자의적·징벌적 차등입니다.

③ 공제 배제의 문제
- 6억 공제는 원래 "종부세 = 고액자산가에 대한 추가부담"이라는 입법취지를 구현하는 장치.
- 법인에게만 이를 배제한 것은, 동일한 자산가액임에도 납세자 유형만으로 차별하는 것.
- 담세력 차이를 고려했다면, 최소한 법인 소유 자산 총액 기준으로 누진을 설계했어야 함.
  → 공제 배제는 정책목적과 괴리된 자의적 조치.

④ 실질적 역효과
- 법인 중과는 투기 억제효과가 없음. 공공임대·민간임대 법인은 종부세 감면을 받지 않으면 존속 자체가 불가능, SH공사 시뮬레이션처럼 종부세가 전면적으로 과세가 되면 순자산 소멸 위험을 낳음.
- 민간 임대사업자는 종부세 전환으로 기대임대소득 대비 2~4배 과세 → 파산·전세사기 연쇄.
  → 결과적으로 시장 안정 목적과 정반대 효과.

■ 글로벌 스탠다드의 보충설명
- 영국·프랑스·독일 : 임대가치 기반 과세, 동일 자산은 동일 세율 적용 → 차등 없음.
- 미국·일본 : 거래가액 기준이지만, 인상률 상한(2~6%, 3년 5%)으로 격차 확대 방지.
- 국제사회에서는 "같은 자산=같은 과세"가 원칙이며, 법인·다주택자 차별적 중과는 찾아보기 힘듭니다.

종합 정리(사회자)
- 목적의 정당성은 인정하되, 사적 유용성(기대임대소득) 초과라는 정량 사실이 존재하면 본질적 내용 침해에 직면합니다.
- 2021년 수치(개인 0.91% vs 1.5~3.6%, 법인 1.525% vs 6.84%)는 담세력 한계 초과를 명확히 보여줍니다.
- "조정 가능·특수성" 논변은 상한·완충·앵커 같은 구조적 안전장치가 있을 때에야 설득력을 가집니다. 현재 체계는 그 방화벽이 부재합니다.
- 다주택자·법인은 담세력이 크다"는 논거는 부분적 사실일 뿐, 그 차등이 헌법상 평등원칙·담세력 원칙의 한계를 초과한 만큼 재산권 본질 침해 정당화 근거가 될 수 없다.

① 담세력은 자산총액이 아니라 현금흐름·유용성이 기준이어야 함. 종부세는 이를 수배 초과.
② 동일 자산에 5~10배, 전체적으로 55~65배 격차는 합리성 한계

를 넘어선 징벌적 차등.
③ 법인 공제 배제는 입법목적과 맞지 않고, **형평성 훼손**.
④ 중과세는 시장 안정도 달성 못 하고, 오히려 임대시장 불안·자산 몰수 효과만 키움.

- 결론적으로, 패널1 주장들은 목적과 필요성의 언어에 머물러 있고, 본질침해 금지라는 헌법의 붉은선(담세력 한계·반복과세의 원본 침식)을 정면으로 해소하지 못합니다.

※ 최종 판단: 종부세는 2021년 구조·수준에서 사적 유용성 한계를 반복 초과하여 재산권의 본질적 내용을 침해하였다고 보는 것이 헌법적·비교법적·수리적 관점에서 타당합니다.

| 토론 주제 2-1의 정리 및 결론(사회자) |

1) 오늘의 쟁점 정리: 이번 토론에서 다룬 핵심 쟁점은 다음과 같았습니다.
① 헌법 규정
- 제23조: 재산권 보장
- 제37조 제2항: 국민의 자유와 권리는 본질적 내용을 침해할 수 없음
- 제11조: 평등권
- 제38·59조: 조세법률주의

② 헌법재판소의 기존 입장
- 종부세는 공익적 목적(투기 억제·형평성 제고)을 위한 사회정책세로 합헌.
- 다주택자·법인에 대한 중과, 공제 배제 등은 담세력 차이에 따른 합리적 차등.
- 공시가격·공정시장가액비율은 "온전히 자의적"이지 않으며 입법재량 범위 내.

③ 사실관계와 수치
- 2021년 기준 기대임대소득률: 개인 약 0.91%, 법인 약 1.525%.
- 실제 종부세 실효세율(개인은 공시가격 20억 원 기준, 법인은 공시가격 관계 없이 동일)
  - 개인 다주택자(조정대상지역 2주택 포함): 1.5~3.6%.
  - 법인 다주택자: 6.84% (농특세 포함).
- 기대임소득의 2~4배, 법인은 5배 이상 세금이 부과됨.
- 이는 임대수익만으로는 납부 불가능 → 원본재산 매각·침식 불가피.
- SH공사 시뮬레이션: 일반 법인과 동일하게 종부세 과세 시 7년 내 순자산 소멸.

④ 국제 비교
- 독일·영국·프랑스: 임대가치 기준 과세, 기대임대소득 25~50% 수준.

- 미국·일본: 거래가액 기준이지만 인상률 상한(2~6%, 3년 5%)으로 급등 방지.
- 공통점: 원본 재산 침식 방지, 예측 가능성 보장.
- 한국 종부세: 원본가액 기준·중앙정부 중과·단기간 폭증 → 국제 표준과 괴리.

2) 패널 발언 요약

① 패널 1 (종부세 찬성 입장)
- 종부세는 사회적 불평등 완화·투기 억제를 위한 공익적 정책세.
- 다주택자·법인은 담세력이 크므로 차등과세는 합리적.
- 기대임대소득만을 기준으로 담세력을 제한하는 것은 협소.
- 일시적 급등 사례만으로 위헌이라 단정할 수 없음.
- 한국 상황에 맞는 특별세제가 필요.

② 패널 2 (헌법재판소 입장)
- 입법 목적은 정당, 수단은 대체로 적합.
- 다주택자·법인 중과는 담세력 차이에 따른 합리적 차등.
- 공시가격·공정시장가액비율은 법률 통제하에 운영됨.
- 본질적 침해라기보다 입법재량의 문제.

③ 패널 3 (종부세 반대 입장)
- 사적 유용성(기대임대소득)을 초과한 세금은 곧 원본 재산 침해.
- 법인 6.84% 실효세율은 기대임대소득의 4~5배, 개인도 2~3배 초과.
- 이는 사실상 원본재산 무상몰수로 재산권 본질 침해.

- SH공사 시뮬레이션은 제도의 극단적 문제를 보여줌.
- 국제적으로는 사적 유용성 초과 과세가 허용되지 않음.
- 종부세는 재산세와 이중과세 구조를 형성, 형식·실질 모두 문제.

④ 패널 4 (글로벌 스탠다드 관점)
- 보유세의 세계적 원칙: 단일·비례·지방세 중심, 낮은 세율·예측 가능성, 사적 유용성 범위 내 과세.
- 한국은 국세+지방세 이중 구조, 고율 누진·중과 구조로 국제표준 이탈.
- OECD 내 다수 국가는 부유세 wealth tax를 폐지했고, 보유세도 생활 부담 최소화 설계.
- 한국 종부세는 국제적으로 유례없는 구조, 헌법적 리스크 내재.

3) 교차토론의 핵심
① 응익과세 vs 정책세 논리
- 종부세 찬성측: 종부세는 응익세가 아닌 사회정책세.
- 비판: 사회정책 목적이라도 재산권 본질을 침해할 수는 없음. 수단의 한계 필요.

② 담세력 차이와 차등과세
- 헌재·종부세 찬성측: 다주택자·법인은 담세력이 크므로 차등 합리적.
- 비판: 담세력은 자산총액이 아니라 현금흐름 기준. 현재 세율은 이를 초과, 원본 침식 유발.
- 동일 자산임에도 55~65배 격차는 '합리성'의 범위를 벗어난 징벌

적 차별.

③ 예측 가능성과 신뢰 보호
- 종부세는 공시가격·공정시장가액비율·세율 중과를 동시에 조정하여 단기간에 세부담 폭증.
- 납세자는 세금 예측 불가능, 이는 헌법상 조세법률주의 취지와 충돌.

④ 국제비교 기준
- 세계는 "사적 유용성 초과 불가"를 전제로 안전장치를 마련.
- 한국 종부세는 이 원칙을 무시하여 헌법상 재산권 보장 한계를 벗어남.

4) 사회자 결론·최종 평가

오늘 토론을 종합하면 다음과 같은 결론에 도달합니다.

① 재산권 본질 침해 여부
- 종부세는 기대임대소득(사적 유용성)을 2~5배 초과해 부과됨.
- 이는 임대수익으로는 감당 불가하며 원본 재산을 매각·침식해야 납부 가능.
- 따라서 종부세는 명백히 재산권의 본질적 내용을 침해합니다.

② 헌법재판소 기존 논리의 한계
- 헌재는 입법재량과 공익목적을 강조했으나, 재산권의 본질적 내용 제한은 비교·수치·국제 기준을 면밀히 보지 않은 결정.

- "온전히 자의가 아니다"라는 판단은 현실적 세부담 격차와 과도성을 간과한 것.

③ 국제 기준과의 괴리
- 독일·영국·프랑스·미국·일본 등 주요국 사례와 비교할 때, 한국 종부세는 유례없는 구조.
- 국제표준은 보유세의 생활부담 최소화·사적 유용성 범위 내 과세를 지향.
- 한국은 이를 초과하여 사실상 준 – 부유세$^{wealth\ tax}$로 기능.

④ 정책적 실효성 부재
- 투기억제·형평성 실현이라는 명분에도 불구하고 실제로는 가격 안정·불평등 완화 효과가 입증되지 못했고, 오히려 조세저항·시장 불안정·임대사업자 파산을 초래.

※ 결론적으로, 종부세는 헌법 제23조·제37조 제2항에서 보장하는 재산권의 본질적 내용을 침해하는 세금이며, 국제비교 기준에서도 정당성을 찾기 어렵습니다.

02

종부세 토론 주제 (2-2)

- 과잉금지원칙의 위배

1. 사회자 발제

1) 헌법 규정과 기본 원리
- 헌법 제23조 제1항: 모든 국민의 재산권은 보장된다.
- 헌법 제23조 제2항: 재산권의 행사는 공공복리에 적합해야 한다.
- 헌법 제37조 제2항: 국민의 자유와 권리는 국가안전보장·질서유지·공공복리를 위하여 필요한 경우에만 제한할 수 있으며, 그 경우에도 자유와 권리의 본질적인 내용을 침해할 수 없다.

※ 따라서 재산권 제한은 가능하되, 그 제한은 과잉금지원칙에 따라야 하며, 이는 네 단계(① 목적의 정당성, ② 수단의 적합성, ③ 침해의 최소성, ④ 법익의 균형성)로 심사됩니다.

2) 헌법재판소 판례의 흐름
① 2008년 위헌·합헌 혼합 결정: 종부세 합산과세 방식 중 일부 위

헌. 다만 종부세 자체의 필요성은 인정.

② 2020·2021·2022년 결정: 공시가격 현실화, 다주택·법인 중과, 공정시장가액비율 상향 등으로 세부담이 급등했음에도 불구하고 "입법 목적이 정당하고, 수단이 입법재량 범위 내에 있다"는 이유로 합헌 판단.

③ 2024년 민간임대주택 특별법 사건: 등록말소와 과세전환 문제도 합헌 판단. 다만 청구인들이 제시한 사적 **유용성** 침해와 납세자 **신뢰보호** 침해 부분은 사실상 외면되었다는 비판이 제기됨.

※ 요약하면, 헌재는 입법목적의 정당성을 강조하여 합헌으로 판단했으나, 과잉금지원칙 심사의 후반 단계(최소침해·법익균형)에서는 구체적 검토가 부족하다는 비판이 있습니다.

3) 종부세 과세요건과 제도의 변천

① 2005년 도입: 1주택자·다주택자, 개인·법인 구분 없이 동일 누진세율. 기본공제(6억) 적용, 세부담 상한(150%) 도입.

② 2008~2020년: 1주택자 특례 일부 도입, 그러나 개인·법인 간 차별 없음. 기본공제 유지.

③ 2020~2021년 문재인 정부:
- 공시가격 현실화율 급격 인상(70% → 90% 목표).
- 공정시장가액비율 95%까지 상향.
- 다주택자 중과(최고세율 6.0%), 법인 기본공제 6억 원 삭제, 세부담 상한 폐지.
- 민간임대주택 합산배제 폐지 → 종부세 과세 전환.

• 결과적으로 일부 법인은 2020년 대비 10~100배 세부담 증가.

④ 2022~2024년 윤석열 정부: 공정시장가액비율 60%로 낮춤, 조정대상지역 2주택 중과 폐지 등 완화.

⑤ 2025년 전망: 다시 공정시장가액비율 80%로 상향 가능성이 논의됨.

※ 종합적으로 보면, 공시가격 × 공정시장가액비율 × 세율이라는 세 가지 변수를 정부가 움직이면서, 같은 주택에 대해 세부담이 단기간 수배로 변동할 수 있는 구조가 형성됨.

4) 구체적 사실관계

■ 기대임대소득률 (헌법소원 청구인 제시, 2021년 기준)

• 개인: 약 0.91% (공시가격 대비)

• 법인: 약 1.53%

■ 실효세율 (2021년 기준, 공시가격 20억 주택 기준)

• 개인 다주택자(조정대상지역 2주택 포함):

  - 종부세율 3~6% + 공정시장가액비율 95% → 실효세율 약 1.15%

  - 농특세(20%) 포함 시 1.38 %

  → 기대임대소득률 0.91%의 약 1.5배

• 법인 다주택자:

  - 종부세율 6% × 95% = 5.77%

  - 농특세 포함 = 6.84%

→ 기대임대소득률 1.53%의 약 4.5배
※ 즉, 2021년 종부세는 기대임대소득을 확실히 초과하여 부과되었고, 일부 사례는 사실상 원본 재산을 잠식하는 구조였습니다.

5) 국제 비교
- 독일: "질식적 과세 금지" 원칙, 보유세(재산세)는 기대임대소득 범위 내에서 부과.
- 프랑스·영국·독일: 임대가액을 과세표준으로 삼아 사적 유용성 범위 내에서 과세.
- 미국: 지방정부 재산세, 인상률 상한제(연 2~6%)로 세부담 급등 방지.
- 일본: 3년 주기 재평가, 인상률 상한(5%) 규정.

※ 한국 종부세는 국세 + 중과세율 + 공시가격 현실화 + 공정시장가액비율 변동이라는 네 겹의 구조로, 다른 OECD 국가에서는 찾아볼 수 없는 예외적 제도.

6) 핵심 쟁점 정리
① 목적의 정당성: 부동산 투기 억제·형평 실현이라는 공익은 인정됨.
② 수단의 적합성: 그러나 종부세가 실제로 가격 안정이나 형평성 달성에 기여했는지는 논란.
③ 침해의 최소성: 대안적 수단(재산세 강화, 금융·임대차 제도 개선 등)이 있었음에도, 다주택자·법인에 집중 과세하여 광범위한 침해 발생.

④ 법익의 균형성: 공익적 이익보다 사익(재산권·생활권 침해)이 더 중대하다는 구체적 사례가 존재.
⑤ 국제적 관점: 한국 종부세는 사적 유용성 원칙과 예측 가능성, 단일비례세율이라는 국제 보편모형과 괴리.

2. 소토론 주제 - 목적의 정당성에 대한 검토

| 사회자 발제 |

1) 헌법 규정과 기본원리
- 헌법 제23조 제1항: 재산권 보장. 그러나 공공복리에 적합하게 행사되어야 함.
- 헌법 제59조: 조세법률주의. 조세는 법률로써만 부과·징수 가능.
- 따라서 종부세의 입법목적이 정당하려면, (1) 국민의 재산권을 제한할 정도로 중요한 공익이어야 하고, (2) 헌법 정신에 합치되는 가치여야 합니다.

2) 종부세의 주요 입법목적
① 세부담의 형평성 제고
- 부동산 자산의 편중 현상 완화, 상위 2% 보유자에게 국세를 부과하여 세부담 균형을 맞춘다는 논리.
- 종부세 제정(2005년) 당시 가장 많이 강조된 근본 목적.

② 부동산 가격 안정
- 투기억제를 위해 보유세를 중과하여 다주택 보유 유인을 억제한다는 정책적 목적.
- 특히 2018~2021년 문재인 정부 시기 부각됨.
※ 문제는, 형평성 제고와 가격 안정은 서로 다른 성격의 목적입니다.
- 형평성: 조세 정의의 차원.
- 가격 안정: 경제 정책의 차원.
- 두 목적을 동시에 종부세에 부여하는 것이 정당한 입법목적인가?

3) 헌법재판소 판례의 태도
- 2008년 결정: 일부 위헌(세대별 합산규정은 평등원칙 위배) → 그러나 기본 취지는 합헌.
- 2021년·2022년 결정: 공시가격 현실화, 공정시장가액비율 상향, 다주택·법인 중과 모두 "입법 목적의 정당성 인정"이라는 전제에서 합헌 판단.
- 다만 헌재는 입법목적의 정당성을 강조하면서도, 실효성과 침해 정도에 대한 충분한 실증적 검토는 부족했다는 비판이 있습니다.

4) 구체적 사실관계
- 2021년 당시 정부는 종부세 강화의 정당성을 강조하며 "한국 부동산 보유세 부담률은 0.16%, OECD 평균은 0.56%"라는 통계를 사용.
- 그러나 이 수치는 GDP 대비 비율과 부동산 가액 대비 비율을 혼

동·재조합한 결과로, 실제로는 이미 한국의 보유세 부담은 OECD 평균을 상회.
- 즉, 통계 조작 내지 왜곡이 입법목적의 정당성 근거로 사용되었다는 비판이 강함.

5) 국제비교
- 미국·일본: 보유세는 지방세(재산세)로 운영, 인상률 상한(2~6%/년, 일본은 3년간 5%) 존재. 투기억제 목적의 보유세는 없음.
- 영국·프랑스·독일: 임대가치를 기준으로 세금 부과(사적 유용성 범위 내). 가격 안정이 아니라 공공서비스 응익성과 담세력 균형을 입법목적으로 둠.
※ 국제적으로 "보유세로 부동산 가격을 안정시킨다"는 목적 자체가 이례적임.

6) 핵심 쟁점 정리
① 목적의 이중성
- 세부담 형평성과 가격 안정은 상충 가능성이 있음. 하나의 세금에 두 가지 목적을 동시에 부여하는 것이 헌법적으로 정당한가?
② 실효성의 문제
- 형평성 제고라는 명분은 가능하나, 실제로 종부세가 부동산 가격 안정·투기 억제 효과를 발휘했는지에 대한 근거는 미약.
③ 정당성의 범위
- 입법 목적이 정당하다 하더라도, 그것이 곧 위헌심사 면책으로 이

어질 수 있는가? (→ 과잉금지원칙의 후속 심사 필요)

④ 국제 기준과의 괴리
- 해외는 대부분 "응익 + 형평"을 목적으로 하고, 부동산 가격 안정은 보유세 목적이 아님. 한국만의 특수한 목적 부여가 헌법적 정당성의 근거가 될 수 있는가?

종합 정리

종부세의 입법목적은 표면적으로 정당성이 인정될 여지가 있습니다. 그러나 (1) 목적이 서로 충돌하고, (2) 실효성 근거가 부족하며, (3) 국제적으로 이례적인 정책목적을 보유세에 부여했다는 점에서, 입법목적의 정당성이 무제한적으로 인정되어 위헌성 논란을 차단할 수는 없습니다.

| 패널 토론 |

패널 1 · 종부세 찬성 입장

① 헌법이 열어 둔 목적의 범위: 조세형평과 주거안정은 '공익'
헌법은 조세법률주의(제38·59조), 평등(제11조), 재산권의 사회적 의무와 공공복리(제23조)라는 틀 속에서 조세를 불평등 시정·시장질서 안정 등 공익 달성의 수단으로 허용합니다. 헌법재판소도 최근 결정에서 종부세의 목적을 "주택가격 안정, 실수요자 보호, 투기수요 억제"

및 조세형평 제고로 이해하며 이를 정당한 공익으로 인정했습니다. 즉, 입법자가 형평성(세부담의 공평)과 가격안정(시장기능 보완)을 동시에 추구하는 것은 헌법 목표에 부합합니다.

② 대법원·행정법원 실무도 '목적' 자체는 정당하다고 정리
2024년 판결례 요지들도 종부세 관련 규정이 조세법률주의·평등원칙·과잉금지원칙에 "입법재량 범위 내"라며, 특히 투기억제·형평 제고라는 입법목적의 정당성을 긍정했습니다. 이는 헌법재판소 2024.5.30.자 일련의 합헌 결정(예: 2022헌바238 등)을 근거로 재확인한 것입니다.

③ OECD의 정책 프레임: 보유세는 '형평+효율' 달성 수단
OECD는 반복적(상시) 부동산보유세를 "성장에 덜 해로운 세목"으로 분류하고, 자산 편중·불평등 완화와 주택시장 과열 억제의 정책 수단으로 권고합니다. 즉, 형평성(분배)과 효율성(가격 신호 개선)을 동시에 겨냥하는 목적 자체가 국제 규범에 부합합니다.

④ 한국 시장의 특수성: '표적성 있는' 목적의 필요성
OECD·국제 비교에서도 한국은 국가(국세) 차원의 보유세(종부세)가 존재하는 비교적 예외적 구조로, 서울·수도권 집중과 전월세(전세) 등 제도적 특수성이 큽니다. 이 때문에 고가·다주택 보유층을 표적으로 한 정책 목적(투기억제·형평)은 **합리적 이유가 있는** 차등목적으로 평가될 수 있습니다. (OECD SNG-WOFI는 한국의 국세형 보유세

Comprehensive Real Estate Tax 존재와 2021년 세율 인상을 소개)

⑤ "소수(약 2%) 표적"이어도 목적은 정당

입법목적의 정당성 단계에서는 목표의 성격만 따집니다. 과세범위가 협소하다는 비판은 다음 단계(수단의 적합성·최소침해·균형성)의 문제일 뿐, 고가 집중 구간을 겨냥해 시장왜곡·외부효과를 줄이겠다는 목적 자체는 충분히 공익적입니다. 헌법재판소도 실수요 보호·투기억제라는 목적을 이유로 중과·구간설계 가능성을 원칙적으로 인정해 왔습니다.

⑥ "가격안정 vs 형평"이 충돌한다는 비판에 대한 답

두 목적은 상충이 아니라 상보 관계일 수 있습니다. 가격급등기에 상대적으로 시장영향력이 큰 고가·다주택 보유층의 보유·추가취득 유인을 낮추면, 수요압력 완화 → 가격안정으로 이어집니다. 동시에 응능부담(담세력) 원리에 부합해 형평성도 증진됩니다. 이 구조는 OECD도 '적정 설계의 보유세는 시장과 분배에 모두 유익'하다고 본 일반 원칙과 맞닿습니다.

⑦ "통계 왜곡" 논란과 무관하게, 목적 자체는 정당

일부 연도별 지표 해석 논란(국가 간 지표 비교 방식 등)은 수단의 적합성·비례 판단에서 다툴 사안입니다. 그러나 입법목적의 정당성은 (a) 조세형평 회복, (b) 주거·시장안정이라는 핵심 공익이 존재하는지 여부로 족하며, 이에 대해서는 헌법재판소·법원·OECD 정책권고가

공히 긍정하고 있습니다.

정리(패널 1 결론)
- 목표 자체 ① 상위구간 중심의 세부담 형평 회복, ② 주택가격 안정·투기억제는 헌법상 공익 실현과 직결되고, 헌재도 반복 확인했습니다.
- OECD도 반복적 부동산보유세를 형평·효율 동시 달성 수단으로 권고합니다. 한국의 표적적 설계라는 목적 역시 국제적 취지에 부합합니다.
- 따라서 입법목적의 정당성 요건은 충족됩니다. 다음 단계(② 수단의 적합성·③ 최소침해·④ 법익균형)에서 '어떻게 설계·운영했는가'를 별도로 따져 보면 됩니다.

패널 2 · 헌법재판소 입장

① 헌법 규범적 틀: 재산권 보장과 공공복리
- 헌법 제23조 제1항은 재산권 보장을 선언하면서도, 제2항에서 공공복리에 적합하게 행사되어야 한다고 규정합니다.
- 따라서 입법자가 조세를 통해 사회적 불평등을 완화하거나 투기적 수요를 억제하는 목적을 설정하는 것은 헌법상 허용된 공공복리 실현 수단입니다.
- 조세는 원래 재정 조달 + 사회 정책 수단을 겸하기 때문에, 형평성 · 시장

안정 모두 정당한 공익 목적이 될 수 있습니다.

② 판례의 입장: 목적 정당성은 일관되게 인정

2008년 결정 (2006헌바112 등)
- 세대별 합산규정은 위헌으로 판단했지만, 종부세의 입법목적 자체(형평성·투기 억제)는 공익적이라고 명확히 인정했습니다.

2021년·2022년 결정 (2020헌바585, 2021헌바652 등)
- 공시가격 현실화, 공정시장가액비율 상향, 다주택자·법인 중과 규정 모두에 대해, "세부담의 형평성 제고와 주택가격 안정"이라는 입법목적은 정당하다고 판시했습니다.
- 특히 2022년 결정에서는, "투기수요 억제를 통한 주택가격 안정"이 당시 심각한 사회문제였음을 강조하며 목적을 정당화했습니다.

2024년 결정 (2022헌바238 등)
- 법인 기본공제 삭제, 세부담 상한 폐지 사건에서, 헌법재판소는 형평성과 시장 안정이라는 목적은 여전히 공익적이라고 재확인했습니다.

③ 목적의 이중성: 충돌이 아니라 보완
- 종부세에는 두 가지 목적이 있습니다.
- 세부담 형평성 제고: 고액 보유자의 상대적 부담을 높여 공평과세 실현.
- 주택시장 안정: 다주택·법인 보유 억제를 통해 투기적 수요 차단.
- 헌법재판소는 이 둘을 상충하는 개념이 아니라 보완적 개념으로 보았습니다.

- 세부담의 형평성을 확보하는 조치가 동시에 주택시장에 투기억제 효과를 주면, 이는 상호 강화적 관계로 기능한다는 것입니다.

④ 통계 신뢰성 논란과 목적의 평가
- 문재인 정부 시절 제시된 OECD 통계("0.16% vs. 0.56%")가 부정확했다는 비판이 있으나, 입법목적의 정당성 여부는 통계치 하나에 의존하지 않습니다.
- 핵심은, 당시 한국 사회에서 부동산 가격 급등과 자산 편중이 심각한 사회문제였고, 이를 완화하기 위한 조세정책이 필요했느냐는 점입니다.
- 헌법재판소는 당시 상황에서 입법자가 긴급하고 중대한 공익을 추구했다고 평가했습니다.

⑤ 국제 비교와 한국의 특수성
- 해외 대부분 국가는 보유세를 지방세(재산세)로만 운영하며, 가격안정 목적을 전면적으로 부여하지는 않습니다.
- 그러나 헌법재판소는 입법목적의 정당성은 보편적 모델의 모방여부가 아니라, 한국 사회의 특수 상황과 헌법 질서에 따라 판단해야 한다고 봅니다.
- 한국의 수도권 집중, 전세제도, 급격한 가격 변동 상황을 고려할 때, 정책적 보완 목적을 부여한 것은 합리적이라는 입장입니다.

⑥ 핵심 쟁점 정리
- 형평성과 가격안정 모두 정당한 공익 목적 → 헌법상 공공복리에

부합.
- 두 목적은 충돌이 아니라 상호 보완적 → 형평성 확보가 곧 투기 억제로 이어질 수 있음.
- 통계 논란은 수단·실효성 단계의 문제 → 목적 자체의 정당성을 훼손하지 않음.
- 국제비교보다 국내 특수성 중시 → 한국적 주거·시장 구조에 대응하는 입법은 정당화 가능.

패널 2 · 결론

종부세는 처음부터 사회적 불평등 완화와 주택시장 안정이라는 공익적 목표를 추구해왔습니다. 헌법재판소는 일관되게 이 목적을 정당한 입법목적으로 인정했습니다. 따라서 종부세에 대한 위헌 심사에서 입법목적의 정당성은 문제 되지 않으며, 논의의 초점은 이후 단계인 수단의 적합성, 침해 최소성, 법익의 균형성으로 넘어가야 할 것입니다.

패널 3 · **종부세 반대 입장**

① 입법목적 자체의 모순성
- 종부세는 "세부담의 형평성 제고"와 "부동산 가격 안정"이라는 두 가지 목적을 동시에 내세웠습니다.
- 그러나 이 두 목적은 서로 충돌합니다.
- 세부담 형평성: "같은 자산 가액에 대해 동일하거나 비례적인 부

담"을 요구.
- 부동산 가격 안정: "다주택자·법인 등에 차별적 중과세"를 통해 부담을 크게 늘려 투기 억제를 도모.

결국 동일 자산에 대해 세부담 형평성 원리를 깨뜨려야만 가격 안정 목적을 달성할 수 있다는 구조입니다.

따라서 입법목적 자체가 내적 모순을 안고 있으며, 정당성은 심각하게 흔들립니다.

② 조세의 본질과의 괴리
- 조세의 본질은 국가 재정 충당과 담세력에 따른 공평부담입니다.
- 그런데 종부세는 단순한 보유세를 넘어 사실상 부동산 투기 억제라는 정책도구로 전환되었습니다.
- 세금이 정책적 목적을 가질 수는 있으나, 그것이 기본적 조세원리(공평·예측가능·담세력 원칙)와 충돌하는 경우에는 헌법적 정당성이 부인되어야 합니다.
- 즉, 종부세는 본래의 조세 목적을 벗어나 경제규제 수단으로 남용된 측면이 강합니다.

③ 국민 일부(상위 2%)만을 겨냥한 목적의 문제
- 종부세는 전체 국민의 약 2%만을 대상으로 설계되었습니다.
- 정부는 이를 "수직적 형평 실현"이라고 주장하지만, 실질적으로는 소수 집단을 특정해 과도한 부담을 지우는 차별적 과세입니다.
- 세금은 헌법 제38조에 따라 "모든 국민이 법률에 따라 납세의 의

무를 진다"는 보편성 원칙이 전제되어야 하는데, 종부세는 처음부터 배타적 타겟 과세로 기획되었습니다.
- 이는 사회적 갈등을 조장하고, 국민 통합보다 분열을 확대하는 결과를 낳았습니다.

④ 부동산 가격 안정 목적의 실효성 결여
- 종부세는 "집값 안정"을 목표로 내세웠지만, 실제로는 가격 안정 효과가 거의 없었습니다.
- 2021년 국토교통부 통계에 따르면, 종부세 폭탄이 부과된 해에도 서울 아파트 가격은 연평균 10% 이상 상승했습니다.
- 반대로 다주택자들이 매물을 내놓기보다 '똘똘한 한 채' 집중 현상이 심화되면서, 오히려 고가주택 가격은 폭등했습니다.
- 즉, 종부세의 입법목적 중 "가격 안정"은 실현되지 못했고, 목적 달성 실패는 곧 입법목적의 정당성 자체를 약화시킵니다.

⑤ 국제비교에서의 정당성 부재
- OECD 대부분 국가는 재산세 하나로 보유세 과세체계를 단일화하고, 단일비례세율을 적용합니다.
- 종부세처럼 이중과세 구조 + 고율 누진 + 특정 계층 중과라는 체계를 가진 나라는 찾아보기 어렵습니다.
- 특히, 영국·프랑스·독일 등은 임대가치(기대임대소득)를 과세표준으로 하여, 결코 사적 유용성을 초과하지 않도록 설계합니다.
- 반면 한국의 종부세는 원본 자산 가치 자체를 기준으로, 기대임대

소득의 3~5배 세부담을 부과합니다.
- 이는 국제적으로 조세 목적의 정당성을 인정받기 어렵습니다.

⑥ 통계 조작과 정당성 훼손
- 문재인 정부는 2021년 세금 폭탄을 정당화하면서, "한국 보유세 부담률은 국가부동산가액 대비 0.16%로 OECD 평균 0.56%에 비해 낮다"는 통계를 제시했습니다.
- 그러나 이는 재산세·종부세를 합한 전체 보유세 비율을 왜곡한 수치였고, 이미 2020년에 한국의 보유세 부담은 OECD 평균을 초과했습니다.
- 즉, 입법목적의 근거 자료부터 불투명하거나 왜곡되었으므로, 정당성이 크게 흔들린다고 볼 수 있습니다.

핵심 정리
① 목적의 내적 모순: 형평성과 가격 안정은 상충하는 가치 → 목적 자체 불완전.
② 조세 본질과 괴리: 세금이 규제수단으로 전락 → 헌법적 한계 일탈.
③ 소수만을 겨냥한 차별 과세: 보편성 원칙 위배.
④ 실효성 결여: 집값 안정이라는 목표 달성 실패.
⑤ 국제 비교상 예외적 구조: 글로벌 스탠다드와 불일치.
⑥ 근거 통계 불투명: 정책 목적 정당성 근거 자체가 취약.

패널 3 · 결론

종부세의 입법목적은 표면적으로는 고상해 보이지만, 실제로는 내적 모순, 조세 본질과의 괴리, 실효성 결여, 국제 기준과의 불일치로 인해 헌법적 정당성을 인정하기 어렵습니다. 종부세는 결국 정당한 조세가 아니라 특정 집단을 겨냥한 정치적·정책적 수단에 불과하며, 그 입법목적은 헌법이 요구하는 "공공복리에 기초한 정당성"을 충족하지 못합니다.

패널 4 · 글로벌 스탠다드 관점

① 세계 주요국의 보유세 기본 원칙
- 보편성과 단순성: 미국, 일본, 영국, 프랑스, 독일 등은 모두 보유세를 지방세 형태의 단일세로 운영합니다.
- 과세기준:
  - 영국·프랑스·독일: 임대가치(기대임대소득)를 과세표준으로 삼음. → 사적 유용성을 넘지 않도록 보장.
  - 미국·일본: 거래가액 기준이지만, 연간 인상률에 상한(美 2~6%, 日 3년간 5% 상한).

세율구조: 대부분 단일 비례세율을 유지, 누진 또는 중과는 거의 없음.

따라서 보유세의 정당한 목적은 "지역 서비스 비용 충당(응익 과세)"와 "기대임대소득 범위 내 공평부담"으로 요약됩니다.

② 한국 종부세 목적의 특이성
- 한국 종부세는 중앙정부 국세로 설계되었으며,
- "세부담 형평성 제고"와
- "부동산 가격 안정"이라는 이중 목적을 내세웁니다.
- 국제적으로 보유세를 자산불평등 완화나 투기 억제 수단으로 설계한 사례는 거의 없습니다.

가격 안정이나 분배 개선은 거시경제정책, 양도세·거래세, 사회복지세제를 통해 해결하는 것이 표준입니다.

③ 세부담 형평성 목적의 문제
- 글로벌 스탠다드 기준에서 "형평성 제고"는 동일한 가치의 자산에 동일한 세율 적용을 의미합니다.
- 그러나 한국 종부세는 주택 수, 지역, 소유형태(개인·법인)에 따라 세율이 수십 배 차이 납니다.
- 이는 국제 기준의 "수평적 형평성" 원칙을 심각하게 훼손합니다.
- 즉, 입법목적이 "형평성"이라 주장하지만, 실제 제도 구조는 형평성에 반합니다.

④ 부동산 가격 안정 목적의 문제
- 국제적으로 보유세는 가격 안정 정책 수단으로 활용되지 않습니다.
- 부동산 시장 안정은 공급 확대, 금융규제, 거래세·양도세 조정, 임대차 제도 개선 등으로 접근합니다.
- 한국처럼 보유세 자체를 가격 억제 수단으로 활용하는 것은 비정

상적이며, 효과도 입증되지 않았습니다.
- 2021년 종부세 폭탄에도 불구하고 서울 아파트 가격은 연평균 10% 이상 상승.
- 오히려 "똘똘한 한 채" 선호로 고가주택 가격이 급등.

⑤ 타국의 경험 – 부유세의 실패
• 프랑스·독일·스웨덴 등에서 도입되었던 부유세$^{Wealth\ Tax}$는 자본이탈, 세수효율 저하, 조세저항 심화로 대부분 폐지되었습니다.
• 한국 종부세는 사실상 보유세라기보다 준-부유세 성격이 강합니다.
• 국제적으로 이미 실패한 제도를 변형해 유지하는 것은 입법목적의 정당성을 스스로 약화시키는 결과입니다.

⑥ OECD 통계 왜곡 문제
• 문재인 정부는 종부세 강화의 정당성을 "한국 보유세 부담률은 OECD 평균보다 낮다"는 주장으로 뒷받침했습니다.
• 그러나 이는 통계 조작 또는 선택적 인용에 불과했습니다.
- GDP 대비 보유세 부담률은 이미 2020년에 OECD 평균을 상회.
- 부동산 관련 세금 전체(취득세·양도세 포함)로 보면 한국은 OECD 최고 수준.

따라서 입법목적을 뒷받침한 근거 자체가 취약했습니다.

⑦ 핵심 정리
- **보편모형과 괴리**: 국제적으로 보유세는 지방 단일세 + 단일비례세율이 원칙. 한국은 중앙 국세 + 이중 구조 + 고율 누진.
- **형평성 왜곡**: 동일 가치 자산 간에도 주택 수·법인 여부로 수십 배 차등 → 형평성 제고라는 목적과 정반대.
- **가격 안정 실패**: 종부세 강화에도 시장 안정 효과는 미미, 오히려 고가주택 집중 현상 심화.
- **실패한 부유세의 변형**: 국제적으로 폐기된 제도를 변형 도입.
- **통계 신뢰성 문제**: 정책 정당성을 뒷받침한 근거가 사실상 허위 또는 왜곡.

패널 4 · 결론

글로벌 스탠다드의 관점에서 볼 때, 한국 종부세의 입법목적은 헌법적 정당성을 확보하기 어렵습니다. 보유세 본래의 성격(응익·형평·예측 가능)을 벗어나, 정책적 수단으로 남용되었고, 국제 기준에서 이미 실패한 부유세 모델을 답습한 측면이 강합니다. 따라서 종부세의 입법목적은 정당성이 부족하고, 오히려 조세제도의 안정성과 신뢰성을 훼손하는 결과를 초래했다고 평가할 수 있습니다.

| 교차토론 |

<라운드 1> "이중 목적(형평성 + 가격안정)"은 상충인가, 상보인가?

패널1(종부세 찬성)

형평성 제고(응능부담)와 가격안정(투기억제)은 상보적입니다. 고가·다주택 보유구간의 부담을 높이면 보유·추가취득 유인이 약화되어 수요압력이 줄고, 이는 가격안정으로도 이어집니다. 목적의 '동시 추구'는 헌법 제23조(공공복리)와 합치합니다.

패널2(헌재 시각)

목적 간 충돌을 단정할 수 없습니다. 입법자는 복수의 공익을 종합적으로 고려할 헌법적 권한이 있고, 각 목적 사이의 균형판단은 원칙적으로 입법재량의 영역입니다. 목적의 다원성은 정당성 판단을 해치지 않습니다.

패널3(종부세 반대)

두 목적은 실제 설계에서 충돌합니다. 동일 가치의 자산에 동일·비례 부담을 요구하는 형평성 원칙과, 특정 집단(다주택·법인)을 과도하게 누르는 가격안정용 중과는 정면 충돌합니다. 목적 자체가 내적 모순이면 정당성은 취약합니다.

패널4(글로벌 스탠다드)

국제 관행상 보유세의 '정당한 목적'은 응익·형평·예측가능성입니다. 가격안정을 보유세의 1차 목적에 올리는 나라는 드뭅니다. 한국의 이중 목적은 설명은 되지만, 보편모형과의 긴장이 큽니다.

정리(사회자)

정당성 단계에서 복수 목적은 원칙적으로 허용된다(=패널1·패널2). 다만, 실제 설계가 형평을 해치면 수단·비례 단계에서 문제가 된다(=패널3·패널4 지적). 이 라운드에서는 "다원 목적 자체"의 허용성은 대체로 인정되는 흐름.

<라운드 2> "상위 2% 표적" 목적은 정당한가(보편성 vs. 표적성)?

패널1

조세의 보편성은 납세의무의 일반성이지, 과세대상의 균등 분포를 강제하는 원리가 아닙니다. 담세력이 집중된 구간(상위 2%)에 정책·형평 목적을 두는 것은 수직적 형평 실현으로 정당합니다.

패널2

헌법은 차등의 합리성만 충족되면 표적 목적을 허용합니다. 상위구간에 집중된 자산·시장영향을 고려한 정책적 표적성은 목적의 정당성을 해치지 않습니다.

패널3

"보편부담" 원칙의 취지는 세원 분산·세율 저부담입니다. 극소수만 겨냥한 설계는 갈등·역진적 효과(전가)를 낳고, 형평 명분과 어긋납니다. 처음부터 '타자화된 소수'를 겨냥한 목적 설정은 정치적 목적과 구분하기 어렵습니다.

패널4

국제적으로 보유세는 넓은 세원에 낮은 비율을 적용합니다(단일비례). 극단적 표적화는 보편모형과 긴장. 정당성 판단 자체를 무너뜨리지는 않더라도, "좋은 목적을 구현할 좋은 도구인가?"라는 의구심을 강하게 만듭니다.

정리

정당성 단계에선 표적성 자체는 허용되나, 보편모형과 멀어질수록 다음 단계(적합성·최소침해)에서 방어 부담이 커진다.

<라운드 3> "가격안정"을 보유세 목적에 두는 것의 타당성

패널1

한국은 수도권 과밀·전세 등 특수성이 큽니다. 가격급등기에는 보유·추가취득 유인을 억제하는 목적을 보유세에 부여할 합리적 이유가 있습니다. 목적의 정당성은 상황 맥락으로 평가되어야 합니다.

패널2

목적의 정당성은 추구하는 공익의 실재성 여부로 족합니다. 당시 주거불안·가격급등은 중대한 공익 문제였습니다. 보유세에 보조적 규제 목적을 부여하는 것은 허용 범위입니다.

패널3

보유세는 응익·낮은 세율·예측가능이 본질입니다. 가격안정은 공급·금융·임대차·양도세로 달성해야 할 다른 정책영역의 목적입니다. 보유세에 그 목적을 과도 탑재하면 본질을 훼손, 목적의 정당성도 흔들립니다.

패널4

글로벌 스탠다드는 '가격안정=거시·공급·금융정책'이 표준. 보유세의 목적으로 삼더라도 주목적이어선 곤란하다는 것이 일반적 평가입니다.

정리

한국 특수성을 근거로 '보조목적'까지는 허용(패널1·패널2). 다만 '주목적'화에는 국제 기준상 강한 의문(패널3·패널4).

<라운드 4> "형평성 제고" 목적의 해석(수평·수직 형평)

패널1

형평은 수직(담세력 높은 자 더 부담)과 수평(동일 담세력 동일 부담)을 아우릅니다. 상위구간·다주택·법인에 더 부담을 지우는 목적은 수직적 형평 실현입니다.

패널2

정당성 단계에서는 형평 목표의 개념적 타당성만 보면 족합니다. 구체 설계가 수평형평을 깨는지는 다음 단계(적합성·최소침해·균형)에서 심사할 문제입니다.

패널3

동일 가치의 자산이라도 '주택 수·법인 여부'에 따라 수십 배 부담 격차를 목표로 하는 순간, 수평적 형평을 스스로 무너뜨립니다. 형평 목적을 내세우려면 단일비례·완만누진이 정석입니다.

패널4

국제 관행은 형평을 간명한 구조(단일·예측가능)로 달성. '형평'이 복잡·과도한 차등을 정당화하는 방패가 되어선 곤란합니다.

정리

형평을 목적에 두는 것은 정당. 다만 "어떤 형평(수평 vs. 수직)"을 우선했는지가 이후 단계의 쟁점으로 직결.

<라운드 5> "통계 근거 논란"이 목적 정당성에 미치는 영향

패널1·패널2

개별 연도의 통계 해석 논쟁은 수단·실효성 단계에서 다툴 사안입니다. 목적의 정당성은 통계 한두 개가 아니라, 사회문제의 실재성과 공익성으로 판단됩니다.

패널3·패널4

정책 정당화에 왜곡된 통계·선택적 지표가 동원되었다면, 목적 자체가 정치적 구호에 기댄 것인지 의심을 낳습니다. 최소한 목적의 정당성 평가의 신뢰도를 약화시킵니다.

정리

법리는 '목적 정당성 ≠ 통계 정확성'이지만, 정치적 신뢰와 연결되어 후속 단계(적합성·균형성) 설득력을 약화시킬 수 있음.

<라운드 6> "사적 유용성(기대임대소득)"과 목적의 연결

패널1

사적 유용성은 수단의 한계(비례성) 문제입니다. 목적이 형평·안정이라 해서 곧바로 위헌은 아닙니다.

패널3

보유세의 국제적 정당성은 사적 유용성 범위 내 과세에 기대고 있습니다. 이를 넘는 구조를 목적(가격안정)으로 정당화하려는 경향은 조세의 본질과 긴장합니다.

정리

사적 유용성은 원칙적으로 다음 단계(비례·침해·균형)의 핵심 논거. 다만 정당성 평가에서도 "보유세의 본질"을 환기시키는 준거로 작동.

종합 정리(사회자)

① 정당성 자체
- 형평성 제고·주거안정은 공익 목적으로서 원칙적 정당성이 인정될 여지가 큼(패널1·패널2).
- 다만 보유세의 본질(응익·낮은 세율·예측가능·사적 유용성 범위)을 감안할 때, 가격안정의 '주목적화'는 국제 기준에서 강한 의문(패널3·패널4).

② 표적성(상위 2%)
- 목적 단계에서 허용 가능. 그러나 보편세원·저부담이라는 보유세 원리에 비춰 후속 단계 부담이 커짐.

③ 형평의 해석
- 형평은 수평·수직의 이원 개념. 목적의 정당성은 인정하되, 설계가 수평형평을 파괴했는지는 다음 단계 핵심 쟁점.

④ 통계·신뢰
- 목적의 추상적 정당성은 통계 논란과 무관할 수 있으나, 정책 신뢰와 비례심사 설득력에는 직접적 영향을 미침.

결론(오늘의 단계)

- 종부세의 입법목적(형평·안정)은 '정당성' 단계에서 원칙적으로 인정되나,
- 그 정당성은 국제적 보유세 본질 및 표적화의 정도 때문에 취약한 기반을 가진 채로 다음 단계(② 적합성, ③ 최소침해, ④ 법익균형)의 엄격한 심사를 요구받게 됩니다.
- 즉, "목적은 일단 통과하되, 그 목적을 이 제도(현 구조)로 달성하는 것이 헌법적으로 정당한가"가 이후 쟁점의 중심입니다.

3. 소토론 주제 – 수단의 적합성

사회자 발제

① 헌법 규정과 기본 원리
- 헌법 제37조 제2항 : 국민의 자유와 권리는 필요한 경우에 한해 법률로 제한할 수 있으나, "과잉금지원칙"에 따라 목적 달성에 적합한 수단이어야 함.
- 헌법 제23조 : 재산권 보장. 제한은 공공복리를 위하여 정당해야 하지만, 그 제한 방법과 정도가 정당성을 가져야 함.
➡ 따라서 종부세가 주택가격 안정·형평 실현이라는 목적을 위해 사용된 수단으로서 실효성이 있는지, 과잉·불필요하지는 않은지가 핵심.

② 헌법재판소의 합헌 논리 (2021·2022 결정 요지)
헌재는 종부세가 목적에 정당성이 있고, 수단도 적합하다고 보았습니다. 주요 논리는 다음과 같습니다:
- 일정 가액 이상의 부동산에 국세(종부세)를 부과하는 것은 과도한 보유·투기적 소유를 억제하는 데 기여할 수 있다.
- 이는 부동산 가격 안정에 간접적으로 도움이 되고, 조세부담의 형평성을 실현할 수 있다.
➡ 따라서 종부세는 목적 달성에 적합한 수단이라는 결론.

③ 현실적 사실관계와 실효성 데이터

그러나 실제 데이터를 보면, 수단의 적합성은 크게 의심됩니다.

가격 안정 효과 미비

- 2021년 종부세 대폭 인상(세수 약 5.7조원, 전년 대비 3배 증가) → 서울 아파트 가격은 연 15% 이상 폭등.
- 다주택자 매물 증가 기대와 달리, 매물 잠김·똘똘한 한 채 선호 심화 → 강남·신축 아파트 가격 더 상승.
- 결과: 종부세가 가격 안정 효과를 달성하기는커녕, 시장 왜곡을 심화시켰다는 평가 다수.

세부담 형평성 문제

- 동일한 20억 원 아파트 기준,
- 1주택자: 실효세율 약 0.2~0.3%
- 2주택자: 실효세율 1% 이상
- 법인 다주택자: 실효세율 **최대 6.84%** (농특세 포함)

동일한 가치의 자산인데, 세금 부담은 최대 20배~50배 차이 → 조세 형평 실현이 아니라 형평 붕괴.

대상 제한의 비현실성

- 전체 가구 중 종부세 납세자는 약 2%.
- 그러나 주택 수요·거래는 나머지 98%에서도 발생.
- 2%를 압박한다고 해서 전체 시장 수요 억제가 되지 않음 → 실효성 결여.

④ 국제 비교
- 미국: 보유세는 지방세 property tax, 단일비례세율. 집값 안정 목적 아님. 연간 인상률 2~6% 제한.
- 일본: 보유세 3년마다 평가, 인상률 5% 상한. 역시 가격 안정 목적 아님.
- 독일·프랑스·영국: 보유세 과세표준은 "임대가치(기대임대소득)" 기준. 사적 유용성 초과 방지. 정책목적은 주거 안정 지원·재정 확보, 가격 안정은 주로 공급·거시금융정책에 맡김.
- ➜ 국제 스탠다드: 보유세는 가격 안정 도구가 아님. 세율·세부담 상한으로 예측 가능성을 보장. 한국 종부세처럼 소수 표적 중과 구조는 거의 전례 없음.

⑤ 대체 수단 가능성
- 부동산 가격 안정은 보유세 중과가 아니라,
  ① 공급 확대(공공임대·택지개발),
  ② 금융 규제(LTV·DTI),
  ③ 거래세·양도세 조정,
  ④ 임대차 제도 보완 등으로 달성하는 것이 일반적.
- 종부세는 이러한 수단보다 효율성이 떨어지고 부작용이 크다.

⑥ 추가 검토 포인트
* 295조 시뮬레이션: 만약 종부세를 2%가 아니라 전 국민·전 법인에 동일 기준(법인 다주택자 방식)으로 부과한다면, 2021년 기준 세

수 295조, GDP의 14.26%, 전체 국세의 85.85%에 해당.
➔ 이렇게 과중한 세금은 누구도 감당 불가. 일부 2%에게만 집중시킨 것은 실효성보다 재산권 침해·평등 침해가 더 심각한 결과.

■ 핵심 쟁점 정리
① 가격 안정 효과: 종부세 중과 → 실효성 부재, 오히려 신축·고가 아파트 가격 폭등 부추김.
② 형평성: 동일 자산에도 20~50배 격차 → 조세 정의 훼손.
③ 대상 축소: 2% 표적과세로 전체 시장 안정 효과 기대 어려움.
④ 국제 기준: 보유세는 가격안정 수단이 아님. 낮은 세율·단일·예측가능성 원칙 위반.
⑤ 대체 수단: 공급·금융·거래세 등 더 효율적 수단 존재.
➔ 따라서 종부세는 정당한 목적을 달성하기에 적합한 수단이 아니다. 오히려 재산권 침해와 사회적 갈등만 확대.

| 패널 토론 |

패널 1 · 종부세 찬성입장

① 세부담 형평성 제고라는 목적에 대한 적합성
• 재산세만으로는 부족합니다. 재산세는 지방세로, 보통 단일비례세율 구조에 가깝습니다. 자산 불평등을 바로잡기에는 한계가 분명

합니다.
- 종부세는 누진 구조와 고액·다주택·법인에 대한 중과세를 통해 부동산 보유에서 오는 집중된 혜택을 일부 환수하고 있습니다.
- 2021년 종부세 납세자는 전체 가구의 약 2%였지만, 이들이 보유한 부동산 가치는 전체 주택가치의 40% 이상을 차지했습니다.
  → 따라서 소수의 고액 보유자에게 누진적으로 부담을 지우는 것은 형평성 실현이라는 목적에 적합합니다.

② 부동산 가격 안정 효과
- 단기적으로 가격이 상승한 시기가 있었지만, 종부세가 투기적 수요를 억제하는 압박 수단임은 부정할 수 없습니다.
- 다주택자의 종부세 부담은 수천만 원에서 수억 원에 달했으며, 이는 실제로 매도 유인을 만들어 공급 확대 효과를 일으켰습니다.
- 종부세 도입 이후 일부 지역에서는 다주택자 매물이 증가하고, 고가 아파트의 거래량이 줄어드는 등 시장 억제 효과가 확인되었습니다.

③ 2% 대상 과세의 정당성
- 종부세 납세자는 상위 2%의 고액 자산가입니다.
- 국민 대다수(98%)는 종부세와 무관하기 때문에, 서민·중산층의 주거 안정에 부정적 충격을 주지 않습니다.
- 오히려 상위 자산가 2%에 집중함으로써 정치적·사회적 수용성을 확보하고, 사회적 연대와 공평부담의 가치를 구현합니다.

④ 기대임대소득 기준에 대한 반론
- 종부세 반대 입장은 "기대임대소득을 초과한다"는 점을 들어 위헌성을 주장합니다.
- 그러나 담세력은 소득뿐만 아니라 보유 자산 가치 전체를 고려해야 합니다.
- 고액 주택 보유자는 금융 접근성, 담보 활용, 자산 증식 가능성 등 다양한 잠재적 능력을 가집니다. 따라서 기대임대소득만을 기준으로 한정하는 것은 지나치게 협소합니다.
- 특히 법인의 경우, 보유 주택을 통한 사업 활동·투자 수익을 고려하면 일반 개인과 다른 기준을 적용하는 것은 합리적입니다.

⑤ 국제 비교 속에서 한국적 특수성
- 해외 사례와 단순 비교는 곤란합니다.
- 한국은 수도권 초집중, 전월세 비중, 급등하는 주택가격, 자산불평등 심화라는 특수한 상황에 처해 있습니다.
- 따라서 보유세를 국세+지방세 이중 구조로 운용하고, 상위 다주택자·법인을 강하게 규제하는 것은 합리적 대응입니다.

실제로 프랑스·스페인 등은 과거 부유세를 도입한 경험이 있고, 최근 OECD 내에서도 자산 과세 강화 논의가 재부상하고 있습니다.

⑥ 조세법률주의·과잉금지원칙 관련
- 종부세는 국회에서 제정·개정된 법률에 근거하여 과세되며, 과세표준·세율·합산대상 등은 모두 법에 규정되어 있습니다.

- 정부의 재량이 존재하더라도 법률의 위임 범위 안에서 이루어진 것이며, 이는 헌법재판소가 이미 합헌으로 판단했습니다.
- 과잉금지원칙은 목적과 수단의 균형을 보는 것인데, 종부세는 과도하지 않고, 공익 달성을 위한 적절한 압박 수단입니다.

결론

종부세는
① 상위 2% 자산가에 한정하여,
② 세부담 형평성을 강화하고,
③ 투기적 보유를 억제하며,
④ 서민·중산층에는 영향을 최소화하는 장치입니다.
따라서 종부세는 입법목적을 달성하기에 적합한 수단이며, 헌법상 과잉금지원칙에도 부합합니다.

패널 2 · 헌법재판소 입장

① 입법 목적의 정당성과 그 중요성
- 종부세의 두 가지 핵심 목적은
  - 세부담의 형평성 제고
  - 부동산 가격 안정 및 투기 억제입니다.
- 헌법은 조세 평등 원칙(헌법 제11조, 제38조)과 재산권의 사회적 의무(헌법 제23조 2항)를 규정하고 있습니다.

- 고액 자산에 집중된 부동산 보유에 대해 보다 높은 세부담을 지우는 것은 이러한 헌법적 가치 실현에 부합하는 입법 목적입니다.

② 수단의 적합성: 종부세 구조와 정책 효과
- 종부세는 재산세와 병존하면서도, 단순한 응익세를 넘어 국가적 자산 형평과 투기 억제를 위한 특별세라는 성격을 가집니다.
- 정부가 선택한 수단은 누진세율, 공시가격 기반의 과세, 다주택자·법인에 대한 중과 규정입니다.
- 이 제도적 장치는 다수 국민에게 부담을 전가하지 않고, 특정 고액 보유층의 행태를 직접적으로 제어하는 효과를 가져옵니다.
- 실제로 다주택자 및 법인의 종부세 부담 증가는 주택 시장에서 매도 유인 증가와 투기적 보유 억제로 이어졌습니다.

③ 적합성 판단의 기준
- 과잉금지원칙은 수단이 목적 달성에 기여할 수 있는 합리적 가능성이 있으면 적합성을 인정합니다.
- 종부세는 완벽하게 부동산 가격을 통제하는 장치가 아니더라도,
  → 보유세 강화 → 다주택자 보유 억제 → 공급 유도 및 형평성 회복이라는 경로를 통해 입법 목적 달성에 합리적으로 기여합니다.
- 따라서 이는 적합성 요건을 충족합니다.

④ 기대임대소득 기준에 대한 반론
- 청구인들은 "종부세가 기대임대소득을 초과하여 원본 재산을 침

해한다"고 주장합니다.
- 그러나 헌법재판소는 담세력을 소득만이 아니라 보유 재산의 규모와 사회적 영향력까지 포함하는 개념으로 파악합니다.
- 즉, 자산 가치가 높을수록 더 큰 부담 능력이 인정되며, 따라서 기대임대소득만을 단일 기준으로 삼는 것은 협소한 해석입니다.

⑤ 표적 과세(상위 2%)의 정당성
- 종부세가 전체 국민 중 약 2%에 집중된다는 점은 선별적 과세가 아니라 집중된 부동산 보유 구조의 반영입니다.
- 상위 2%가 전체 주택 가치의 상당 부분을 차지한다는 사실은 공평부담 원칙을 정당화합니다.
- 따라서 종부세는 소수의 특정 계층을 부당하게 겨냥한 것이 아니라, 객관적으로 더 큰 담세력을 가진 집단에게 합리적으로 부담을 배분한 것입니다.

⑥ 국제 비교에 대한 시각
- 일부 국가는 단일 지방세 구조를 택하고 있으나, 각 국의 역사·제도·시장 상황은 다릅니다.
- 한국은 수도권 집중, 전월세 중심의 주거구조, 급격한 가격 변동이라는 특수성이 존재합니다.
- 따라서 국세와 지방세의 이원 구조 및 다주택자·법인 중과는 한국적 맥락에서 정당한 제도적 선택이라 할 수 있습니다.

결론
- 종부세는 헌법이 요구하는 조세 형평성과 재산권의 사회적 제약을 구체화하는 제도입니다.
- 수단이 완벽하지 않더라도, 입법 목적 달성에 합리적으로 기여한다면 적합성 요건은 충족됩니다.
- 따라서 종부세는 헌법적 정당성을 갖춘 제도이며, 합헌이라는 헌법재판소의 입장은 여전히 유효합니다.

패널 3 · 종부세 반대입장

① 헌법재판소의 형식적 판단 문제
- 헌법재판소는 "종부세가 투기 억제와 조세형평에 합리적으로 기여할 수 있으므로 적합하다"고 판단했습니다.
- 그러나 이는 실증적 데이터나 현실적 효과에 대한 분석 없이, 단지 "세금을 부과하면 수요가 줄 것"이라는 추측적 가정에 불과합니다.
- 그 결과, 청구인들이 제기한 재산권 침해 · 평등권 침해 주장은 모두 "목적이 정당하고 수단이 적합하다"는 논리로 덮어버렸습니다.
- 헌법적 권리 제한을 형식적 논리 하나로 정당화하는 것은 헌법 가치의 심각한 왜곡입니다.

② 담세력 개념의 자의적 확장
- 헌법재판소와 종부세 옹호론은 "담세력은 소득뿐만 아니라 재산 규모, 사회적 영향력도 포함한다"고 주장합니다.
- 그러나 이렇게 되면 담세력은 코에 걸면 코걸이, 귀에 걸면 귀걸이가 됩니다.
- 소득이 담세력이면 소득세,
- 재산이 담세력이면 재산 몰수,
- 사회적 영향력이 담세력이면 권력자에 대한 임의적 과세가 가능해집니다.

이는 헌법상 "납세의무"를 근거로 한 조세 정의가 아니라, 재산권 침해를 정당화하는 수단에 불과합니다.

담세력은 어디까지나 실질적으로 조세를 감당할 수 있는 능력으로 엄격히 해석되어야 합니다.

③ "상위 2% 집중과세" 논리의 허구성
- 종부세 옹호론은 "상위 2%가 주택 자산을 집중적으로 보유하므로 정당하다"고 말합니다.
- 그러나 현실은 그렇지 않습니다.
  - 대기업·공기업이 보유한 막대한 부동산은 각종 감면을 받아 과세되지 않습니다.
  - 반면 소규모 임대사업자들은 임대보증금으로 빚만 많고 실질 재산은 거의 없는데도 엄청난 종부세를 부과받습니다.

따라서 "상위 2%가 전체 주택의 40%를 가진다"는 주장은 통계적

착시에 불과하며, 종부세 대상자가 곧 거대한 자산가라는 논리는 사실과 다릅니다.

④ 종부세의 실효성 결여
- 종부세는 다주택자·법인을 겨냥했지만, 실제 부동산 가격은 안정되지 않았습니다.
- 오히려 세금 폭탄 → 똘똘한 한 채 선호 → 고가 아파트 가격 급등이라는 부작용을 낳았습니다.
- 2021년, 종부세는 표적집단(2%)에게 집중적으로 부과되었지만, 부동산 수요는 나머지 98%의 국민에게서 더 많이 발생했습니다.
- 따라서 2%만 겨냥한 종부세는 구조적으로 가격 안정 수단이 될 수 없습니다.

⑤ 보편부담 원칙의 훼손
- 만약 종부세를 모든 국민과 법인에 동일하게 적용한다면, 2021년 기준 약 295조 원이 부과되고 이는 GDP의 14.26%, 국세 수입의 85.85%에 해당합니다.
- 이런 과세는 사실상 국민 경제를 붕괴시키는 수준입니다.
- 그러나 이를 2% 국민에게만 떠넘겼다는 점은 **보편부담의 원칙을 정면으로 위반**한 것이며, 정책효과도 없으면서 특정 집단의 재산권만 침해하는 결과를 낳았습니다.

⑥ 국제 비교와 한국적 특수성 주장에 대한 반박
- 옹호론은 "한국은 특수한 시장 구조 때문에 특별세제가 필요하다" 고 주장합니다.
- 그러나 해외 사례를 보면,
  - 미국·일본은 공시가격 인상률 상한을 두어 세부담 폭등을 방지,
  - 독일·프랑스·영국은 임대가치 기반 과세로 사적 유용성 초과를 원천적으로 차단,
  - 과거 부유세를 운영하던 나라들도 모두 폐지했습니다.

한국 종부세는 국제 기준과 정반대로 설계되어 있고, "한국적 특수성"이라는 이름으로 헌법적 권리 침해를 합리화하는 것은 설득력이 없습니다.

결론
- 종부세는 실질적으로 가격 안정에 기여하지 못했고, 오히려 부작용만 낳았습니다.
- 담세력 개념을 자의적으로 확장하고, 형식적으로만 적합성을 인정하여 국민의 재산권·평등권 침해를 정당화하는 것은 헌법 정신에 정면으로 배치됩니다.
- 따라서 종부세는 입법 목적의 정당성을 달성하기에 수단으로서 적합하지 않으며, 본질적으로 헌법에 위배되는 제도라 할 것입니다.

패널 4 · 글로벌 스탠다드 관점

① 해외 보유세의 기본 구조
- OECD 다수 국가는 부동산 보유세를 지방세 단일체계로 운영합니다.
  - 미국: Property tax, 지방정부 부과, 인상률 상한(연 2~6%).
  - 일본: 고정자산세, 3년마다 평가, 인상률 5% 상한.
  - 영국·프랑스·독일: 임대가치 기반 과세, 사적 유용성 초과 불가.

공통점은 단일비례세율, 예측 가능성, 사적 유용성 범위 내 부과라는 점입니다.

과거 프랑스·독일·북유럽 국가들이 운영했던 부유세$^{Wealth\ Tax}$는 자본 유출·시장 왜곡·행정비용 과다로 모두 폐지되었습니다.

② 한국 종부세의 구조적 차이
- 한국은 재산세(지방세) 위에 종부세(국세)를 추가한 이중 구조입니다.
- 종부세는 누진세율(최대 6%)에 공시가격·공정시장가액비율·주택 수·법인 여부에 따라 중과가 겹칩니다.
- 결과적으로 동일 자산임에도 세부담이 최대 50배 이상 차이가 나며, 이는 국제적 기준에서 찾아보기 어려운 과세 방식입니다.

③ 수단 적합성의 실효성 문제
- 종부세의 입법 목적은 ① 세부담 형평성 제고, ② 부동산 가격 안

정입니다.
- 그러나 실제 효과는 다음과 같습니다.
  - 세부담 형평성: 동일 가액에 수십 배 격차 → 오히려 형평성 훼손.
  - 가격 안정: 2021~2022년 세금 폭탄에도 불구하고 주택가격은 상승. 오히려 똘똘한 한 채 선호 현상으로 고가 아파트 가격 급등.

즉, 형평성·가격 안정이라는 목적 달성에 실효적 기여를 하지 못했습니다.

④ 국제적 기준에서의 평가
- 해외는 보유세를 공공서비스 재원으로 보는 반면, 한국은 투기 억제·재분배라는 사회정책 수단으로 활용합니다.
- 그러나 세금이 정책 목적을 직접 수행하는 수단이 될 경우, 국제적으로는 실효성이 낮고 부작용이 크다는 것이 이미 입증되었습니다.
  - 프랑스의 부유세 → 자본 해외 유출, 세수 감소, 결국 폐지.
  - 독일의 재산세 → 사적 유용성 한도(기대임대소득) 내 부과, 원본 재산 침식 방지.

한국 종부세는 부유세적 성격을 띠며, 이는 국제적으로 실패한 모델에 가깝습니다.

⑤ 대체 수단 가능성
- 국제적으로 주택가격 안정은 금융 규제, 공급 확대, 임대차 제도 개선 등을 통해 달성합니다.

- 보유세는 보편적 낮은 세율·예측 가능한 방식으로 운영되며, 특정 집단에 집중적 과세를 하는 경우는 드뭅니다.
- 따라서 한국이 가격 안정을 목표로 했다면, 종부세가 아닌 재산세 제도의 합리적 개선이나 금융·공급 정책과의 연계가 훨씬 적합한 수단이었을 것입니다.

결론

- 글로벌 스탠다드에서 볼 때, 한국의 종부세는 입법 목적 달성에 적합한 수단이 아닙니다.
- 과세구조가 복잡하고 예측 불가능하며, 형평성을 오히려 훼손하고, 가격 안정에도 실질적 효과를 내지 못했습니다.
- 국제적으로 검증된 원칙은 단일비례·낮은 세율·지방세 중심·사적 유용성 한도 내 과세입니다.
- 한국 종부세는 이와 정반대 방향에 있어, "적합성"이라는 요건 자체를 충족하지 못한다고 평가할 수 있습니다.

| 교차토론 |

패널 1 · (찬성 입장의) 주장

"종부세는 두 가지 목적을 동시에 달성합니다. 첫째, 부동산 자산이 집중된 상위 계층에게 더 많은 세금을 부과해 세 부담 형평성을 높입니다. 둘째, 다주택자와 법인에 차별적 중과세를 통해 주택 수요를 억제하고, 결과적으로 주택 가격 안정을 유도합니다. 비록 단기적으로 가격이 오르더라도, 장기적으로는 투기 수요를 억누르는 효과가 있습니다. 따라서 입법 목적과 수단은 적합합니다."

패널 2 · (헌법재판소 입장의) 보강

"헌법재판소 역시 같은 입장입니다. 종부세법이 '일정 가액 이상의 부동산에 높은 세율을 적용'한 것은 과도한 보유와 투기적 수요를 억제하려는 정당한 정책수단입니다.

또한, 상위 2% 국민에게 집중 부과하는 것은 수직적 형평성 실현의 방법입니다.

입법자가 선택한 수단이 완벽하지 않더라도 합리적으로 목적 달성에 기여한다면 적합성 요건은 충족됩니다. 우리는 입법재량을 존중해야 합니다."

패널 3 · (종부세 반대 입장의) 반박

① 목적 간 상충성 문제
- 종부세는 "형평성 제고"와 "가격 안정"이라는 상충하는 목적을 동시에 추구합니다.
- 형평성을 중시한다면 동일한 자산에 동일한 세율을 적용해야 합니다.
- 그러나 가격 안정을 중시하면 다주택자·법인에 중과세를 하게 되는데, 이는 곧 형평성 원칙을 깨뜨립니다.
- 실제로 2005년 제정부터 2018년까지는 누진세율은 있었지만, 다

주택자·법인·1주택자 간 차별은 없었습니다.
- 입법자가 그 상충성을 잘 알았기 때문에 차별과세를 도입하지 않았던 것입니다.
- 2021년 이후 차별과세를 도입하면서 형평성은 심각히 훼손되고, 가격 안정 효과도 실패했습니다.

② 실효성의 부재
- 2021~2022년 "세금 폭탄"에도 주택가격은 오히려 폭등했습니다.
- 종부세는 상위 2%에만 집중되었고, 나머지 98% 국민의 수요에는 아무런 영향을 주지 못했습니다.
- 오히려 "똘똘한 한 채 선호" 현상을 심화시켜 고가 아파트 가격을 더 끌어올렸습니다.
- 즉, 종부세는 가격 안정 수단으로 적합하지 않습니다.

③ 형식적 판단의 문제
- 헌재는 단순히 "세금을 부과하면 투기 수요가 억제된다"는 형식적 추론으로 적합성을 인정했습니다.
- 그러나 세금은 현실에서 예상과 다른 결과를 가져왔습니다.
- 형식적 논리만으로 헌법상 권리 침해를 정당화하는 것은 헌법 가치에 대한 왜곡입니다.

패널 4 · (글로벌 스탠다드 관점)의 반박
① 국제 비교에서의 부적합성

- OECD 대부분 국가는 보유세를 지방세 단일체계로 운영하며,
  - 단일비례세율 (미국 property tax, 일본 고정자산세),
  - 상한제 (미국 연 2~6%, 일본 3년 5%),
  - 임대가치 기준 (영국·프랑스·독일)을 적용합니다.

이는 곧 형평성 유지와 가격 안정의 목적 충돌을 원천적으로 방지하는 구조입니다.

한국처럼 다주택자·법인에 집중 중과세를 통해 가격 안정까지 노리는 제도는 국제적으로 실패한 부유세 모델과 유사합니다.

② 목적 – 수단 불일치
- 세부담 형평성 제고를 위해서는 단일비례세율로 보편부담을 확대하는 것이 더 적합합니다.
- 가격 안정을 위해서는 금융··공급·임대차 정책이 효과적이지, 특정 계층을 겨냥한 보유세 중과는 실효성이 입증되지 않았습니다.
- 따라서 종부세는 어느 목적에도 실질적으로 기여하지 못하는 수단입니다.

| 사회자 평가 및 결론 |

1) 사회자 정리
- 패널 1·2는 "목적은 정당하고, 세금은 수요 억제에 기여하므로 수단은 적합하다"는 논리를 폈습니다.

① 그러나 패널 3·4는 구체적으로 반박했습니다.

② 목적 간 상충성: 형평성과 가격 안정은 동시에 달성할 수 없는 목표인데, 종부세는 이를 억지로 결합시켜 혼란을 초래했습니다.

③ 실효성 부재: 실제 시장에서는 가격 안정 효과가 없었고, 오히려 고가 아파트 가격을 올렸습니다.

④ 국제비교: 다른 나라들은 형평성과 예측 가능성을 보장하는 제도를 운영하며, 한국 종부세처럼 중과 구조를 통해 가격 안정까지 노리지는 않습니다.

⑤ 헌재의 문제: 헌법재판소는 실질적 검토 없이 형식적 논리로 적합성을 인정함으로써, 국민 재산권 보호라는 헌법 원칙을 외면했습니다.

➜ 따라서 종부세는 입법 목적에 비추어 볼 때 수단으로서 적합하지 않다는 점이 더욱 분명해졌습니다.

2) 종부세의 정책 목적 달성 여부와 수단의 실효성 종합 평가 및 결론

① 헌법적 출발점
- 헌법 제23조는 재산권 보장을 선언하면서도 "공공복리에 적합하도록" 제한할 수 있음을 규정합니다.
- 헌법 제37조 제2항은 자유·권리 제한은 "필요한 경우에 한해" 가능하며, 본질적 내용은 침해할 수 없다고 규정합니다.
- 따라서 조세입법의 목적이 아무리 정당하다 해도, 수단이 실효적이고 비례적이어야 정당화됩니다.

② 입법 목적의 정당성: 형식적으로는 인정 가능
- 종부세의 명시적 목적은 ① 세부담 형평성 제고, ② 부동산 가격 안정입니다.
- 두 목적 모두 사회적 공익에 속하며, 형식적으로는 정당성이 인정될 수 있습니다.
- 그러나 두 목적은 내부적으로 상충합니다.
  - 형평성을 지키려면 동일 자산에 동일 과세가 필요하지만,
  - 가격 안정을 노리려면 특정 집단(다주택자·법인)을 집중 과세해야 합니다.

결국 종부세는 출발점부터 목적 간 긴장을 안고 있었고, 이는 제도 운영 과정에서 큰 모순을 낳았습니다.

③ 수단의 적합성: 실효성이 결여됨

세부담 형평성 측면
- 동일한 가치의 부동산임에도 1주택자와 다주택자·법인 사이에 최대 50배 이상 세부담 차이가 발생했습니다.
- 이는 '형평성 제고'가 아니라 오히려 형평성 침해입니다.

부동산 가격 안정 측면
- 2021~2022년 종부세 폭증기에도 주택가격은 급등했습니다.
- 특히 "똘똘한 한 채" 선호 현상으로 고가 아파트 가격이 더 오르는 역효과가 나타났습니다.
- 종부세 대상은 국민의 약 2%에 불과해, 시장 전체 수요를 조절하는 데 구조적으로 한계가 있습니다.

국제비교
- 미국·일본: 공시가격 인상률 상한(연 2~6%, 3년 5%).
- 영국·프랑스·독일: 임대가치 기준 과세로 사적 유용성 초과 불가.
- 해외는 보유세를 낮은 세율·예측 가능한 지방세로 운영하며, 가격 안정은 금융·공급 정책으로 달성합니다.
- 반면 한국 종부세는 국세·중과·복잡 누진 구조로 국제 보편모형과 정반대입니다.

3) 핵심 쟁점 정리
- 목적 간 상충성: 형평성과 가격 안정은 동시에 달성하기 어려운 목표. 종부세는 이를 억지로 결합해 제도적 모순을 내재화.
- 실효성 부재: 세부담 형평성도, 가격 안정도 달성하지 못하고 오히려 시장 왜곡 초래.
- 헌재의 판단 한계: 형식적 적합성만 강조하며, 실질적 효과 검증 없이 합헌 판단을 내림. 이는 헌법적 심사의 본질을 흐린 것.

최종 결론

종부세는 입법 목적 자체는 공익적이지만,
- 목적들이 서로 충돌하고,
- 수단이 실제 효과를 내지 못했으며,
- 형평성과 가격 안정 어느 쪽도 달성하지 못했습니다.

따라서 종부세는 입법 목적과 수단의 적합성 단계에서 이미 심각한 결함을 안고 있습니다. 이는 곧 재산권 제한이 헌법상 정당화될 수 없음을 뜻하며, 종부세가 과잉금지원칙을 위반할 소지가 크다는 결론으로 이어집니다.

4. 소토론 주제 - 종부세와 침해의 최소성 원칙

| 사회자 발제 |

1) 헌법 규정과 기본 원리
- 헌법 제23조 제1항: "모든 국민의 재산권은 보장된다. 그 내용과 한계는 법률로 정한다."
- 헌법 제37조 제2항: "자유와 권리는 국가안전보장, 질서유지, 공공복리를 위하여 필요한 경우에 한해 법률로써 제한할 수 있으며, 제한하는 경우에도 자유와 권리의 본질적 내용을 침해할 수 없다."
- 이 두 규정은 곧 과잉금지원칙(비례의 원칙)을 의미합니다. 즉,
  ① 목적의 정당성,
  ② 수단의 적합성,
  ③ 침해의 최소성,
  ④ 법익의 균형성

이 네 단계를 모두 충족해야 과세가 합헌적입니다.

오늘의 주제는 그 중 ③ 침해의 최소성입니다. 즉, "재산권과 평등권 침해를 최소화하면서도 정책 목적을 달성할 수 있는 다른 수단이 있었는가?"를 따져보는 것입니다.

2) 헌법재판소의 입장(합헌 논리)

헌법재판소(2021·2022년 결정)는 다음과 같은 논리로 합헌을 선고했습니다.

- 종부세는 부동산 가격 안정 및 조세 형평성 제고라는 정당한 목적을 가진다.
- 고가·다주택·법인에 대해 중과세를 한 것은 투기 억제와 공평 과세를 실현하기 위한 합리적 선택이다.
- 과세표준과 세율 구조는 법률과 하위법령에 의해 구체화되어 있으므로 행정부의 자의에만 맡긴 것은 아니다.
- 따라서, 비록 세부담이 크더라도 목적 달성을 위해 필요한 수단이며, 침해가 최소화된 것으로 보아야 한다.

3) 비판적 검토 : 침해 최소성의 결여

그러나 헌재의 판단은 형식적 추정에 불과하고, 실질적으로는 침해 최소성을 충족하지 못합니다. 주요 문제는 다음과 같습니다.

① 실효성이 없는 수단

- 종부세 중과세가 투기 억제와 가격 안정에 기여했다는 실증 자료는 없습니다.
- 오히려 2020~2021년 서울 아파트값은 연평균 20% 이상 급등했습니다.
- 다주택 중과세는 "똘똘한 한 채" 선호를 강화하여 강남·마용성 등 고가 아파트 가격을 더 올렸습니다.
- 즉, 가격 안정이라는 목적 달성에 실패했음에도 불구하고 국민의

재산권은 크게 침해되었습니다.

② 극소수(상위 2%)에 대한 표적 과세
- 종부세는 전체 국민의 약 2%에게만 부과됩니다.
- 그러나 주택 수요는 이들 2%가 아니라 나머지 98%로부터도 발생합니다.
- 따라서 극소수에게 집중적으로 부과하는 방식은 정책 목적 달성에 비효율적이며, "보편적 부담의 원칙"에도 어긋납니다.

③ 차별적·과도한 세율 구조
- 2005년 도입 당시: 1주택·다주택·법인 구분 없이 누진세율만 적용.
- 2021년: 조정대상지역 2주택 중과, 다주택 중과, 법인 6억 공제 삭제 및 상한 철폐.
- 결과: 동일한 가치의 부동산을 보유했어도 개인 1주택자와 법인 다주택자의 세부담 차이는 최대 50배 이상.
- 이는 합리적 차등을 넘어선 자의적 차별로, 최소침해 원칙에 정면으로 배치됩니다.

④ 사적 유용성 초과 과세
- 기대임대소득(사적 유용성): 약 1.2% (2021년 기준)
- 개인 다주택자 종부세 실효세율: 약 2.0~2.5% (농특세 포함 시 더 높음)
- 법인 다주택자 종부세 실효세율: 약 6.84% (농특세 포함, 공정시장 가액비율 95% 기준)
- 이는 기대임대소득의 3배~6배에 달하며, 사실상 재산 원본을 침식·무상 몰수하는 수준입니다.

- 독일 연방헌법재판소가 확립한 "질식적 과세금지 원칙"에 정면으로 위반됩니다.

⑤ 대체 가능한 덜 침해적인 수단 존재
- 부동산 가격 안정은 보유세 폭탄이 아니라,
  - 공급 확대,
  - 금융규제(대출 규제, 금리 정책),
  - 거래세 합리화,
  - 임대차 제도 안정화 등으로 달성 가능.

이미 OECD 대부분 국가는 단일 비례세율의 지방세(재산세)만으로 보유세를 운용하면서도 시장 안정과 조세 형평을 실현하고 있습니다.

따라서 한국처럼 이중 구조와 고율 중과까지 동원하는 것은 필요 이상으로 과도한 침해입니다.

1) 국제 비교
- 독일·프랑스·영국: 임대가치 기준으로 과세, 기대임대소득을 초과하지 않음. 수십 년간 세율·평가 기준 고정 → 예측 가능성 확보.
- 미국·일본: 거래가 기준이지만 연간 인상률에 법적 상한(美 2~6%, 日 3년간 5%). → 급격한 세부담 폭등 차단.
- 한국: 공시가격 현실화 + 공정시장가액비율 상향 + 다주택·법인 중과 + 상한 폐지 → 단기간 세부담 3~6배 폭증.
- ➡ 국제 기준에 비추어 보면 한국 종부세는 최소침해 원칙과 정반대 방향입니다.

2) 핵심 쟁점 정리

① 종부세는 정책 목적 달성(가격 안정·형평성)에 실패했음.

② 상위 2% 표적 과세로 보편적 부담 원칙 위반, 실효성 결여.

③ 동일 자산에 대해 최대 50배 차별과세 → 자의적 차별, 최소침해 원칙 위반.

④ 기대임대소득(사적 유용성)을 수배 초과하는 세부담 → 재산 원본 침식.

⑤ 공급·금융·임대차 정책 등 대체 가능한 덜 침해적 수단이 존재.

⑥ 국제비교에서도 한국만 유독 고율·중과·이중구조 → 헌법적 정당성 취약.

따라서, 종부세는 침해의 최소성 원칙을 충족하지 못하며, 재산권과 평등권을 불필요하게 과도하게 침해하는 위헌적 제도라 할 수 있습니다.

| 패널 토론 |

패널 1 · 종부세 찬성입장

① 정책 목표의 긴급성과 공익성
- 부동산은 한국 사회에서 불평등과 투기의 핵심 자산입니다.
- 상위 2%의 다주택자와 법인이 주택을 집중적으로 보유하면서 실수요자들이 내 집 마련 기회를 잃고, 가격은 급등했습니다.

- 이러한 구조를 교정하지 않고서는 주거안정이라는 공익을 달성할 수 없습니다. 따라서 강한 세제적 수단이 필요합니다.

② 최소침해적 수단으로서 종부세
- 종부세는 사실상 보유세 보완장치일 뿐입니다.
  - 재산세는 지방세로, 편익적 과세 성격에 그칩니다.
  - 종부세는 자산 집중에 따른 사회적 부담을 보완하기 위한 국세적 장치입니다.

즉, 이중과세가 아니라 보완적 과세이므로 최소침해의 범주를 벗어나지 않습니다.

③ "극소수" 대상이라는 점에서 오히려 최소침해
- 종부세는 국민의 2%만을 과세 대상으로 삼습니다.
- 이는 보편적 국민에게 부담을 전가하지 않고, 부동산 시장에 큰 영향을 미치는 고액 보유자만을 겨냥한 것입니다.
- 즉, "모든 국민"에게 과세하지 않고 표적화함으로써 다수 국민의 권리를 침해하지 않는 최소한의 조치라 할 수 있습니다.

④ 기대임대소득 기준 주장에 대한 반박
- 일부에서는 기대임대소득(사적 유용성)을 초과하면 원본 침식이라 주장합니다. 그러나 이는 협소한 담세력 이해입니다.
- 현대 조세법은 소득뿐만 아니라 보유 자산 자체를 담세력 지표로 인정합니다.
- 특히 다주택자·법인은 이미 주택을 활용해 임대보증금·차익 실

현·금융 레버리지 등 잠재적 수익을 누리고 있습니다.
- 따라서 단순 기대임대소득만으로 담세력을 제한하는 것은 현실을 반영하지 못합니다.

⑤ 실효성 측면
- 종부세는 다주택 보유 억제에 일정한 효과를 가져왔습니다.
  - 실제로 2022년 이후 다주택 보유 비율은 감소 추세를 보였고, 일부 지역에서 매물이 증가했습니다.
- 물론 단기적 집값 상승은 공급·금융 요인 때문이었지만, 보유세 강화가 아니었다면 투기 수요는 더욱 극심했을 것입니다.
- 즉, 종부세는 완벽하지 않더라도 정책 목적에 합리적으로 기여하는 최소침해적 수단입니다.

⑥ 국제 비교
- OECD 국가와 단순 비교는 곤란합니다.
  - 한국은 수도권 초집중, 전월세 구조, 낮은 보유세 역사라는 특수성을 갖고 있습니다.
- 독일·프랑스·영국이 임대가치 기준을 쓴다고 해서, 한국도 똑같이 따라야 한다는 것은 무리입니다.
- 한국은 자산 격차와 투기 과열이라는 특수한 사회경제적 맥락이 있기 때문에, 보다 강력한 수단이 필요합니다.

결론
- 종부세는 국민 다수의 권익은 보호하면서 극소수에게만 부담을 지우는 최소침해적 장치입니다.
- 기대임대소득 초과 논리는 협소하며, 자산 자체의 담세력을 고려하는 것이 더 합리적입니다.
- 종부세가 없다면 주거 불평등은 더욱 악화될 것입니다.
- 따라서 종부세는 헌법적 한계 내에서 합헌적이고 정당한 제도이며, 침해의 최소성 원칙을 위반하지 않습니다.

패널 2 · 헌법재판소 입장

① 입법재량의 폭넓은 인정
- 헌법재판소는 전통적으로 조세입법에 대해 입법자의 광범위한 형성권을 인정해 왔습니다.
- 조세는 경제·사회정책과 밀접히 연계되어 있고, 국민 경제 전반에 영향을 미치므로, 법원이 세부적 타당성을 일일이 심사하는 것은 바람직하지 않습니다.
- 따라서 다소 과중하거나 불합리한 요소가 있더라도, 그것이 명백히 헌법 원칙에 정면으로 배치되지 않는 한 입법정책의 문제로 존중해야 합니다.

② 최소침해성 요건 충족
* 종부세는 국민 전체가 아니라 상위 약 2% 보유자에게만 적용됨

니다.
- 이로써 일반 서민이나 중산층은 과세대상에서 제외되어, 광범위한 국민의 재산권을 침해하지 않고 표적화된 제한만 가합니다.
- 헌재는 이를 "다수 국민의 재산권을 보호하는 한편, 고액 보유자의 사회적 책임을 강화하는 방식"으로 이해했습니다.
- 즉, 가능한 한 침해를 최소화한 수단이라는 것입니다.

③ 대체수단과 비교
- 종부세 반대 입장들은 "소득세 강화"나 "양도세 강화" 같은 대안을 주장합니다.
- 그러나 소득세·양도세는 거래가 있어야 과세할 수 있습니다.
- 반면 보유세는 거래 유무와 상관없이 지속적·안정적으로 과세할 수 있어 투기 억제 효과를 거둘 수 있습니다.
- 따라서 종부세는 대체수단보다 적절하고 필요한 수단으로 판단됩니다.

④ 실효성과 최소침해의 균형
- 종부세의 목적은 크게 두 가지입니다.
  - 조세형평 제고: 고액 보유자에게 더 많은 세 부담을 지워 조세정의 실현.
  - 부동산 가격 안정: 다주택 보유 억제를 통해 투기 수요 억제.
- 두 목적 모두 사회적으로 중대한 과제이며, 종부세는 이를 달성하는 데 일정한 효과가 입증되었습니다.

- 특히 2021년 이후 다주택 보유 비율이 감소하고, 시장 매물이 증가한 것은 종부세의 효과와 무관하지 않습니다.

⑤ 국제비교의 한계
- 외국 제도와 단순 비교는 타당하지 않습니다.
- 한국은 수도권 초집중, 전세제도, 주택공급 제약 등 특수한 주거구조를 가지고 있습니다.
- 이런 상황에서 해외처럼 "단일 비례세율"로는 주택시장 안정을 도모하기 어렵습니다.
* 따라서 한국의 종부세는 특수한 현실에 맞는 합리적 조세정책으로 이해해야 합니다.

결론
- 종부세는 국민의 극소수에게만 부담을 지우고, 다수 국민은 보호함으로써 최소침해 원칙을 충족합니다.
- 대체수단보다 효과적이고, 입법재량 범위 내에서 정책적으로 필요한 수단입니다.
- 따라서 헌법재판소는 종부세가 침해의 최소성 원칙에 위배되지 않는다고 보았습니다.
- 다소의 불균형과 불합리성이 있더라도, 이는 입법정책 차원의 문제이지 곧바로 위헌이라고 할 수는 없습니다.

패널 3 · 종부세 반대입장

1) 과잉적 세부담 구조 최소침해성 부정
① 세율 폭등
- 2005년 제정 당시: 1~3% 누진세율, 1주택·법인 차별 없음.
- 2021년: 다주택자 최고세율 6.0%, 법인은 무조건 6.0% 적용.
- 즉, 불과 15년 만에 2배 인상.

② 공시가격 급등
- 문재인 정부의 '공시가격 현실화 정책'(2020~2021)으로 고가 아파트 공시가격이 2배 가까이 인상됨.
- 현실화율을 70% → 90%로 인상 목표 설정, 일부 고가 아파트는 실거래가에 맞먹는 수준으로 급등.

③ 공정시장가액비율 인상
- 2009~2018년: 80% 유지.
- 2019년 이후 매년 5%p 인상 → 2021년 95%.
- 과세표준만으로도 세액이 1.5배 이상 폭증.

④ 조정대상지역 확대
- 국토부 장관의 행정고시로 전국 대부분 지역이 조정대상지역으로 지정.
- 2주택자도 다주택 중과세율을 적용받아, 사실상 "거의 모든 다주택자"가 최고세율 부담.

⑤ 법인에 대한 과세 공제·상한 삭제
- 개인: 기본공제 6억 원, 세부담 상한 150~300%.

- 법인: 2021년부터 6억 공제 삭제, 세부담 상한 철폐.
- 결과적으로, 법인은 종부세가 10배~100배 폭등하는 사례가 다수 발생.

➜ 이런 복합 구조 때문에, **최소한의 필요 범위를 한참 넘어서는 과잉 부과**가 가능하도록 설계되어 있습니다.

2) 구체적 수치와 재산권 침해 실태

① 기대임대소득 대비 실효세율

- 2021년 기준 기대임대소득률 : 개인 약 0.91%, 법인 약 1.52%.
- 실제 종부세 실효세율 :
- 개인 다주택자(공시가 20억, 조정대상지역 2주택 포함): 약 1.38%(농특세 포함).
- 법인 다주택자 : 6.84% (농특세 포함).

결과: 법인은 기대임대소득의 약 4.5배, 개인은 약 2~3배 세금 부과.

➜ 이는 사실상 임대수익을 모두 잠식하고, 원본재산까지 침해하는 구조입니다.

② SH공사 사례(가상 시뮬레이션)

- SH공사가 민간 법인과 동일하게 종부세를 부담한다고 가정할 경우,
- 매년 1조 원 이상의 세금이 부과되어 7년 이내 순자산이 고갈된다는 분석.
- 이는 공공법인이 감면받지 않았다면 실제로 존속 불가능하다는 점을 보여주며,

- 종부세가 "재산 원본의 무상몰수"로 이어질 수 있음을 상징적으로 드러냅니다.

③ 전 국민 적용 가정
- 만약 법인 수준의 종부세(세율 6%, 공제 없음, 상한 없음)를 전 국민에 적용한다면,
- 2021년 기준 부과액은 약 295조 원, GDP의 14.26%, 전체 국세 수입의 85.85%.
- 이는 국민이 절대로 감당할 수 없는 수준의 세금이며,
- 극소수(2%)만 대상으로 했기 때문에 "표적 과잉과세"가 된 것입니다.
➡ 결국 "소수라서 최소침해"가 아니라, "소수라서 오히려 집중적 과잉침해"가 된 것입니다.

3) 평등권 침해와 차별성 문제
① 동일 가치 주택의 세부담 격차
- 같은 20억 원 주택이라도,
  - 1주택자는 수백만 원,
  - 다주택자는 수천만 원,
  - 법인은 억대 세금.
  최대 50배~60배 차이 발생.
➡ 동일한 담세력(재산가치)임에도 차등은 합리성을 넘어 차별에 해당.

② 2% 국민에 대한 표적과세
- 종부세는 전체 국민의 약 2%만 납세 대상.
- 하지만 부동산 수요는 98% 국민도 만들어내며, 투기도 전체 시장에서 발생.
➜ 극소수에게만 집중하는 방식은 실효성이 없고, 형평성에도 맞지 않음.

③ 임대시장 파급 효과
- 다주택자 중과세는 임대주택 공급자(개인·법인)를 직격.
- 임대인이 파산하거나 주택을 급매하게 되면, 임차인은 오히려 주거 불안정에 노출.
- 실제 2021~2023년 전세사기 급증, 보증금 반환 불능 사례가 폭발적으로 늘어남.
➜ 종부세가 주거 안정에 기여하기는커녕, 정반대의 결과를 낳음.

4) 헌법재판소 종부세 찬성 입장 논리 비판
① "상위 2%만 과세 → 최소침해" 주장 반박
- 실질은 "상위 2%에게만 과도하게 집중 → 극대침해."
- 세부담률 2~6%는 OECD 평균(0.3~0.6%)의 수 배~수십 배.
② "소득 아닌 자산 자체가 담세력" 주장 반박
- 자산가치=잠재 담세력이라는 논리는 무제한 몰수로 귀결.
- 담세력은 어디까지나 **실현가능한 소득·수익**(사적 유용성) 범위로 한정해야 함.
- 이를 넘어서는 과세는 원본재산 몰수이자 위헌.

③ "한국적 특수성" 주장 반박
- 외국도 시장 안정·형평을 고려하지만, 보유세는 반드시 낮은 세율·단일·지방세로 운영.
- 한국만 중앙정부 국세로, 다주택·법인에 극단적 중과.
- 이는 국제적 예외, 즉 헌법적 안전장치가 전무한 위험 구조.

결론

- 종부세는 세율·공시가격·공정시장가액비율·상한제 등 모든 요소가 중첩되어, 최소침해는커녕 극대침해를 초래했습니다.
- 실제로 개인 다주택자·법인 납세자는 기대임대소득의 수 배 세금을 부담했고, 이는 원본재산 침식으로 이어졌습니다.
- 차별적 중과는 평등권을 침해했으며, SH공사 시뮬레이션은 종부세가 본질적으로 "국가에 의한 무상몰수"와 다르지 않음을 보여줍니다.
- 따라서 종부세는 침해 최소성 원칙에 명백히 위배되며, 헌법 제23조(재산권 보장), 제37조 제2항(본질적 내용 불가침), 제11조(평등권)를 동시에 침해하는 제도임이 분명합니다.

패널 4 · 글로벌 스탠다드 관점

1) 국제적 보편 원칙: 침해 최소성의 기본 설계

세계 주요 OECD 국가들은 부동산 보유세를 설계할 때 다음과 같은 헌법적·제도적 안전장치를 두고 있습니다.

낮은 세율·단일 비례세율 원칙

- 미국, 일본: 대부분 단일세율(0.5~1.5%).
- 프랑스, 독일, 영국: 임대가치 기준 산정 + 낮은 단일세율.

상한제 Cap on increases

- 미국 캘리포니아: 연간 공시가격 인상률 2% 제한.
- 일본: 3년간 총 5% 이상 인상 금지.
- ➔ 세부담 급등을 막아 생활 안정성을 보장.

2) 사적 유용성(기대임대소득) 원칙

- 유럽 대륙 국가: 공시가격 자체를 임대소득가치로 산정.
- 독일 연방헌법재판소: "질식적 과세 금지" 원칙 → 기대임대소득의 절반 초과 시 위헌.
- ➔ 즉, 원본 재산은 과세 대상으로 삼지 않고, 임대 수익 범위 내에서만 과세.

이 세 가지 장치는 모두 "국민 생활을 파괴하지 않고, 재산권의 본질을 보호하면서, 최소한의 공익 부담만 지우겠다"는 침해 최소성 원칙의 국제적 구현입니다.

3) 한국 종부세의 설계와 비교

한국 종부세는 위와 같은 안전장치를 거의 찾아볼 수 없습니다.

① 다층적 과세 레버리지

- 공시가격 폭등 (정부 자의 결정)
- 공정시장가액비율 상향 (80%→95%)
- 세율 중과 (다주택·법인 최고 6%)
- 세부담 상한 삭제(법인)

➡ 이 네 가지 변수가 동시에 작동해 단기간 세부담을 3배~10배 폭증시킴.

② 사적 유용성 원칙 부재

- 2021년 기준 개인 다주택자 실효세율: 기대임대소득률(0.91%)의 2~3배.
- 법인 다주택자 실효세율: 기대임대소득률(1.52%)의 4.5배~7배.

➡ 독일식 "질식적 과세 금지" 원칙을 전면 위반.

③ 국제 비교상 초고율

- OECD 평균 보유세 실효세율: 0.3~0.6%.
- 한국 종부세 실효세율(법인): 6~7%.

➡ 평균 대비 10배 이상.

④ 상한제 미비

- 미국·일본은 2~6% 인상 제한, 한국은 공시가격을 한 해에 20~50% 인상 가능.
- 세부담 상한도 300% → 법인 철폐.

➡ 사실상 정부가 마음먹으면 무제한 증세 가능.

4) 침해 최소성 관점에서의 문제점

① 대안 수단의 존재
- 가격 안정: 공급 확대, 금융 규제, 임대차 제도 개선 등 비과세적 방법이 존재.
- 형평성 제고: 소득세·양도세 조정으로 충분히 실현 가능

➡ 즉, 굳이 재산 원본을 침해하는 종부세가 아니어도 공익 목적을 달성할 수 있음.

② 극소수 표적 과세 → 집중적 침해
- 전체 국민의 2%에게만 집중 과세.
- 이는 "국민 전체에게 최소한 부담"이 아니라, "소수에게 과잉 부담"을 전가.

➡ 최소성 원칙 정반대.

③ 주거 안정성의 역효과
- 다주택자·법인 중과 → 임대공급 급감, 전세사기 급증, 전세시장 불안.
- 헌재가 주장한 "임차인 주거 안정 보장"과는 정반대 결과.

결론 : 글로벌 스탠다드 기준에서 본 평가는 명백
- 한국 종부세는 국제적 보편 원칙(낮은 세율·단일·상한·사적유용성 보장)을 모두 위반.
- 기대임대소득을 초과하는 수준의 과세는 재산권 본질 침해와 직결.
- 정부가 임의로 세부담을 5~10배 증폭할 수 있는 구조는 헌법상 침해 최소성 원칙과 배치.

- 국제적으로는 이미 대부분 국가가 부유세$^{\text{wealth tax}}$ 제도를 폐지했는데, 한국 종부세는 사실상 준-부유세로 기능하며 국제 흐름과도 역행.
➡ 따라서 글로벌 스탠다드 관점에서 보면, 한국 종부세는 침해 최소성 원칙을 철저히 위반하고 있으며, 헌법 제37조 제2항이 요구하는 "자유와 권리 제한의 본질적 내용 보호 + 최소침해"라는 요건을 전혀 충족하지 못하고 있다고 판단됩니다.

| 교차 토론 |

<라운드 1> "상위 2% 표적과세 = 최소침해"인가?

종부세 찬성 측(패널1·2)
- 대상이 국민 2%로 한정되어 범위가 좁다.
- 대다수(98%)를 비껴가므로 사회 전체의 자유·재산권 제한을 최소화한다.
- 특히 다주택·법인은 보유 규모가 크고 시장 영향력도 커 중점 관리가 불가피하다.

종부세 반대측(패널3·4)
- "좁은 대상"이 곧 "작은 침해"가 아니다. 집중강도가 핵심이다.
- 개인 다주택자는 기대임대소득률(약 0.91%)의 2~3배, 법인은

1.52% 대비 4.5~7배 수준의 실효세율(농특 포함 약 6.84%)을 부담. 이는 원본재산 침식이 불가피한 강도다.
- 동일 가치 주택 간 세부담이 수십 배(최대 50~60배) 벌어지는 구조는 "대상 축소"로 정당화될 수 없다(수평적 형평 파괴).
- 판정 포인트: 최소침해는 "대상 축소"가 아니라 "제한 강도 최소화"다. 고강도 표적과세는 오히려 극대침해.

사회자 판단 요지
→ "소수 표적 = 최소침해" 논리는 과세 강도를 외면한다. 집중 과잉 부담이 입증된 이상 최소침해로 보기 어렵다.

<라운드 2> "정책 목적(가격안정·형평)에 비례한 강도"인가?

종부세 찬성측(패널1·2)
- 가격 급등기에 공시가격·공정시장가액비율·중과세율을 한시적으로 상향해 열기를 식혔다.
- 고가·다주택·법인 보유 구조의 시장 지배력을 완화해 형평을 회복.
- 수단이 완벽할 필요는 없고, 합리적 기여면 충분(완화된 심사).

종부세 반대측(패널3·4)
- 공시가격 급등 + 공정시장가액비율(80 → 95%) + 중과세율(최고 6%) + 법인 상한 철폐의 중첩 레버리지로 세부담이 3~10배 폭증. 이는 "한시적 조정"이 아니라 구조적 과잉.
- 가격안정 실증이 미약하거나 역효과("똘똘한 한 채" 선호, 임대공급 위축 → 전세시장 불안)가 확인되는 구간이 다수. 실효성 입증 없이

강도를 높인 것은 최소침해 위반.
- 형평 제고는 소득·양도세 등 다른 조세로 가능. 굳이 원본 자산을 갉아먹는 보유세 중과일 필요가 없다(덜 침해적인 대안 존재).

사회자 판단 요지
→ 목적 대비 강도 과다·실효성 미흡·대안 가능성이 함께 관찰된다. "합리적 기여" 기준으로도 최소침해에 못 미친다.

<라운드 3> "담세력 기준: 자산 규모 vs. 사적 유용성(기대임대소득)"

종부세 찬성측(패널1·2)
- 담세력은 소득만이 아니라 자산 규모로도 파악 가능.
- 상위 보유층은 잠재소득·신용·시장 영향력이 커 고세율 정당화.
- 법인·다주택은 조세회피 경로로 이용되므로 차등은 합리적.

종부세 반대측(패널3·4)
- 담세력의 헌법적 안전장치는 "지속 가능한 부담능력"이다. 보유세는 매년 반복되므로 사적 유용성(기대임대소득) 범위 내 낮은 세율이 국제표준.
- 자산 그 자체를 담세력으로 삼아 고세율을 적용하면 원본 몰수로 귀결(법인 실효세율 6.84% 등).
- 상속·이사로 인한 일시적 2주택이나 전세보증금이 큰 임대업자처럼 현금흐름이 취약한 보유자에게는 자산 기준 담세력 논리가

붕괴.
- 차등 필요성은 인정되나, 세수 목적·억지 중과는 질식적 과세로 변질.

사회자 판단 요지
→ 반복 과세인 보유세에서 담세력은 현금흐름 기반(사적 유용성)이 핵심이다. 자산 총량 중심 차등은 최소침해의 핵심선을 넘었다.

<라운드 4> "국제비교: 상한·낮은 세율·단일세율·임대가치 평가"

종부세 찬성측(패널1·2)
- 한국은 수도권 과밀·전월세 비중·투기수요 등 특수성 존재.
- 외국 제도와 단순 비교는 곤란하며, 한국형 고율·중과 설계가 필요할 수 있다.

종부세 반대측(패널3·4)
- 특수성 인정해도 국제표준의 헌법적 안전장치(①낮은 세율·단일, ②연간 인상 상한, ③임대가치 기반 평가, ④지방세 중심)는 보편 원칙.
- 한국은 네 축 모두 취약: 고율·다층레버리지·상한 미흡·국세 중과.
- 독일의 '질식적 과세 금지'는 사적 유용성 초과 금지를 함의. 한국의 법인·다주택 실효세율은 그 위험선 초과.

사회자 판단 요지
→ 특수성은 최소침해의 장치 부재를 정당화하지 못한다. 국제비교는 "덜 침해적 설계가 가능했음"을 강하게 시사.

<라운드 5> "임대시장·전세사기 등 부작용 vs. 공익"

종부세 찬성측(패널1·2)
• 임차인 보호·주거 안정이라는 공익이 크며, 일부 부작용은 보완 입법으로 해결 가능.
• 과표 완충·일시적 2주택 예외 등 후속조치로 문제를 줄여 왔다.

종부세 반대측(패널3·4)
• 임대공급 주체인 다주택자·법인에 집중 중과 → 장기적으로 임대주택 공급 위축.
• 전세사기·보증금 미반환 사례의 체계적 위험 증가(현금흐름 압박).
• 사후 보완은 이미 발생한 침해를 치유하지 못함. 사전적 최소침해 설계가 원칙.

사회자 판단 요지
→ 공익은 중요하지만, 대체 수단(공급 확대·금융규제·임차인 보호제도)으로 실현 가능했고, 보유세 중과는 예상 가능한 부작용을 크게 키웠다. 최소침해 미충족.

<라운드 6> "법인·공기업 사례와 원본 침식"

종부세 찬성측(패널1·2)
- 공기업·주거복지 목적 주체는 감면·비과세로 보정되어 실제 위험이 제한적.
- 법인의 공제·상한 배제는 투기 우회 차단을 위한 정책적 선택.

종부세 반대측(패널3·4)
- SH공사 시뮬레이션(감면 배제 가정)에서 7년 내 순자산 고갈은 설계 강도의 위험성을 극명히 보여준다.
- 다수 민간 법인은 실제로 2021년 10~100배 세액 급등을 경험.
- "보정하면 괜찮다"가 아니라, 보정 없으면 존속 불가능한 구조 자체가 최소침해 위반의 방증.

사회자 판단 요지
→ 특정 집단을 감면으로 구제해야만 정상영업이 가능한 고강도 체계는, 애초 최소침해 설계 의무를 소홀히 한 결과다.

사회자 최종 정리(침해의 최소성)
① 강도: 공시가격·공정시장가액비율·세율·상한 규정이 중첩되며 단기간 수배 폭증 가능.
② 대안: 공급·금융·임차인 보호·이동비용 완화 등 비과세·저침해 수단 다수 존재.

③ 효과: 가격안정·형평성 실효가 불충분하거나 역효과 동반.

④ 담세력: 보유세는 반복과세 → 사적 유용성(기대임대소득) 범위 내 낮은 세율이 원칙(국제표준).

⑤ 형평: 동일 자산 가치 간 수십 배 격차는 최소침해·평등원칙 모두에 취약.

⑥ 국제비교: 낮은 세율·상한·단일·지방세 중심이라는 보편 안전장치 부재.

결론: 종부세의 현행·2021년형 구조는 "침해의 최소성" 요건을 충족하지 못한다고 보는 것이 타당합니다. 같은 입법목적(형평·가격안정)을 덜 침해적으로 달성할 실질적 대안이 존재했고, 과세 강도는 사적 유용성을 상시 초과하는 구간이 확인되었습니다.

5. 소토론 주제 - 종부세와 법익의 균형성

| 사회자 발제 |

1) 헌법적 프레임

- 헌법 제37조②: 기본권 제한은 ①목적의 정당성 ②수단의 적합성 ③침해의 최소성 ④법익의 균형성을 모두 충족해야 함.
- 오늘 초점은 ④법익의 균형성: "제한으로 얻는 공익" vs "침해되는 사익(특히 재산권·평등권)"의 무게 비교.

2) 헌법재판소 다수의견(요지 정리)
- 2021년 귀속분에서 세율 인상·상한 조정, 법인 공제·상한 폐지, 공정시장가액비율·공시가격 상승, 민간임대 등록말소, 조정대상지역 확대 등으로 세부담이 크게 증가한 사실은 인정.
- 다만, 부동산 가격안정·투기억제·형평성 제고라는 공익이 크고, 사적 유용성과 처분권은 남아 있으므로 법익의 균형성 유지라는 결론.

3) 공익 측(정부·종부세 찬성측) 주장의 "실질" 점검
① 재정수입(공익의 크기)
- 2021년 종부세수(주택·토지 합계) 6.13조원(+농특세 20% 포함 7.36조원 추정).
- 총조세 456.9조원 대비 약 1.61%(국세만 대비해도 2%대 초반) 규모.
→ "국가재정의 중추 세목"이라 보기 어렵다(공익 규모는 중간~소).

② 형평성 제고(첫 번째 입법목적)
- 2021년 설계는 다주택·법인 초중과로 특정 집단에 고부담 집중.
- 사실상 역형평 사례:
  - 개인 1주택(공시가 170억, 고령·장기보유 공제 80%)의 종부세 합계 ≒ 7,293만원
  - 법인 다주택(공시가 11억, 공제 0·단일고율 적용)의 종부세 합계 ≒ 7,317만원
  → 보유가액 15.4배 차이인데 세액은 거의 동일. "같은 가치엔 비슷한 세금"이라는 수평적 형평에 정면 배치.

③ 가격안정·투기억제(두 번째 입법목적)
- 2020.8 법 개정(중과 강화) 직후 2021년: 서울 +8.02% / 전국 +14.10% 등 가격 급등.
- 세부담 급증은 '똘똘한 한 채' 수요 강화·임대공급 위축 등 역효과 채널을 동반.
  → 목적 달성의 실증 근거가 약하거나 혼합, 공익 달성의 확실성 낮음.

4) 사익 측(침해의 크기) 점검
① 사적 유용성 초과(원본 침식 위험)
- 2021년 기대임대소득률(개인 0.91%·법인 1.525% 근사)을 기준으로 보면,
  - 개인 다주택 실효구간: 2~3배 수준 초과,
  - 법인 다주택 실효세율(농특 포함): 약 6.84% × 공정시장가액비율 0.95 ⇒ 6.5~6.8%대 체감, 기대임대 대비 4.5~7배.
  → 반복 과세인 보유세가 사적 유용성(현금흐름)을 상시 초과 → 원본재산 침식·사업 지속 불가능 위험.

② 차별 강도와 예측가능성 붕괴
- 공시가격 급등 + 공정시장가액비율(80 → 95%) + 중과세율 + 법인 공제·상한 폐지의 "중첩 레버리지"로 세부담 3~10배 폭증 구간 현실화.
- 동일 가치 자산 간 수십 배(최대 50~60배) 세부담 격차 → 평등권 침해에 준하는 체감.

③ 사회적 비용
- 임대공급 측 주체(다주택·법인)에 집중 중과 → 임대공급 위축, 전세시장 불안·보증금 미반환 리스크 증폭.
- (시뮬레이션) 공기업을 일반 법인처럼 과세 가정 시 중장기 순자산 고갈 가능성 노출 → 제도 강도의 위험성 방증.

5) "공익 vs 사익" 저울질(핵심 비교표)
- 공익(정부 주장):
- 형평성 제고(그러나 역형평 사례 다수),
- 가격안정(실증 불충분·역효과),
- 재정수입(총조세의 ~1.6% 수준).
- 사익(납세자 피해):
- 사적 유용성 상시 초과 → 원본 침식,
- 수십 배 격차·표적과세로 평등원칙 잠식,
- 임대시장 왜곡·전세 리스크 등 외부비용.
→ 공익은 작거나 불확실/혼합, 사익은 중대·확실·지속.

6) 오늘 토론의 핵심 질문
① 형평성 제고 주장을 유지하려면, 왜 170억 1주택과 11억 법인이 동일한 세액에 수렴하는 것이 세부담 형평성에 정당한가?
② 가격안정 공익은 실증으로 뒷받침되는가? 중과가 왜 '똘똘한 1채' 선호·임대공급 위축을 초래했는지 반론 가능한가?
③ 사적 유용성 초과가 구조적으로 발생하는데, 이를 두고도 "사적

유용성은 남았다"는 헌재 판단을 유지할 수 있는가?

④ 총조세의 약 1.6%에 불과한 세수 효과를 위해, 재산권·평등권에 대한 고강도·지속적 침해를 감수할 정도의 공익이 존재하는가?

⑤ 덜 침해적인 대안(공급 확대·금융규제·임차인 보호·단일 낮은 세율 지방재산세 체계·상한제 등)이 있는데도, 왜 현행 고강도 구조를 유지해야 하는가?

7) 사회자 잠정 평가(논점 제시)

- 법익의 균형성 판단에서 핵심은 크기·확실성·지속성입니다.
  - 공익: 규모 작거나 효과 불확실/혼합,
  - 사익: 원본 침식·형평 붕괴·시장 왜곡이 확실·지속.

따라서 현 구조(특히 2021년형 고강도 설계)는 법익의 균형성 요건 충족이 어려운 방향으로 기운 것으로 보입니다.

| 패널 토론 |

패널 1 · 종부세 찬성 입장

"종부세는 법익의 균형성을 충분히 갖추고 있습니다.

첫째, 공익적 측면입니다.

부동산 가격 급등과 자산 편중은 단순한 시장현상이 아니라 사회적 불안 요인이었습니다. 상위 2%의 다주택자와 법인 소유 주택이 주택

시장 불안을 가중시켰다는 것은 여러 통계로 확인됩니다. 종부세는 이들에 대한 조세부담을 강화하여 투기적 수요를 억제하고, 무주택 서민의 주거안정을 도모한 것입니다. 이는 사회 전체의 주거권 보호라는 공익 실현에 직결됩니다.

둘째, 형평성 제고입니다.

부동산 자산 불평등은 한국 사회의 핵심 문제 중 하나입니다. 동일한 소득을 벌더라도 다주택자는 누적된 부동산 자산을 활용해 더 큰 이익을 누립니다. 따라서 법인·다주택자에 대한 중과세는 수평적·수직적 형평성을 높이는 수단입니다. 개인 1주택자에게 공제를 두고, 다주택자와 법인에 더 큰 부담을 지우는 것은 합리적 차등입니다.

셋째, 사익 침해의 정도입니다.

헌재도 지적했듯, 종부세는 소유자의 사적 유용성 및 처분권한을 본질적으로 보장하고 있습니다. 세율이 높아도 집을 처분하거나 임대소득으로 충당할 수 있으며, 결국 자산을 유지할 수 있는 여지는 남아 있습니다.

마지막으로 세수의 비중은 적더라도 상징성과 조세 정의의 신호 효과는 큽니다. 상위 계층에게만 부과된다는 점이 불편할 수 있지만, 이는 오히려 '사회적 연대'를 구현하는 장치로서 법익의 균형성 원리에 합치합니다. 따라서 종부세는 침해되는 사익보다 훨씬 큰 공익을 실현합니다."

패널 2 · 헌법재판소 입장

"헌법재판소는 이미 2021년과 2022년 사건에서 종부세의 법익 균형성을 인정했습니다.

첫째, 종부세는 부동산 과다 보유 억제와 투기적 수요 차단이라는 목적을 가집니다. 2020년 들어 부동산 가격이 급등하고, 법인을 활용한 주택 취득이 늘어난 상황에서 입법자는 국민경제 안정과 실수요자 보호를 위해 종부세 강화를 결정한 것입니다. 이는 분명한 공익적 가치입니다.

둘째, 침해되는 사익은 제한적입니다.

헌재는 "사적 유용성과 처분권한이 여전히 소유자에게 남아 있다"고 판단했습니다. 종부세가 다소 무겁더라도 주택을 보유하거나 매각할 자유는 여전히 보장되며, 이는 재산권의 본질적 내용 침해에 해당하지 않습니다.

셋째, 공익과 사익의 저울질에서 공익이 더 크다고 본 것입니다.

무주택 서민의 주거권 보호, 주택시장 안정, 자산 편중 완화는 국민 다수에게 직접적 이익을 주는 공익입니다. 반면 사익은 일부 다주택자와 법인에게만 집중되어 있습니다. 따라서 공익과 사익의 균형은 입법자의 정책적 결단을 존중할 수밖에 없습니다.

결론적으로, 종부세는 법익의 균형성을 유지하고 있으며 헌법에 합치합니다."

패널 3 · 종부세 반대 입장

"종부세는 법익의 균형성을 명백히 상실했습니다.

첫째, 침해된 사익의 규모가 압도적입니다.

2021년 종부세는 기대임대소득의 2~4배 수준으로 부과되었습니다. 법인 다주택자의 경우 실효세율이 6.8%에 달하여 임대소득을 4~7배 초과했습니다. 이는 사실상 재산 원본을 무상 몰수하는 세금으로, 사적 유용성을 보장한다는 헌재의 판단은 현실과 동떨어진 것입니다.

둘째, 형평성은 오히려 훼손되었습니다.

공시가 170억 1주택자가 내는 세금과 공시가 11억 법인 다주택자가 내는 세금이 비슷합니다. 보유가액 15배 차이에도 세액은 같다는 것은 조세 정의에 정면으로 반하는 결과입니다. 이게 어떻게 형평성 제고입니까?

셋째, 공익은 실현되지 않았습니다.

2020년 이후 부과 강화에도 주택 가격은 급등했습니다. 종부세 폭탄은 오히려 똘똘한 한 채 선호와 임대공급 축소를 불러 주택가격 불안과 전세사기 확산이라는 역효과를 낳았습니다. 공익은커녕 시장 교란이었습니다.

넷째, 보편 부담 원칙에도 위반됩니다.

전체 국민 중 2%에게만 집중 과세하는 구조는 **표적 과세**로, 부담 보편주의와 법치주의에 어긋납니다. 모든 국민에게 동일한 방식으로 부과한다면 GDP의 14%에 달하는 세금이 발생하므로 사실상 불가능합니다. 결국 일부 집단에 헌법적 권리를 침해하는 과세를 강요한 것입니다.

따라서 종부세는 공익은 작고 불확실하며, 사익 침해는 중대하고 확실하므로 법익의 균형성을 명백히 위반합니다."

패널 4 · 글로벌 스탠다드 관점

"국제비교 관점에서 종부세는 법익 균형성을 지키지 못한 사례입니다.

첫째, 해외 보유세 구조를 보십시오.

미국은 지방정부가 부과하며, 연간 인상률은 2~6% 상한으로 제한됩니다. 일본은 3년에 5%만 올릴 수 있습니다. 독일·영국·프랑스는 임대가치(기대임대소득)를 기준으로 과세하여 원본 침식이 불가능하게 설계했습니다. 이는 사익 침해를 최소화하기 위한 제도적 장치입니다.

둘째, 한국은 정반대입니다.

공시가격·공정시장가액비율·세율 중과가 동시에 작동하면서 세부담이 3~10배 폭증할 수 있습니다. 법인 상한 철폐, 공제 삭제까지 겹치면 사적 유용성을 초과하는 과세가 구조적으로 내장됩니다. 이는 국제적으로 유례없는 과도한 방식입니다.

셋째, 공익의 실현도 불투명합니다.

해외에서는 보유세가 주거 안정의 '보조적 수단'일 뿐, 가격안정의 직접적 수단으로 활용하지 않습니다. 공급·금융·거시정책이 핵심 수단입니다. 한국만이 종부세를 가격안정 수단으로 과도하게 의존했으나, 결과는 실패였습니다.

결론적으로, 국제기준에서 볼 때 종부세는 공익 달성 효과는 미미하고, 사익 침해는 극심합니다. 따라서 법익의 균형성 원칙을 충족하지 못합니다."

| 교차 토론 |

<라운드 1> "공익의 실현 가능성" vs "공익의 불확실성"

패널1(종부세 찬성)
- 종부세 강화는 상위 2%·법인 보유의 투기성 수요를 억제해 주거 안정에 기여.
- '신호효과'^{signal}로 시장에 과열 억제 메시지 전달, 형평성 인식 제고.

패널2(헌재 관점)
- 2020~2021년 가격급등·법인 매입 증가 등 비상 상황에서 입법자는 정책적 결단을 내릴 재량이 있음.
- 공익(무주택자 보호·시장 안정)은 광범위하고, 사익은 일부 집단에 국한.

패널3(종부세 반대)
- 실증: 2021년 강화 이후에도 가격은 급등 → 공익 실현 불확실.
- 똘똘한 한 채 선호·임대공급 위축·전세사기 확산 등 역효과가 공익을 상쇄.

- 상위 2%만 겨냥한 표적과세로는 수요 기반 전체(98%)를 건드리지 못해 가격안정 효과 제한.

패널4(글로벌 스탠다드 관점)
- 해외는 보유세를 가격안정의 주수단으로 사용하지 않음(보조적). 공급·금융·거시수단을 핵심으로 설계.
- 국제모형 부합성 낮아 공익 성취의 구조적 제약이 큼.

사회자 정리
- 공익은 '가능성' 주장(1·2) vs 실효성 데이터·국제운용 관행(3·4).
- 판정: 공익 실현의 불확실성 우세. 신호효과만으로 법익 우위를 단정하기 어려움.

<라운드 2> "사익 침해의 정도" — 사적 유용성(기대임대소득) 초과 여부

패널1
- 사적 유용성과 처분권은 여전히 존재. '무겁다'는 체감 ≠ 본질적 침해.
- 과도 사례는 개별 구제의 문제.

패널2
- 입법자는 누진·차등 설계 가능. 본질적 내용(사적 유용·처분권)이 소멸한 것은 아님.

패널3
- 2021년 개인 다주택자: 기대임대소득률(예: 0.91%) 대비 종부세+

농특세 실효부담이 2~3배 상회 사례 다수.
- 법인 다주택자: 실효세율 약 6.84%(7.2%×공정시장가액비율 0.95) → 기대임대소득(1.5%±)의 4~5배.
- 이는 매년 반복되는 고정비용이므로 원본잠식·무상몰수 효과. SH공사 가정 시뮬레이션에서도 중장기 순자산 소진 경로가 확인됨.

패널4
- 영국·프랑스·독일은 임대가치 기반 평가라 구조적으로 사적 유용성 초과 과세 불가.
- 미국·일본은 인상률 상한(미 2~6%, 일 3년 5%)으로 누적 침해 제한.

사회자 정리
- 본 사안의 핵심은 "반복적 고정부담이 사적 유용성을 체계적으로 초과했는가".
- 제시된 수치(법인 6.84%, 개인 다주택 2~3배 초과)는 질식적 과세 위험을 뒷받침.
- 판정: 사익 침해 중대(특히 법인·다주택층).

<라운드 3> "형평·차등과세의 정당성" vs "수십 배 격차의 불합리"

패널1
- 다주택·법인은 담세력·외부효과가 커 차등 합리.
- 소수 고액자에 집중 부과는 수직적 형평 실현.

패널2
- 입법재량 범위 내 차등. 조정대상지역·주택수 연계도 정책 목적상

합리.

패널3
- 동일 가치의 주택이라도 주택수·법인 여부에 따라 수십 배 세액 격차 발생('21년 최대 50~60배 수준).
- "170억 1주택 ≒ 11억 법인 다주택" 세액 등 역진적·불균형 사례.
- 담세력은 유동성·현금흐름 기준이어야지 단순 총자산이 아님(특히 임대보증금 높은 전세형 임대업).
- 보편부담 원칙에도 반(2% 표적과세).

패널4
- 국제모형은 단일비례·완만한 구간이 주류 → 수십 배 격차는 이례적·비례성 훼손.
- 차등은 가능하나 상한·완충 장치로 비례성 확보가 전제.

사회자 정리
- 차등 자체는 가능하나, 결과의 비례성이 관건.
- 현행 구조는 차등이 과잉으로 전환된 정황이 다수.
- 판정: 현행 차등은 형평 실현보다 불형평 초래 소지 큼.

<라운드 4> "대안 가능성(최소침해)" — 덜 침해적인 수단 있었는가

패널1
- 거시·공급정책은 시차·부작용 크며, 표적 과세가 즉시적 억제효과.
- 제도는 수정·보완으로 개선 가능.

패널2
- 과세상한·공제·경과규정 등 제도적 안전판이 병행되어 왔고, 일부는 사후 개선됨.

패널3
- 선택지: 거주이동세(양도세)·공급확대·LTV/DTI·보유세 상한 법정화·인상률 캡 등 덜 침해적 수단 다수.
- 임대주택 합산배제 축소·법인 상한 철폐·6억 공제 삭제 등은 최소침해 원칙 역행.
- 일시적 2주택·상속 특례의 사후 도입은 초기에 과도침해가 있었다는 반증.

패널4
- 해외는 모두 상한·완충을 법정화. 한국은 레버(공시가격·공정시장가액비율·세율)를 동시 가동해 단기간 수배 변동 가능 → 최소침해 설계 부재.

사회자 정리
- 덜 침해적인 대안이 제시되고, 해외는 이를 제도화.
- 일부 사후보완은 초기 과잉을 추인하는 정황.
- 판정: 최소침해 원칙 미흡.

<라운드 5> 최종 저울질 — 공익 vs 사익

공익 측 요지(패널1·2)
- 주거안정·형평 제고라는 중대한 공익.
- 입법재량·정책 신호효과.

사익 침해 측 요지(패널3·4)
- 기대임대소득 초과·반복 과세로 원본잠식 위험(법인 6.84% 등 수치).
- 형평 역전(가치 15배 차에 세액 비슷), 수십 배 격차.
- 대안 가능성 존재·국제적으로 공통적인 세부담 상한·완충 부재.
- 공익 실현 불확실(역효과 정황).

| 사회자 최종 평가 |

- 공익은 중요하나 실현 가능성·실증이 약하고,
- 사익 침해는 구체적·반복적·구조적(사적 유용성 초과)이며 대안 가능성이 존재.
- 따라서 법익의 균형성은 현행 구조에서 사익 침해 쪽으로 기울어 있음이 설득력 있음.

결론(사회자)
① 가격안정·형평이라는 공익은 정당하지만, 종부세 현행 설계는

이를 안정적으로 달성하지 못했고 오히려 역효과 가능성까지 드러남.

② 반면 법인·다주택자에 대한 기대임대소득 초과의 반복적 고정부담은 재산권(사적 유용성) 핵심에 직접 타격.

③ 해외의 최소침해·상한·완충 장치 부재, 수십 배 격차라는 비례성 훼손은 법익 균형성 위반 방향으로 작용.

종합 판단: 현행(특히 2021년형) 종부세 구조는 공익 대비 사익 침해가 과도하여, 법익의 균형성 원칙을 충족한다고 보기 어렵다.

03

종부세가 재산권을 침해했는가에 대한 사회자 종합평가 및 결론

1. 헌법 기준(심사 틀)

- 헌법 제23조(재산권 보장)·제37조②(본질적 내용 침해 금지).
- 심사 요소: ① 재산권의 본질적 내용(사적 유용성) 침해 여부, ② 과잉금지원칙(목적 정당성·수단 적합성·침해 최소성·법익 균형성) 충족 여부.
- 비교법적 준거: 영국·프랑스·독일의 임대가치 기반 보유세(사적 유용성 내 과세 구조), 미국·일본의 연간 인상률 상한(미 2~6%, 일 3년 5% 등).

2. 확인된 사실관계(핵심 수치·구조)

- 2021년 설계 변화가 동시발동: 공시가격 현실화(대폭 인상) + 공정시장가액비율 상향(최고 95%) + 다주택·법인 고율 중과 + 민간임대 합산배제 축소 + 조정대상지역 대폭 확대 + (법인) 6억 공제 삭제·세부담상한 철폐.
- 그 결과, 동일 가치 주택이라도 주택 수·법인 여부에 따라 세부담이 수십 배 벌어짐(최대 50~60배).
- 기대임대소득 대비 실효부담:
  - 개인 다주택(조정대상지역 2주택 포함): 2021년 기대임대소득률(약 0.91%)의 2~3배까지 종부세(+농특세) 부담이 도달하는 사례 다수.
  - 법인 다주택: 법정세율 7.2%(종부 6%+농특 1.2%) × 공정시장가액비율 0.95 ⇒ 실효 약 6.84%. 이는 2021년 법인 기대임대소득률(약 1.5%±)의 4~5배.
  - 공기업 가정(예: SH 공사에 일반 법인 규칙을 적용하는 시뮬레이션): 중장기 순자산 소진 경로가 도출(정책적 예시이지만 '반복 고정부담이 사적 유용성을 구조적으로 상회'한다는 점을 보여줌).

세목의 범위와 대상: 납세자는 전 국민의 약 2%. 재정기여도는 2021년 기준 총조세의 약 1.6% 내외 수준.

3. 쟁점별 판단

① 재산권의 본질적 내용(사적 유용성) 침해
- 보유세는 원칙적으로 재산의 이용가치(기대임대소득) 범위 내 낮은 세율·반복 과세여야 원본잠식을 막을 수 있습니다.
- 2021년 구조는 특히 법인·다주택자 구간에서 반복 고정부담이 기대임대소득을 지속적으로 상회: 법인 실효 6.84%는 기대임대소득률의 4~5배, 개인 다주택도 2~3배.
  → 이는 원본재산의 상시 잠식(무상몰수 효과) 위험을 내재. 주택보유가 '소득을 낳는 자산'이 아니라 '원본을 갉아먹는 부채'가 되는 구간이 발생.
- 영국·프랑스·독일처럼 임대가치 기반 구조(사적 유용성 내 과세) 혹은 미국·일본의 상한·완충장치가 없으므로, 한국의 설계는 본질적 내용 침해 리스크가 구조적으로 큼.

② 과잉금지원칙
- 목적의 정당성
- 세부담 형평 제고·가격 안정은 원칙적으로 정당한 공익.
▪ 수단의 적합성
- 실증·국제비교상 보유세 단독의 가격안정 효과는 제한적이며, 2021년 강화 직후 가격 급등·똘똘한 한 채 현상 등 역효과 정황.
- 형식적 적합성("과세=수요 억제 가능")만으로는 부족, 실효성 검증이 필요.

- 침해의 최소성
  - 같은 목표에 대한 덜 침해적인 대안(공급·금융규제·보유세 인상률 상한·총부담 상한·임대주택 특례의 선제규정 등)이 존재.
  - 오히려 2021년은 합산배제 축소·상한 철폐·공제 삭제 등 최소침해 원칙에 역행.
- 법익의 균형성
  - 공익(형평·안정)은 실현 불확실 또는 역행 정황; 사익 침해는 구체적·반복적·상당(사적 유용성 초과).
  - 2% 표적과세로 보편부담 원칙도 약화, 동일 가치 간 수십 배 격차는 비례성 훼손.
  - → 사익 침해가 공익을 현저히 능가.

종합 결론

- 핵심 판단: 2021년형 종부세 구조(특히 법인·다주택 구간)는 반복적 고정부담이 기대임대소득(사적 유용성)을 체계적으로 초과하여, 재산권의 본질적 내용을 침해하는 방향으로 작동했습니다.
- 또한 과잉금지원칙 4단계 중 적합성(실효성)·최소침해·법익균형에서 설득력이 약합니다.
- 결과적으로, 2021년형(그리고 그 변형)이 낳은 구조적 과세 설계는 헌법상 재산권 보장 원리와의 긴장을 넘어 위헌 위험이 높다는 결론이 타당합니다.

3장

종부세 토론 주제 (3)
- 종부세와 조세평등주의 위반 문제

01

종부세 토론 주제 (3-1)
- 종부세 차별 과세와 조세평등주의 위반문제

| 사회자 발제 |

1) 주제 정의

오늘의 토론 주제는 "종합부동산세의 차별적 과세 구조가 헌법상 조세평등주의 원칙을 위반하는가"입니다.

조세평등주의는 헌법 제11조 평등권과 제38조의 납세의무 규정, 그리고 제59조 조세법률주의에서 파생되는 원리로,

* 수평적 평등(동일한 담세력에는 동일한 세금),
* 수직적 평등(담세력의 차이에 따라 합리적 차등과세)

를 함께 보장해야 한다는 원칙입니다.

종부세의 차별적 과세 구조가 이 원칙과 합치하는지, 혹은 위배되는지를 따져보는 것이 핵심입니다.

2) 관련 헌법 규정

- 헌법 제11조: 모든 국민은 법 앞에 평등하다.
- 헌법 제23조: 재산권의 보장, 공공복리에 따른 제한 가능.
- 헌법 제38조: 모든 국민은 법률이 정하는 바에 의하여 납세의 의무를 진다.
- 헌법 제59조: 조세는 법률로써 부과·징수한다.

즉, 세금은 합리적 이유 없는 차별이 없어야 하고, 담세력의 차이를 반영하되 과도하거나 자의적인 차등은 허용되지 않습니다.

3) 종부세 차별과세 구조의 변천

- 2005년 도입 당시: 1주택자·다주택자·법인 구분 없이 동일한 누진세율 적용. → 상대적으로 평등 원칙 유지.
- 2008~2020년: 1세대 1주택자에게 일부 특례 있었지만, 개인·법인 간 본질적 차별은 없었음.
- 2021년 개정: 차별 구조가 본격화됨.
  - 다주택자: 조정대상지역 내 2주택자, 3주택 이상 보유자에게 최고 6% 세율 중과.
  - 법인: 과세표준 6억 원 기본공제 삭제, 세부담 상한 철폐, 단일 고율(3~6%) 적용.
  - 개인 1주택자: 고령자·장기보유 공제(최대 80%)로 세 부담 대폭 완화.
- ➡ 결과적으로 동일한 가액의 주택을 보유하더라도, 개인 1주택자와 법인·다주택자 간 세부담 격차가 50배 이상 발생.

4) 구체적 사실관계와 수치

- 개인 1주택자(공시가격 20억, 고령·장기보유 공제 적용): 종부세 수백만 원 수준.
- 개인 다주택자(공시가격 합계 20억, 조정대상지역 2주택자): 실효세율 약 1.5~2%, 농특세 포함 시 2% 초과 → 기대임대소득의 2배 수준.
- 법인 다주택자(공시가격 합계 20억): 공제 없음, 세율 6% + 농특세 20% → 실효세율 6.8% → 기대임대소득(약 1% 수준)의 6~7배(종부세 1억 원 초과).
➡ 같은 부동산 자산가치라도 납세자 유형·보유 형태에 따라 세 부담이 수십 배 차이.

5) 헌법재판소의 입장

* 2008년 결정: 일부 세율 구조가 평등원칙 위배 가능성이 있으나, 전면 위헌은 아님.
* 2021·2022년 결정:
  - 다주택·법인 중과는 부동산 투기억제 및 형평성 제고라는 합리적 이유가 있으므로 평등원칙 위배 아님.
  - 공시가격·공정시장가액비율 등도 "온전히 자의에 맡긴 것은 아니다"라며 합헌 판단.
➡ 즉, 입법 목적이 정당하고 수단도 합리적 근거가 있으므로 차별은 허용된다는 입장.

6) 국제 비교
- OECD 대부분 국가: 단일비례세율, 보편적 적용, 지방세 중심.
- 미국: property tax는 주별·지방세, 단일세율, 연간 인상률 상한 (2~6%).
- 영국·프랑스·독일: 임대소득(사적 유용성)을 기준으로 과세. 동일 자산에는 동일 과세.
➜ 한국처럼 개인 vs. 법인, 1주택 vs. 다주택 간 극단적 차별은 찾기 어렵습니다.

7) 핵심 쟁점 정리
수평적 평등 위반 여부:
- 동일 자산가치를 보유했는데, 주택 수·소유형태에 따라 수십 배 차이가 발생하는 것이 합리적 차등인지, 아니면 자의적 차별인지.

수직적 평등의 왜곡:
- 원래는 부자일수록 더 내야 한다는 원리인데, 실제로는 임대보증금 등 부채가 많은 영세 임대업자나 법인이 더 큰 세금 폭탄을 맞음.

국제 비교의 정당성:
- 국제적으로 단일·보편 과세가 원칙인데, 한국의 표적과세(국민 2% 대상)는 보편부담 원칙 위배.

정책 효과와 평등 원칙의 관계:
- 조세평등주의는 헌법적 원칙인데, 정책적 목적(투기억제·가격안정)을 위해 헌법 원칙을 희생할 수 있는가.

8) 발제 결론

오늘 토론의 핵심 질문은 다음과 같습니다.

- 종부세의 차별적 과세 구조가 "합리적 차등"인지, 아니면 "헌법상 평등 원칙 위반"인지?
- 특히, 동일한 가액에 대해 50배 이상 세부담 차이를 만드는 것이 과연 조세평등주의에 부합하는가?
- 국제적 기준에서 볼 때 한국 종부세 구조는 왜 이렇게 예외적인가?

따라서 오늘 패널토론에서는
① 종부세의 차별 구조가 헌법적 평등원칙을 지키고 있는지,
② 정책목적을 위해 불평등을 정당화할 수 있는지,
③ 국제비교 속 한국 모델의 정당성 여부
를 중심으로 심도 있게 논의해 주시기 바랍니다.

| 패널 토론 |

패널 1 · 종부세 찬성 입장

① 평등원칙과 차등과세의 관계
- 조세평등주의는 수평적 평등과 수직적 평등을 동시에 요구합니다.
- 그러나 평등은 획일적 동일과세가 아니라, 실질적 담세력에 따른 합리적 차등과세를 의미합니다.

- 따라서 1주택자와 다주택자, 개인과 법인에 다른 세율과 공제를 적용하는 것은 자의적 차별이 아니라 담세력 차이를 반영한 합리적 차등입니다.
- 동일한 자산가치를 보유하더라도, 법인이나 다주택자는 투기 수요·세제 회피 가능성·시장 교란 가능성이 더 크므로 세 부담을 강화할 합리적 이유가 있습니다.

② 개인 1주택자 vs 다주택자
- 1주택자는 본질적으로 자기 거주 목적으로 주택을 보유한 경우가 대부분입니다.
- 반면 다주택자는 주택을 투자·임대 목적으로 보유하며, 그 과정에서 시장의 공급을 잠식하거나 투기적 수요를 조장할 소지가 큽니다.
- 따라서 동일한 가액의 자산이라도 거주용 1주택과 투자성 다주택의 사회적 성격은 본질적으로 다르다고 평가할 수 있습니다.
- 조정대상지역 내 2주택 이상을 중과한 것도, 당시 전국적인 집값 폭등과 투기 열풍 상황에서 불가피한 조치였습니다.

③ 개인과 법인 간 차등
- 법인의 경우, 실질적으로는 개인이 법인을 세워 다주택 보유를 우회하는 경우가 많았습니다.
- 따라서 법인에 대한 공제(6억 원 기본공제) 삭제와 세부담 상한 철폐는 조세회피 차단이라는 합리적 근거가 있습니다.

- 법인세율이 높다는 비판이 있으나, 이는 투기 억제를 위한 정책세율로 이해할 수 있고, 일반 영업 법인에는 적용되지 않으며 부동산 보유 목적 법인을 겨냥한 조치였습니다.

④ 헌법재판소의 합헌 논리와 일치
- 헌법재판소는 2021·2022년 결정에서 다주택자·법인에 대한 차등과세는 합리적 이유가 있어 평등원칙에 위반되지 않는다고 판단했습니다.
- "온전히 자의적 차별이 아니라 정책목적에 따른 합리적 차별"이라는 점을 강조했습니다.
- 또한 부동산 가격 안정과 조세 형평성 제고라는 공익이 매우 중대하므로, 차별적 과세로 제한되는 사익보다 공익이 더 크다고 본 것입니다.

⑤ 국제비교에 대한 반론
- OECD 다수 국가는 단일비례세율 체계를 갖고 있지만, 한국은 전월세 비중이 크고, 수도권 집중도가 매우 높으며, 주택시장의 투기 변동성이 크다는 특수성이 있습니다.
- 따라서 단순히 미국·유럽의 제도를 그대로 적용하기는 어렵습니다.
- 한국의 경우, 시장 안정과 자산 불평등 완화라는 이중 목적을 달성하기 위해 종부세라는 별도의 중앙정부세가 필요하다는 점에서 차별화된 제도가 정당화됩니다.

⑥ 결론: 합리적 차등으로서 합헌
- 종부세는 동일한 자산가치에 대해 다른 세 부담을 지우고 있지만, 이는 자의적 차별이 아니라 투기 억제·형평성 제고라는 정책 목적에 부합하는 합리적 차등입니다.
- 1주택자 보호, 다주택·법인 규제라는 구조는 담세력 원칙과 실질적 평등에 부합합니다.
- 따라서 종부세의 차별과세는 헌법상 조세평등주의를 위반하지 않으며, 오히려 현실적 불평등을 시정하는 장치로 평가될 수 있습니다.

패널 2 · 헌법재판소 입장

① 평등원칙의 해석 틀
- 헌법 제11조는 "모든 국민은 법 앞에 평등하다"라고 규정하지만, 조세평등주의의 의미는 단순한 형식적 동일과세가 아니라, 합리적 이유가 있을 경우 차등과세가 허용된다는 점을 이미 판례에서 확립해 왔습니다.
- 조세법에서 평등원칙은 **수평적 평등**(같은 담세력에는 같은 세금)과 **수직적 평등**(담세력 차이에 따른 차등 부과)을 함께 고려해야 합니다.
- 따라서 주택 보유 형태·수량·법인 여부에 따라 세율과 공제가 달라지는 구조가 반드시 위헌이라고 단정할 수는 없습니다.

② 다주택자·법인에 대한 차등과세
- 다주택자는 단순한 "보유" 이상의 사회적 영향을 미칩니다.
  - 주택 공급을 잠식하고, 시장 가격 상승 압력을 가하며, 임대 시장에서 독과점적 영향력을 행사할 수 있습니다.

특히 2020~2021년은 전국적으로 주택가격이 급등했고, 법인을 활용한 주택 매수 비중이 높아지면서 개인의 실수요를 잠식한다는 우려가 컸습니다.

이에 따라 입법자는 다주택자와 법인에 더 무거운 세 부담을 지움으로써 투기 수요를 억제하고 실수요자를 보호하는 것이 합리적이라고 판단했습니다.

즉, 단순한 자산가치 비교로는 설명되지 않는 **시장 영향력과 투기 억제 필요성**이 담세력 평가에 반영된 것입니다.

③ 과세표준 공제·상한 철폐 등 차등 구조의 합헌성
- 법인에 대해 기본공제를 배제하고 세부담 상한을 철폐한 것은, 법인을 통해 다주택을 보유하는 방식이 사실상 조세 회피 및 투기 수단으로 활용되고 있었기 때문입니다.
- 개인과 동일하게 6억 공제를 인정할 경우, 법인을 통한 대량 주택 보유가 사실상 면세되거나 과소 과세되는 문제가 발생할 수 있었습니다.
- 따라서 입법자가 이를 차단하기 위해 법인에 대한 규율을 강화한 것은 **불합리한 차별이 아니라 합리적 차등**입니다.

④ 헌법재판소 결정의 요지 (2021·2022년)
- 헌법재판소는 "종부세의 차별적 과세가 평등원칙에 위반되지 않는다"고 판시했습니다. 그 이유는 다음과 같습니다.
① 종부세의 입법 목적(조세 형평성 제고, 부동산 시장 안정)은 정당하다.
② 다주택자·법인의 세제 회피 가능성과 시장 영향력을 고려하면, 차별적 세율 구조는 합리적이다.
③ 납세자의 권리가 제한되지만, 여전히 재산의 소유·이용·처분의 본질적 권한은 보장된다.
④ 공익적 효과(시장 안정, 형평성 회복)가 침해되는 사익보다 중대하다.

⑤ 국제비교에 대한 판단
- 국제적으로 많은 나라들이 단일세율 체계를 갖고 있으나, 헌법재판소는 한국의 특수성을 고려했습니다.
  - 수도권 집중, 전세 제도의 특수성, 단기 급등의 빈번성 등으로 인해, 단순한 외국제도 이식은 곤란하다.
따라서 한국의 주택 시장 환경에서 차별적 중과세 구조는 입법자의 정책재량 범위 내라고 보았습니다.

⑥ 결론
- 종부세의 차별과세는 단순히 "같은 집값인데 세금이 다르다"라는 형식적 비교만으로는 판단할 수 없습니다.
- 다주택자·법인이 보유한 주택의 사회적 성격과 시장에 미치는 효과는 1주택자의 경우와 현저히 다르기 때문에, 이를 달리 취급하

는 것은 조세평등주의에 위배되지 않습니다.
- 따라서 종부세는 평등권을 침해하지 않고, 헌법상 허용되는 범위 내에서 입법자의 정책적 재량을 행사한 결과라고 할 수 있습니다.

패널 3 · 종부세 반대입장

① 핵심 요지
- 차별의 강도 자체가 헌법 한계를 넘었습니다. 같은 가치의 주택을 보유해도, 보유자 유형(1주택자/다주택자/법인)에 따라 수십 배(50배 이상) 세부담 격차가 발생합니다. 이는 "합리적 차등"이 아니라 실질적 불평등입니다.
- 정책목적(가격 안정)을 핑계로 헌법적 가치(평등·재산권)를 침해해선 안 됩니다. 게다가 실증적으로 가격 안정 효과는 미약하거나 역효과('똘똘한 한 채' 쏠림, 임대료 상승)를 냈습니다.
- 담세력은 엄격해야 합니다. 보유세의 담세력 상한은 재산의 사적 유용성(기대임대소득) 범위가 국제적 표준입니다. 이를 초과한 중과는 원본 침식·몰수 효과를 야기합니다.

② 차별과세의 실태: "같은 집, 세금은 수십 배"
- 예시(2021년 구조 기준, 설명을 위한 시뮬레이션)
  - 공시가격 20억 원 동일 주택을 가정.
  - 개인 1주택(장기보유·고령 공제 등 최대치 적용 시): 종부세가 수

백만 원대까지 낮아질 수 있음(재산세 포함 총보유세가 수백만~수천만 원대).

- 법인(다주택, 과표공제 0, 법인세율 6%, 농특세 포함 7.2%, 공정시장가액비율 95%):

• 실효세율 ≒ 6.84%(= 7.2% × 0.95)

• 종부세만도 약 1억 3천만 원대(20억 × 6.84%)

→ 동일 자산인데 개인 1주택자 대비 법인 다주택자의 부담은 수십 배 차이.

실제 현장에서는 개인 1주택자(완화혜택) vs 법인 다주택자(과표공제 0·상한 폐지) 조합으로 50배± a의 극단적 격차가 빈번했습니다.

이런 초격차는 단순한 "형평성 제고"를 넘어 징벌적 과세 영역입니다. 동일 가치의 재산에 대한 과세는, 최소한 같은 급수의 담세력을 전제로 해야 하는데, 지금 구조는 주체(법인·다주택 여부)만으로 세율/공제·상한을 계단식으로 바꿔 결과를 극단화합니다.

③ "담세력=자산규모" 논리의 위험과 한계

• 보유세의 담세력은 현금흐름(사적 유용성)이 핵심입니다. 임대용 주택은 전세·보증금 비중이 커 순현금흐름이 낮고, 순자산(자기자본)도 작을 수 있음.

• 법인 임대업은 임대수익률(예: 1~2%대)이 통상적입니다. 그런데 실효세율 6%대의 종부세를 매기면 임대수익을 몇 배 초과합니다.

• 결과: 원본 자산을 처분하지 않으면 세금을 낼 수 없는 상황 → 몰수적 효과. 이것이 바로 질식적 과세금지·사적 유용성 상한이라는

국제적 원칙이 존재하는 이유입니다.

④ 정책수단으로서의 실효성 결여·역효과
- 가격 안정? 다주택·법인 중과는 임대공급 축소와 똘똘한 한 채 쏠림을 자극했습니다.
  - 임대 공급 축소 → 임대료 상승 압력.
  - 다주택자 매도로 "핵심 입지 1주택" 집중 → 고가·신축 상승.

과세대상 2%만 겨냥: 전체 수요·공급을 좌우하기 어렵습니다. 미시적 표적과세로 거시적 가격을 통제한다는 발상 자체가 구조적으로 취약합니다.

결과적으로, 집값 안정과 형평성 제고라는 목적은 상호 상충했고, 중과는 형평성 악화(극단적 세부담 격차)와 시장 왜곡을 키웠습니다.

⑤ 헌법적 관점: 평등·재산권 침해
평등원칙(수평·수직)
  - 수평: 같은 담세력(동일 자산가치·유사 현금흐름)에 같은 세부담이 원칙인데, 현재는 주체만 다르면 수십 배.
  - 수직: 차등 허용은 합리적 근거를 전제로 하나, 지금처럼 사적 유용성을 현저히 초과해 원본자산 침식을 야기하는 차등은 헌법상 비례·평등 한계를 일탈.

재산권(헌법 제23·37조)
- 지속·반복 과세가 사적 유용성(기대임대소득)을 현저히 초과하면, 실질 몰수와 동일한 효과.

- 특히 법인·다주택 중과는 과표공제 삭제+상한 철폐로 원본 잠식을 제도화.

⑥ 임대시장·사회적 형평의 관점
- 우리나라 가구의 약 40% 내외가 임차합니다. 임대주택의 다수는 민간(개인·법인) 공급입니다.
- 다주택자·법인에 대한 과도한 중과는 결국 임차인의 주거 안정을 흔듭니다.
  - 세부담 전가(임대료 인상),
  - 유동성 위기(보증금 반환 지연·불능),
  - 전세사기·깡통전세 리스크 확대로 귀결.

과거 정부들이 임대사업 등록에 세제 인센티브를 부여한 취지도 임차인 보호였습니다. 이를 단칼에 뒤집은 급격한 과세전환은 신뢰보호·법적 안정성을 해쳤고, 사회적 비용을 키웠습니다.

⑦ 국제비교: 보편모형은 "낮은 세율·단일·지방"
- OECD 다수 국가는 지방 재산세 단일체계, 단일(또는 완만한) 세율, 평가·총부담 상한으로 예측가능성을 보장.
- 영국·프랑스·독일은 임대가치 기반 평가로 사적 유용성 초과 과세를 구조적으로 방지.
- 반면 한국은 국세(종부세) 추가 + 중과 누진 + 행정결정 연동(조정대상지역)으로 이례적.
  → 국제표준에 비춰 차별의 강도·빈도가 과도하며, 평등·재산권

법리에 취약.

정리: 왜 위헌적 차별인가

① 차별의 강도: 동일 가치 자산에 수십 배 격차 → 형평 붕괴.

② 담세력 일탈: 사적 유용성(임대수익) 초과 과세 → 원본 침식.

③ 정책효과 부재/역효과: 가격 안정은 입증 안 됨 + 임대시장 불안 야기.

④ 사회적 비용 전가: 임대료 상승·보증금 반환 위험·주거 불안.

⑤ 국제기준과 괴리: 낮은 세율·단일·상한·지방 원칙과 반대.

패널 4 · 글로벌 스탠다드 관점

① 국제적 기본원칙: 평등과 예측가능성
- OECD · EU 다수 국가에서 부동산 보유세는 단일비례세율 property tax을 중심으로 운영됩니다.
  - 원칙 ① 단일·낮은 세율: 동일한 부동산가액에는 동일 세율.
  - 원칙 ② 예측가능성: 연간 세부담 증가율에 상한(美 2~6%, 日 3년간 5%)을 두어 세금 폭증을 방지.
  - 원칙 ③ 지방재정 목적: 응익과세 성격이 강하며, 중앙정부가 별도의 '부유세적 보유세'를 부과하는 사례는 극히 드묾.

따라서 국제적으로 보유세는 수평적 평등(같은 재산 = 같은 세금), 수직적 평등(소득·자산 차이를 반영하되 과도하지 않은 누진) 원칙을 전제로 설계됩니다.

② 한국 종부세의 차별적 구조
- 한국은 재산세(지방세) 위에 종부세(국세)를 덧씌운 이원구조를 채택.
- 특히 종부세는 주체와 상황에 따라 세율·공제·상한이 극단적으로 달라지는 체계를 가짐.
  - 개인 1주택자: 공제·세부담상한 등 각종 완화 장치 → 낮은 실효세율.
  - 다주택자: 중과세율(최대 6%) → 실효세율 급등.
  - 법인: 과표 6억 공제 삭제, 세부담상한 철폐, 단일 고율세율(6%) → 농특세 포함 시 실효세율 6.84%.

그 결과 동일한 자산가액이라도 납세 주체에 따라 세부담이 수십 배 격차 발생. 이는 국제적으로 전례가 드뭅니다.

③ 글로벌 스탠다드 기준에서 본 위헌적 요소
수평적 평등 위반
- 국제 표준: 동일한 자산가액 → 동일 세부담.
- 한국 종부세: 동일 자산가액이라도 법인/다주택 여부에 따라 수십 배 차이.
- 이는 합리적 차등을 넘어선 차별이며, 평등원칙의 핵심을 침해.

수직적 평등 위반
- 국제 표준: 누진이 허용되더라도 담세력(소득·유용성) 범위 내 제한.

- 한국 종부세: 기대임대소득(사적 유용성)의 2~4배를 초과하여 과세. → 사실상 원본재산 침식.
- 이는 독일 연방헌재의 "질식적 과세 금지" 원칙에도 정면 위반.

예측가능성 결여
- 해외: 공정시장가액비율 같은 변동적 장치 없음. 세부담 상한이 엄격.
- 한국: 공시가격 현실화 + 공정시장가액비율 상향 + 세율 중과 = 단기간 2~10배 세부담 폭증.
- 국제적으로 보기 어려운 불안정·자의적 과세 구조.

④ 경제·사회적 효과와 글로벌 스탠다드 시사점
- 임대시장 충격: 다주택자·법인 중과세 → 임대 공급 감소 → 임차료 상승, 전세사기 증가.
- 똘똘한 한 채 현상: 고가 주택으로 수요 집중 → 오히려 가격 상승 자극.
- 해외에서는 보유세가 시장 안정 수단이 아니라, 재정 충당·서비스 대가 성격으로만 운용됨.
- 따라서 한국식 종부세는 국제적으로 보기 드문 징벌적 보유세 punitive holding tax로 평가될 수 있음.

⑤ 결론: 글로벌 스탠다드와 조세평등주의의 괴리
- 종부세의 현 구조는 국제적 보편 원칙(낮은 세율·단일·지방 중심)과 명백히 괴리.

- 동일 가액 자산에 대한 과도한 차별 과세는 헌법상 평등원칙 위반일 뿐 아니라, 국제적으로도 헌법적 안정성과 예측가능성을 보장하지 못하는 예외적 제도.
- 따라서 종부세는 국제적 기준에서도 조세평등주의를 위반한 구조로 평가되며, 헌법적 정당성을 회복하려면 단일세율·담세력 기반 과세·법인 차별 완화 등의 개편이 불가피합니다.
➡ 요약하자면, 한국의 종부세는 "같은 부동산을 누가 소유했느냐"에 따라 세부담이 극단적으로 달라지는 구조로, 이는 평등원칙과 국제 조세원칙 모두를 동시에 위반하는 제도라는 것이 글로벌 스탠다드 시각에서의 결론입니다.

| 교차 토론 |

1) 라운드 1: "차별과세=정당한 수직적 형평?" vs "수평적 평등 침해"

패널1(종부세 찬성)

상·하위 자산 격차가 크므로 상위층(다주택·법인)에 더 높은 세율을 적용하는 것은 수직적 형평 실현이다. 동일 집이라도 보유 형태·목적(투기/사업)에 따라 사회적 외부효과가 다르니 차등은 합리적이다.

패널3(종부세 반대) 반박

수직적 형평을 주장하려면 담세력 측정이 정교해야 한다. 그런데 현재 차등 기준은 '주택 수/법인 여부' 같은 형식 변수에 치우쳐 수평적 평등(같은 가액 → 비슷한 세금)을 무너뜨린다. 실제 현장에선

- 동일 공시가액이라도 개인 1주택자는 완화(공제·상한)로 수백만 원 수준, 법인 다주택은 농특세 포함 실효 6.84%로 수천만~수억 원까지 발생.
- 예시: "개인은 200만 원, 법인은 1억 원" 수준의 수십배(20~50배 이상) 격차가 실무에서 빈번. 이는 합리적 차등을 넘어선 차별이다.

패널2(헌재 입장) 재반박

입법자는 다양한 목적(가격 안정·형평)을 조합해 합리적 범위의 차등을 설계할 재량이 있다. 차등의 강도는 당시 시장 상황(가격 급등·법인 보유 증가)에 비춰 정당화 가능하다.

패널4(글로벌 스탠다드 관점) 마무리

OECD 보편 원칙은 "같은 자산가액=비슷한 세 부담(단일·낮은 세율·지방세)"이다. 한국처럼 주체에 따라 수십배 격차는 국제적으로 예외적이며, 평등원칙 심사에서 취약하다.

2) 라운드 2: "기대임대소득 초과 과세 정당?" vs "사적 유용성 침해"

패널1 종부세 찬성

담세력은 소득만이 아니다. 자산 규모 자체가 사회적 기여·영향력의 지표다. 따라서 기대임대소득(사적 유용성)을 절대상한처럼 고집할 필요는 없다.

패널3 종부세 반대 반박

보유세는 본질상 원본을 보존하고 유용성(기대임대소득) 범위 내 낮은 세율로 과세하는 명목세다. 2021년 기준 제시된 기대임대소득률(개인 약 0.91%, 법인 약 1.525%) 대비

- 개인 다주택(조정대상 2주택 포함)도 농특세 포함 실효 2~3%대,
- 법인 다주택은 6.84%(= 7.2%×공정시장가액비율 95%)로 2~4배 초과.

이는 사적 유용성 침해 → 원본 잠식으로 이어진다. 독일의 질식적 과세 금지 취지도 이 선을 넘지 말라는 것.

패널2 헌법재판소 입장 재반박

사적 유용성 개념은 지표 중 하나일 뿐, 위기의 국면에서 일정 기간 강한 조정은 허용 가능하다. "절대 초과 금지" 원칙이 헌법상 당연히 도출되는 것은 아니다.

패널4 글로벌 스탠다드 관점 보강

영국·프랑스·독일은 임대가치 기반 평가와 낮은 세율로 설계하여 구조적으로 유용성 초과를 회피한다. 초과가 필요하면 양도소득·보유기간 과세 등 다른 수단을 쓴다. 보유세로 초과 흡수는 국제 기준에 어긋난다.

3) 라운드 3: "2% 표적과세는 공정?" vs "보편부담 원칙 위반"

패널1

종부세 납세자가 약 2%에 불과한 건 정책 타깃팅의 결과다. 한정된 집단을 겨냥해 가격 안정·형평을 도모하는 것은 효율적이다.

패널3 반박

주택 수요는 전체 시장에서 발생한다. 2%에만 초고율을 매겨 가격 안정을 기대하는 것은 실증적으로도 실패했다. 2021~상반기 2022년 전국 주택가격이 급등했고, 똘똘한 한 채 선호로 고가아파트 상승을

자극했다. 보편부담 원칙에도 반한다.

패널4 보강

해외는 보유세를 전면 낮은 세율로 넓게 걷고, 상한(美 2~6%/년, 日 3년 5%)으로 예측가능성을 보장한다. 극소수 표적 고율은 국제 표준과 배치된다.

4) 라운드 4 : "법인·다주택 중과는 투기차단" vs "임대시장·전세 리스크 초래"

패널1

법인·다주택 중과는 투기적 수요를 억제하고 실수요자를 보호한다.

패널3 반박

현장에선 오히려 임대 공급 감소 → 임차료 상승, 전세자금 반환 리스크 확대가 발생했다. 민간임대 등록 말소와 결합되어 임대시장이 흔들렸고, 정부가 보증금 대납까지 하는 상황에 이르렀다. 투기 억제 명분이 임차인 불안이라는 역효과로 돌아왔다.

패널4 보강

해외는 임대공급 축소 부작용을 피하려 임대사업 인센티브·장기계약 감세 등 균형 수단을 동원한다. 한국식 징벌적 보유세+등록 말소의 조합은 매우 이례적이다.

5) 라운드 5: "공시가격·공정시장가액비율·상한 운용의 정당성" vs "자의·폭증 리스크"

패널2(헌법재판소 입장)

공시가격 산정·공정시장가액비율 설정·상한 규정은 **법률의 통제** 아래 운용되며, '온전히 자의'에 맡겨진 것이 아니다. 일시적 급등은 경과조치와 함께 완화되었다.

패널3 반박

현실은 삼중 레버리지(공시가격 현실화 + 공정시장가액비율 상향 + 중과세율)로 단기간 2~10배 폭증 사례가 속출했다.

- 법인: 과표 6억 공제 삭제 + 세부담상한 철폐 → 실효 6.84% 고정.
- 개인 다주택: 조정대상지역 연동 중과로 행정결정=사실상 세율 결정.

이는 명확성·예측가능성을 훼손한다.

패널4 보강

OECD 다수 국가는 평가상한·세부담상한을 법정 고정(미국 카운티·주법, 일본 3년 5% 룰)하여 행정부 재량의 과세폭증을 구조적으로 차단한다.

6) 라운드 6 : "평등과 정책목표의 관계" — 상충성 진단

패널1·2

가격 안정과 형평은 보완적이다. 고가·다주택 보유의 한계를 높여야 두 목표가 동시에 달성된다.

패널3·4 반박

경험칙은 반대다. 가격 안정을 위해 차별을 극대화하면 수평적 평등이 붕괴하고, 시장은 고가 집중(똘똘한 한 채)로 반응한다. 두 목표

는 상충하므로 세제만으로 동시 달성은 어렵다. 형평은 보편 낮은 세율+거래·보유의 균형, 가격 안정은 공급·금융·임대제도로 접근해야 한다.

| 사회자 평가 및 결론 |

1) 평등원칙

- 국제 표준(동일 가액=비슷한 세부담, 단일·낮은 세율·지방세)에 비추어 보면, 주체·보유수에 따른 수십배 격차는 수평적 평등 침해 소지가 크고, 수직적 형평으로 정당화하기 어렵습니다.
- 특히 법인 일괄 고율(6%·상한 폐지·공제 삭제)은 담세력 측정의 정밀성 없이 형식 표지로 과세를 증폭시킨 사례로 비판을 피하기 어렵습니다.

2) 사적 유용성(기대임대소득) 초과

- 2021년 다수 사례에서 개인 다주택 2~3%, 법인 6.84% 등 0.9~1.5% 유용성 기준의 2~4배 초과가 확인됩니다. 이는 원본 잠식·질식적 과세 위험으로 직결됩니다.

3) 표적(2%) 고율과세의 실효성

- 시장 수요가 광범위한 상황에서 극소수 표적 고율은 가격 안정 효과 미약·부작용(임대공급 위축, 전세 리스크)이 컸습니다. 공익 실현

논거가 약화됩니다.

4) 정책·제도 설계
- 해외는 낮은 세율·단일·상한으로 예측가능성을 보장하고, 투기 억제는 거래세·양도세·보유기간 차등 등 정밀 수단과 결합합니다.
- 한국의 종부세는 징벌적 보유세 성격이 강해 평등·법적 안정성·효율성 측면에서 개선 필요가 큽니다.

최종 평가

교차토론 결과, 현행(특히 2021년형) 종부세 구조는
- 수평적 평등 훼손,
- 사적 유용성 초과로 인한 재산권 잠식 위험,
- 2% 표적 고율의 낮은 실효성과 큰 부작용,
- 국제 표준과의 괴리가 동시에 드러났습니다.

따라서 조세평등주의 준수 관점에서, 종부세의 차별과세 강도 축소(법인·다주택 고율 완화), 단일·낮은 세율·상한제 법정화, 명확성·예측가능성 강화가 요구됩니다.

02

종부세 토론 주제 (3-2)
- 경제적 파급 효과와 사회적 형평성 문제

| 사회자 발제 |

1) 주제 정의

종합부동산세는 부동산 가격 안정, 세부담 형평성 제고, 재정수입 확보라는 세 가지 목적을 내세웠습니다. 그러나 실제 경제적 파급 효과와 사회적 형평성 측면에서 종부세가 어떤 결과를 낳았는지에 대한 논란이 큽니다.

- 경제적 파급 효과: 부동산 시장, 임대차 시장, 금융시장, 가계 소비·투자, 기업 활동 등에 미친 영향.
- 사회적 형평성: 계층 간 부담 분배, 임차인과 무주택자의 주거 안정, 세대 간 형평, 도시·지방 간 형평 등.

2) 헌법 규정 및 원칙
- 헌법 제11조 평등권: 모든 국민은 법 앞에 평등. 차별적 과세가 합리적 근거를 넘어 과도하다면 평등권 침해.
- 헌법 제23조 재산권 보장: 재산권 행사는 공공복리에 적합해야 하지만, 본질적 내용 침해는 금지.
- 헌법 제37조 제2항 과잉금지원칙: 공익 실현의 수단이 사익 침해보다 과도하면 위헌.
- 조세법률주의와 납세의무의 보편성: 특정 계층을 표적 과세할 경우 원칙 위반 소지.

3) 종부세 강화의 경제적 파급 효과
① 부동산 시장
- 가격 안정 실패: 2021년 종부세 강화 직후 서울·수도권 아파트 가격은 오히려 급등(서울 +8.02%, 전국 +14.1%).
- 똘똘한 한 채 현상: 다주택 중과로 분산보유보다 고가 단일주택 선호 → 고가 아파트 가격 급등.
- 매물 잠김: 양도세·종부세 동시 강화로 매물 공급 감소 → 시장 유동성 축소.

② 임대차 시장
- 민간임대주택 등록 말소 + 종부세 과세 전환 → 임대 공급 축소.
- 전세보증금 반환 위험 증가, 전세사기 확산.
- 임대료 상승으로 무주택 임차인 부담 가중 → 임대차 시장 불안정.

③ 기업·법인 경제활동
- 법인 세부담 폭증: 6억 공제 삭제, 상한 철폐, 단일 6% 고율.
- 중소형 임대 법인의 존속 불가능 → 기업 파산 위기 다수 발생.
- 공기업 사례(예: SH공사) 가상 시뮬레이션: 종부세 지속 부과 시 순자산 잠식 위험.

④ 가계 및 금융시장
- 고액 보유자 가계부담 증가 → 소비여력 위축.
- 종부세 납부 위해 대출·매각 필요 → 금융시장 변동성 확대.

4) 사회적 형평성의 문제
① 납세자 집단 간 형평성
- 개인 1주택자와 법인 다주택자 간 세부담 격차 → 동일 가치 자산임에도 최대 50배 차등.
- 결과적으로 수평적 평등 원칙 붕괴.

② 임차인·무주택자
- 다주택자·임대법인 과세 폭증 → 임차료 전가.
- 무주택자의 주거 안정성 악화.
- 정책 목표는 "무주택자 보호"였지만 결과는 임차인 불안정 심화.

③ 세대 간 형평성
- 장기 임대사업 장려 → 갑작스러운 정책 전환(등록 말소·종부세 부과) → 청년·신규 세대의 주거 불안정 심화.
- 국가 정책 신뢰 붕괴로 세대 간 불평등 심화.

④ 지역 간 형평성
- 수도권·서울에 집중된 종부세 부담 → 지방·수도권 간 조세 부담 불균형.
- 지방 재정 환류 효과 없음(국세로 귀속).

5) 국제 비교
- OECD 다수 국가: 보유세는 지방세 중심, 단일·낮은 세율·보편 과세 → 경제 왜곡 최소화.
- 한국 종부세: 소수(2%) 대상, 고율·중과, 중앙정부 귀속 → 시장· 임대차·기업에 왜곡효과 심각.
- 해외는 임대차 시장 안정을 위해 오히려 임대사업자에 세제 인센티브 제공, 반면 한국은 정반대 정책.

6) 핵심 쟁점 정리
① **가격 안정 실효성 부재**: 종부세 강화가 집값 폭등과 맞물렸다는 통계적 근거.
② **임차인·무주택자 피해**: 다주택자 과세 강화가 임대 공급 축소와 임차료 상승으로 귀결.
③ **기업·법인 존속 문제**: 과중 세율이 실물경제 활동과 일자리 안정성에 악영향.
④ **사회적 형평 역행**: 보호해야 할 약자(임차인·청년)가 오히려 불리해지는 역설적 결과.
⑤ **국제 비교**: 보유세의 합리적 모델과 괴리 → 한국 종부세는 국제

기준 미달.

사회자 발제 결론

종부세는 "조세형평과 주거 안정"이라는 구호와 달리, 경제적 파급 효과에서 시장 불안·임대차 혼란·기업 위축을 낳았고, 사회적 형평성 측면에서도 오히려 무주택자·임차인에게 불리하게 작용했습니다.

즉, 헌법이 요구하는 평등권 보장과 공익·사익 균형에 부합하지 못한 채, 형식적 명분만 내세운 제도라는 평가가 가능합니다.

| 패널 토론 |

패널 1 · 종부세 찬성입장

1) 경제적 파급 효과: 시장 안정 기여
• 부동산 가격 안정 기능

종부세는 단기적으로 가격에 즉각적 영향을 주지 못하더라도, 장기적으로는 투기 수요를 억제하는 효과가 있습니다.

다주택자나 법인에 대한 세부담을 높임으로써 단순 보유만으로 이익을 기대하기 어렵게 하고, 불필요한 주택 보유를 줄여 시장에 매물이 나오도록 유도합니다.

실제로 2022년 이후 부동산 가격이 안정세로 전환되는 과정에는 금리 인상 요인도 있지만, 종부세 강화로 인한 보유 부담 심리가 일정하게 작용한 것은 부인하기 어렵습니다.

- 투기 수요 차단

한국의 부동산 시장은 '투자'가 아닌 '투기' 성격이 강했습니다. 다주택자·법인을 통한 편법적 보유, 갭투자 확산은 가격 상승의 주된 원인 중 하나였습니다. 종부세는 이를 억제하기 위한 "견제 장치"로 기능합니다.

2) 임대차 시장에 대한 영향

- 임차인 보호 효과

다주택자의 세금 부담이 전가된다는 주장이 있으나, 실제로는 임대차 시장이 수요·공급에 의해 결정됩니다. 임대인이 종부세 부담을 임대료에 전가하려 해도 수요가 따라주지 않으면 불가능합니다.

오히려 종부세를 통해 임대사업자의 과도한 주택 축적을 억제하면, 장기적으로 임차 주거 안정성이 제고될 수 있습니다.

- 민간임대사업자 제도 정비 필요성

과거에는 세제 혜택을 남용하는 사례도 있었습니다. 임대사업자가 혜택을 받고도 임차인을 보호하지 않거나, 단기 매각을 통해 이익을 취하는 문제가 많았습니다. 종부세 적용은 이러한 불합리한 구조를 개선하려는 조치였습니다.

3) 사회적 형평성 측면

- 수직적 형평성 실현

종부세는 국민의 2% 내외의 고액 자산가에게 집중됩니다. 소득세·

재산세만으로는 포착하기 어려운 부의 집중을 보완하는 장치입니다.

동일한 가치의 주택이라도 1채만 보유한 경우와 다주택·법인 소유의 경우는 담세력(부담 능력)이 다릅니다.

- 다주택자나 법인은 여러 채의 주택에서 임대수익·시세차익을 누릴 가능성이 높습니다.
- 따라서 동일 자산 가치라도 사회경제적 파급력과 담세력에서 차이가 있기 때문에 차등과세는 정당합니다.

▪ 수평적 형평성 보정

1주택자는 실제로 거주를 통해 주거 안정이라는 기본권적 성격을 실현합니다. 반면, 다주택자는 주거 목적보다는 투자·투기 목적이 강합니다. 같은 세율을 적용하는 것이 오히려 불공평할 수 있습니다. 종부세는 이를 구분해 차별화한 제도입니다.

4) 공익과 사익의 균형

• 공익의 크기

종부세를 통해 얻어지는 공익은 (1) 투기 억제, (2) 자산 불평등 완화, (3) 세부담 형평성 제고라는 큰 가치를 갖습니다.

사익 침해(세금 부담 증가)는 일부 납세자에게 집중되지만, 이는 사회 전체의 주거 안정과 경제 건전성을 위해 불가피한 조정 비용입니다.

• 사익 침해의 한계

종부세는 공시가격 9억 원 이상 주택을 보유한 경우에만 과세되며, 일반 서민이나 1주택 실수요자는 대부분 제외됩니다. 따라서 국민 다수의 재산권 침해와는 거리가 있습니다.

5) 국제비교
- 프랑스, 독일 등은 보유세와 함께 고액 자산에 대한 특별세제를 운영해 왔습니다. 최근 다수 국가가 부유세wealth tax를 폐지하긴 했으나, 그 대신 다른 자산세제(상속세·증여세 등)로 고액 자산가에 대한 과세를 유지하고 있습니다.
- 한국은 상속세 부담이 상대적으로 높고, 부동산 편중이 심하다는 특수성이 있어 보유세 강화는 불가피한 선택일 수 있습니다.

◆ **패널 1 결론**

종부세는 단순히 일부 납세자에게 "세금 폭탄"을 안기는 제도가 아니라, 부동산 시장의 안정·투기 억제·형평성 실현을 위한 사회적 안전장치입니다.

경제적 파급효과 면에서도 단기적 혼란은 있을 수 있으나, 장기적으로는 투기적 수요를 억제하고, 무주택자와 임차인의 권익을 보호하며, 자산 불평등을 완화하는 방향으로 작용할 수 있습니다.

따라서 종부세는 헌법이 보장하는 조세평등주의와 사회적 정의의 구현 수단으로서 합헌적이고 정당한 제도라고 평가할 수 있습니다.

패널 2 · 헌법재판소 입장

1) 헌법적 기준: 평등원칙과 입법재량
- 헌법 제11조는 법 앞의 평등을 보장하고, 조세법률주의(제38조·제59조)는 납세 의무를 법률에 근거하여 일반적·공평하게 부과하도록 규정하고 있습니다.
- 그러나 평등은 절대적 동일과세를 의미하지 않습니다. 사회경제적 지위, 담세력의 차이에 따라 합리적 차등과세가 허용됩니다.
- 헌법재판소는 일관되게 "입법 목적이 정당하고 수단이 합리적이라면, 조세 부담의 차이는 평등원칙에 위반되지 않는다"는 입장을 취해 왔습니다.

2) 종부세의 입법 목적과 정당성
- 종부세는 ① 고액 부동산 보유에 대한 조세부담의 형평성 제고, ② 부동산 시장 안정이라는 이중 목적을 갖습니다.
- 이 목적은 헌법 제23조(재산권의 사회적 의무)와 제119조(경제의 민주화) 정신에 부합합니다.
- 특히 부동산 가격 급등기에는 자산 양극화 심화, 무주택자의 주거 불안정이 사회적 문제로 확대되므로, 고액 자산가에게 추가적인 세 부담을 지우는 것은 정당한 공익적 고려입니다.

3) 경제적 파급효과에 대한 헌재의 관점
- 종부세는 단기간의 가격 조정 효과가 아니라 중·장기적 구조 효

과를 겨냥한 제도입니다.
- 고액 부동산 보유자에게 추가 부담을 부과하면 투기적 보유 유인이 감소하고, 이는 장기적으로 거래 안정과 실수요자 중심 시장을 조성할 수 있습니다.
- 또한 다주택자·법인의 과세 강화는 임대차 시장의 불투명한 구조를 개선하고, 전월세 시장에 일정한 안정 효과를 주는 장치로 작용할 수 있습니다.

4) 사회적 형평성: 공익과 사익의 균형
- 종부세는 전체 국민의 약 2% 내외에게만 부과되며, 대다수 국민은 직접적인 납세 의무와 무관합니다.
- 일부 납세자에게는 세부담이 크게 증가했으나, 공익적으로 달성되는 가치는 더 큽니다.
  - 무주택자와 서민의 주거 안정
  - 자산 불평등 완화
  - 조세정의 실현

헌재는 "재산권의 본질적 내용은 침해되지 않고, 공익이 사익보다 크다"는 이유로 합헌 결정을 내렸습니다.

5) 차별과세의 합헌성
- 다주택자·법인에 대해 중과세가 이루어진 것은 정책 목적상 합리적 차별로 보아야 합니다.
- 다주택자는 임대수익·시세차익을 얻을 가능성이 크고, 법인은 개

인보다 자산 축적 능력이 강하므로, 동일한 세율을 적용하는 것이 오히려 불공평할 수 있습니다.
- 따라서 차등과세는 평등원칙을 침해하는 것이 아니라 실질적 평등을 구현하는 수단입니다.

6) 국제 비교 관점
- 일부 국가는 부유세를 폐지했지만, 여전히 고액 자산가에 대한 과세 강화는 보편적인 흐름입니다.
- 특히 한국은 주택 자산 집중도가 매우 높고, 전월세 의존도가 크므로 부동산 보유세의 정책적 필요성이 상대적으로 큽니다.
- 따라서 단순히 외국 제도와 비교하여 한국 종부세를 위헌으로 단정할 수는 없습니다.

패널 2 결론

종부세는 일부 고액 자산가에게 세 부담을 집중시키는 제도이지만, 이는 합리적이고 정당한 차별입니다.

경제적 파급효과 측면에서도 단기적 혼란을 넘어 장기적으로는 투기 억제, 주거 안정, 사회적 형평성 제고라는 헌법적 가치를 실현할 수 있습니다.

따라서 헌법재판소는 종부세가 조세평등주의와 충돌하지 않으며, 오히려 실질적 평등을 구현하는 합헌적 제도라는 입장을 견지하고 있습니다.

패널 3 · 종부세 반대 입장

1) 형평성 명분의 허구
- 패널 1과 2는 종부세가 고액 자산가에게 집중적으로 부담을 부과함으로써 "조세 정의"와 "실질적 평등"을 구현한다고 주장합니다.
- 그러나 실제 세부담 구조를 보면 동일한 주택 가액임에도 불구하고 세액 차이가 최대 50배~60배에 달합니다.
  - 예: 개인 1주택자 공시가격 20억 → 종부세 200만 원대
  - 동일 주택을 법인이 보유할 경우 → 종부세 1억 원 이상 (실효세율 5~7%)

이는 "합리적 차등"이 아니라 조세평등주의(헌법 제11조) 위반적 차별입니다.

조세는 본질적으로 담세력에 비례해야 하는데, 동일한 재산 가치에 대해 법인·다주택자라는 이유만으로 수십 배 차등을 두는 것은 형평성이 아니라 "징벌적 과세"에 불과합니다.

2) 경제적 파급효과 부작용의 확대
① 주택시장 왜곡
  - 정부는 다주택자와 법인에 중과세하면 주택 공급을 줄이고 가격 안정을 유도할 것이라 주장했습니다.
  - 그러나 실제로는 다주택자들이 신규 공급을 포기하면서 "똘똘한 한 채 선호" 현상을 강화하여 고가 아파트 가격 급등을 초래했습니다.

- 2021년 서울 아파트 가격은 전년 대비 8.02%, 전국은 14.10% 상승했는데, 이는 종부세 폭탄 부과 직후 나타난 결과입니다.

② 임대시장 불안정
- 다주택자와 법인 보유 주택은 임차인의 거주처입니다. 종부세 중과로 임대사업자들이 시장에서 퇴출되자, 임차인의 선택지는 줄고 임대료는 폭등했습니다.
- 전세사기와 임대보증금 반환 불능 사태가 전국적으로 확산된 것도 이 구조적 압박과 무관하지 않습니다.

③ 납세자 신뢰 상실
- 민간임대주택은 15년 넘게 국가가 장려하고 세제혜택을 부여하던 제도입니다. 그런데 2020년 돌연 과세전환으로 20배~180배 세부담 폭증이 발생했습니다.
- 이는 국민에게 "국가 정책을 믿고 따랐다가 하루아침에 파산할 수 있다"는 불신을 심어, 법적 안정성을 심각하게 훼손했습니다.

3) 사적 유용성 침해와 원본재산 잠식
- 패널 2는 종부세가 "재산권의 본질적 내용은 남겨두었다"고 주장합니다.
- 그러나 수치를 보겠습니다:
  - 개인 다주택자(조정대상지역 2주택) 실효세율: 2~3% + 농특세 포함시 최대 3.2%
  - 법인 다주택자 실효세율: 5.77% (농특세 포함 6.84%)

기대임대소득률(0.9~1.5%)을 기준으로 보면, 개인은 2~3배, 법인은

5~7배를 초과합니다.

이는 단순히 "이익 일부 과세"가 아니라, 원본 재산을 잠식하는 수준의 무상몰수적 과세입니다.

* SH공사 사례 시뮬레이션에서도, 만약 공제 없는 법인 과세를 일반적으로 적용한다면 7년 내 순자산이 전부 소멸할 수 있다는 계산이 나옵니다. 이것이 과연 헌법 제23조가 보호하는 재산권 보장에 합당한가요?

4) 조세평등주의와 정책 목적의 충돌

• 패널 2는 "투기 억제와 사회적 형평"이라는 정책 목적을 강조합니다.

• 그러나 문제는 정책 목적과 헌법적 가치가 정면 충돌한다는 점입니다.

  - 세부담의 형평성을 높인다면서 오히려 동일 재산가액 간 형평성이 무너졌습니다.

  - 가격 안정을 목표로 했지만 실제로는 가격 상승을 부추겼습니다.

즉, 종부세는 입법 목적 자체가 상충되고, 정책적 효과도 실현하지 못했으며, 그 결과 국민의 헌법적 권리(재산권·평등권)만 침해했습니다.

5) 국제 비교 한국의 예외적 구조

• OECD 대부분 국가는 지방세 중심, 단일비례세율, 평가상한제를 통해 보유세 부담을 안정화합니다.

  - 미국: 매년 2~6% 인상 상한

- 일본: 3년에 1번 평가, 3년간 5% 상한
- 독일·영국·프랑스: 임대소득 기반 과세 → 원본 자산 잠식 방지

한국만이 중앙정부 국세로 재산세+종부세 이중과세, 다주택자·법인에 대한 고율 중과, 평가·세율의 급변 구조를 동시에 운용합니다.

이는 국제적 기준에서 과잉·차별·불안정의 전형이며, 결코 사회적 형평을 강화하는 제도가 아닙니다.

패널 3 결론

종부세는 조세평등주의에 정면으로 위배되는 제도입니다.

- 동일 재산가액 간 과세격차가 수십 배에 달하고,
- 기대임대소득을 초과하여 원본 재산을 침식하며,
- 다주택자·법인 중과는 임대시장 불안을 증폭시키고,
- 공익적 효과(가격 안정·형평성)는 실현되지 않았습니다.

따라서 종부세는 단순한 "정책세"가 아니라 헌법적 권리를 침해하고 사회적 불평등을 심화시키는 세금이므로 폐지하거나 근본적 개편이 불가피합니다.

패널 4 · 글로벌 스탠다드 관점

1) 국제적 기준: 보유세의 공통 원칙
- 응익과세 benefit tax: 대부분의 국가는 재산세를 지방세로만 운영합니다. 보유세는 지역 치안·도로·교육 등 공공서비스의 편익 대가

성격을 갖습니다.
- **단일·비례세율**: 미국·일본·유럽 대부분은 동일한 세율 구조(일반적으로 0.5~2%)를 적용하며, 다주택 여부나 법인 여부로 차등하지 않습니다.
- **예측 가능성과 안정성**:
  - 미국: 연간 보유세 인상률 상한 2~6%.
  - 일본: 공시가격 평가 3년에 1회, 상승률 상한 5%.
  - 독일·프랑스·영국: 임대가치를 기준으로 세금을 산정 → 기대 임대소득의 일정 비율 한도.
➜ 이런 구조 때문에 어느 나라에서도 보유세가 재산 원본을 잠식하거나 차별적·징벌적으로 부과되는 사례는 없습니다.

2) 한국 종부세의 특수성
- **중앙정부 국세**: 한국만이 지방 재산세와 별도로 중앙정부가 국세(종부세)를 걷습니다. 국제적으로는 예외적 구조.
- **중과제도**: 다주택자·법인에 최대 6% 단일 고율세율을 적용 → 동일한 부동산 가치에 대해 과세 격차가 50배 이상 발생.
- **급변 가능성**: 공시가격 현실화율, 공정시장가액비율, 조정대상지역 지정 등 행정부 결정에 따라 1년 사이 세부담이 2배~6배 폭등.
➜ 국제적으로는 상상할 수 없는 불안정성과 차별성.

3) 경제적 파급효과 해외 기준과 비교
임대시장 불안정:

- 해외는 임대시장 보호를 위해 임대가치 기준 과세와 안정적 세부담 구조를 유지.
- 한국은 다주택자·법인 중과로 임대공급 축소 → 임차료 상승, 전세사기 확산.

투자·공급 왜곡:
- 프랑스·스웨덴 등 부유세$^{wealth\ tax}$ 시행국은 자본이탈·투자 위축으로 폐지.
- 한국 종부세도 다주택자·법인의 주택투자와 공급 참여를 위축시켜 장기적 주거불안 확대.

국제 경쟁력:
- 글로벌 스탠다드에서는 예측 가능한 세제 안정성이 자본 유입의 핵심 조건.
- 한국 종부세의 불안정성은 "세제 리스크 국가"라는 이미지를 강화 → 해외투자 위축 가능성.

4) 사회적 형평성 문제

표적 과세의 한계:
- 국민의 2%만 대상으로 한 종부세는 보편 과세 원칙을 위배.
- 사회적 연대세가 되려면 광범위한 참여와 공감대가 필요하나, 현재 구조는 특정 집단에 "징벌적 과세"를 집중.

형평성 왜곡:
- 동일 자산가액임에도 세액 차이가 50배까지 벌어짐 → 이는 합리적 차등이 아니라 "차별적 과세"에 해당.

- 사회적 형평성은 오히려 후퇴: 다주택자 퇴출로 임차인 불안정 심화, 똘똘한 한 채 선호로 고가 아파트 가격 폭등.

글로벌 스탠다드 시각: 형평성은 단순히 "부자에게 많이 걷는다"가 아니라, 유사한 자산·소득에는 유사한 세금이 부과되는 것이 기준입니다. 한국은 이 원칙에서 크게 이탈했습니다.

◆ 결론 글로벌 스탠다드 평가
- 한국 종부세는 국제 보편 원칙(지방세 중심·단일비례세율·예측가능성·사적 유용성 범위 내 과세)에서 벗어나 있습니다.
- 경제적으로는 주택 공급 위축·임대시장 불안·투자위축이라는 부작용을 초래했고,
- 사회적 형평성 면에서도 오히려 불평등을 심화시켰습니다.
- 따라서 글로벌 스탠다드 관점에서는 종부세는 공익 달성에도 실패하고, 사회적 형평성에도 위배되는 제도로 평가될 수밖에 없습니다.

| 패널 토론 |

1) 표적과세(2% 국민 과세)의 정당성 문제
- 패널1·패널2 (정부·헌재 입장): 상위 2%에 과세하는 것은 사회적 연대세 성격이며, 다수 국민의 부담을 줄이면서 불평등 해소 효과를 노린 것. 따라서 "한정된 대상 과세"는 형평성 제고에 기여

한다.
- 패널3·패널4 (종부세 반대·국제 기준):
  - 표적과세는 보편부담 원칙을 훼손 → 국민 2%만 부담하는 것은 사회연대가 아니라 "표적 징벌 과세"다.
  - 주택 수요는 98% 국민에게서도 발생하는데, 2%만 때린다고 가격이 안정될 리 없다.
  - 국제적으로도 보편적·균등한 부과가 원칙이지 특정 집단에게 집중하지 않는다.
➡ 결론: 표적과세는 헌법적 평등원칙을 훼손하며, 경제적으로도 가격 안정 효과를 거두지 못함.

2) 차별적 세율 구조와 형평성
- 패널1·패널2: 다주택자·법인이 더 많은 자산을 소유하므로 담세력도 크다. 따라서 세율을 높이는 것은 합리적 차등.
- 패널3: 동일한 주택을 소유한 경우라도 개인은 200만 원, 법인은 1억 원을 낸다. 이는 50배 차별이며, 기대임대소득 대비 5배 이상 → 사실상 원본 재산 몰수. 이는 합리적 차등이 아니라 위헌적 차별.
- 패널4: 국제적으로 보유세는 단일세율·비례세율이 기본. 주택 수나 법인 여부에 따른 과세 차별은 전례가 없다. 이는 보편적 조세 형평성 원칙에 정면으로 반한다.
➡ 결론: 종부세의 세율 구조는 형평성 제고가 아니라 형평성 왜곡.

3) 경제적 파급효과 가격 안정 vs 시장 왜곡

- 패널1·패널2 : 종부세는 투기 억제 효과가 있으며, 장기적으로 주거 안정에 기여했다.
- 패널3 : 현실은 정반대.
    - 2021년 공시가격 폭등과 종부세 인상 → 똘똘한 한 채 수요 증가 → 고가 아파트 폭등.
    - 다주택자 퇴출 → 임대 공급 감소 → 전세난·임대료 폭등, 전세사기 확산.
- 패널4 : 글로벌 스탠다드 경험치도 동일.
    - 프랑스·스웨덴 등 부유세 사례에서 자본이탈·주거 불안정·경제 위축으로 모두 폐지.
    - 한국도 동일한 패턴을 반복 중.
- ➡ 결론: 종부세는 가격 안정 효과보다 시장 왜곡 효과가 훨씬 크다.

4) 사회적 형평성: 임차인 보호와 실질적 공평

- 패널1·패널2 : 종부세로 다주택자의 투기수요를 줄여 무주택자를 보호한다.
- 패널3: 임대주택의 40% 이상은 다주택자가 공급. 다주택자가 없으면 임차인의 주거권은 흔들린다. 종부세 폭탄은 임대료 상승과 전세사기 확산을 낳아 오히려 사회적 약자의 피해로 귀결.
- 패널4: 글로벌 스탠다드상 임차인 보호는 세금이 아니라 임대차 제도·주거 보조정책으로 해결한다. 보유세 중과로 임대공급을 줄이는 것은 형평성에 정면 배치.

➡ 결론: 종부세는 형평성을 높이기는커녕 임차인의 주거불안을 가중시켜 사회적 불평등을 심화.

5) 예측 가능성과 법적 안정성
- 패널1·패널2: 정부는 단계적으로 정책을 발표했고, 공시가격·공정시장가액비율 조정은 법률의 위임 범위 내.
- 패널3·패널4:
  - 종부세는 행정부 재량에 따라 세부담이 1년 새 2~6배 급등 가능.
  - 해외는 연간 인상률 상한을 두어 납세자의 예측 가능성을 보장.
➡ 결론: 한국 종부세는 법적 안정성 부족, 사회적 신뢰를 훼손.

종합 정리
① 공익(투기 억제·형평성 제고) 주장은 형식적일 뿐, 실증적으로는 부동산 가격 불안·임대시장 악화·형평성 훼손이라는 역효과가 더 크다.
② 국제비교에서도 한국 종부세는 예외적·징벌적·불안정한 제도로 평가된다.
③ 따라서 종부세는 경제적 파급효과와 사회적 형평성 측면 모두에서 실패한 제도로 결론짓는 것이 타당하다.

03

종부세와 조세평등주의 위반문제에 대한 사회자 종합 평가

1. 법적·헌법적 측면

- 헌법 제11조 평등권과 조세평등주의(조세법률주의·조세평등원칙)는 "동일한 담세력에는 동일한 과세, 차등은 합리적 근거가 있을 때만 정당화"를 요구합니다.
- 그러나 종부세는 동일한 가액의 부동산을 보유한 경우에도 보유주체(개인·법인), 보유 수(1주택·다주택), 지역(조정대상지역 여부)에 따라 세 부담이 수십 배 차이가 발생합니다.
  - 예: 개인 1주택자는 200만 원, 동일 주택을 보유한 법인은 1억 원 이상 부담 → 50배 이상 격차.
  - 이는 단순한 합리적 차등을 넘어 사실상 "징벌적 과세"에 해당하며, 평등원칙을 정면으로 위반합니다.

2. 경제적 파급효과

- 정부와 헌법재판소는 종부세의 목적을 "부동산 가격 안정 및 투기 억제"라고 보았습니다. 그러나 실증적 데이터는 정반대의 결과를 보여줍니다.
    - 2021년: 공시가격·세율 인상과 공정시장가액비율 상향 → 종부세 폭증 → "똘똘한 한 채" 선호 심화 → 고가 아파트 가격 폭등.
    - 임대시장 악화: 다주택자 퇴출 → 임대공급 축소 → 전세난·임대료 상승 → 전세사기 확산.

결국 종부세는 가격 안정이 아니라 가격 불안정과 임대시장 혼란을 심화시켰습니다.

3. 사회적 형평성 문제

- 종부세는 전체 국민의 약 2%만을 대상으로 부과합니다.
- 보편적 부담이 아니라 표적 과세라는 점에서 조세평등주의와 보편부담 원칙을 동시에 위반합니다.
- 다주택자의 주택은 대부분 임차인이 거주하는 주택입니다.
    - 임대사업자를 몰아내면 임차인의 주거권이 위협받습니다.
    - 실제로 종부세 강화 이후 전세 시장의 불안정, 임대료 폭등, 전세사기 문제가 급격히 증가했습니다.

따라서 종부세는 사회적 약자를 보호하기는커녕 오히려 서민과 임차인에게 불리한 결과를 낳았습니다.

4. 국제 비교

- OECD 대부분 국가: 지방세 성격의 단일세율 property tax → 예측 가능, 보편적, 응익 과세.
- 한국 종부세: 국세 + 지방세 이중 구조, 고율 누진, 다주택 · 법인 차별 → 국제적 보편모형과 괴리.
- 유럽 국가들의 부유세 wealth tax 는 모두 폐지 → "자본 이탈, 불평등 해소 실패, 조세저항 심화" 때문.
- ➜ 한국 종부세는 사실상 "부유세 disguised as 보유세"로 국제적 기준에서도 예외적이며 헌법적 정당성이 약함.

종합 결론

① 차별과세 문제: 종부세는 동일한 담세력을 가진 납세자에게 수십 배 차이를 부과함으로써 조세평등주의와 헌법 제11조 평등권을 정면으로 위반.

② 경제적 파급효과: 투기 억제 및 가격 안정이라는 정책목적은 실현되지 않았고, 오히려 가격 불안정, 임대시장 위축, 임차인 피해 등 부작용이 심화됨.

③ 사회적 형평성: 보편부담이 아닌 2% 표적과세 → 국민 간 갈등과 조세저항을 심화시키며, 사회적 약자의 주거권을 위협하는 결과 초래.

④ 국제비교: 선진국의 보유세 원칙(단일·보편·예측가능)과 크게 괴리 → 헌법적, 국제적 기준 모두에서 정당성 부족.

➔ 따라서 종부세는 조세평등주의를 침해한 세금이며, 그 경제적·사회적 효과 역시 부정적이므로 헌법적 정당성이 결여된 제도로 평가됩니다.

4장

종부세 토론 주제 (4)
- 종부세와 조세법률주의 위반문제

01

종부세 토론 주제 (4-1)
- 과세요건 명확성 침해와 포괄위임의 한계

| 사회자 발제 |

1) 헌법 규정과 기본 원리
- 헌법 제59조(조세법률주의): 모든 납세의무는 법률로 정해야 한다.
- 헌법 제37조 제2항: 국민의 자유와 권리는 법률에 의해 제한될 수 있으나 그 본질적 내용을 침해할 수 없다.
- 조세법률주의의 핵심은 과세요건(납세의무자, 과세대상, 과세표준, 세율)이 명확히 법률에 규정되어 있어야 하고, 국민이 예측 가능해야 한다는 것입니다.
- 이는 조세권 남용을 막고 납세자의 재산권과 경제생활의 안정성을 보호하기 위한 최소한의 헌법적 장치입니다.

2) 헌법재판소의 판단 경향

- 2008년 결정: 종부세 일부 규정 위헌. (특히 부부합산 과세 → 평등권·담세력 원칙 침해)
- 2021년·2022년 결정: 종부세 합헌.
  - 이유: "공시가격 산정·공정시장가액비율·조정대상지역 지정 등이 '온전히' 행정부 자의에 맡겨진 것은 아니며, 입법재량의 범위 내"라는 논리.
  - 그러나 사실상 형식적 법률주의에 머물렀다는 비판이 강함.

3) 종부세 과세요건의 실질적 문제점

① 공시가격

- 과세표준의 핵심인데, 정부(국토부·한국부동산원)가 매년 산정.
- 문제점:
  - 시장가 대비 들쑥날쑥, 현실화율을 정부가 정책적 필요에 따라 70% → 90%로 올리는 등 자의적 조정 가능.
  - 예: 2021년 공시가격 전국 평균 19.05% 상승, 서울 아파트 일부는 30~40% 폭등.
  - 납세자는 과세표준의 폭등을 전혀 예측할 수 없음.

② 공정시장가액비율

- 과세표준 산정 시 공시가격에 곱하는 보정치.
- 80% → 95% 상향(문재인 정부), 60%로 인하(윤석열 정부), 다시 80%로 환원 가능성 논의 중.
- 결과: 정부가 공정시장가액비율을 30~40%p 조정하면 세금은

1.5배~2배 이상 급등·급락.
- 세법에 구체적 상한·기준이 없고 시행령으로 행정부가 결정 → 사실상 포괄위임 위반.

③ 조정대상지역 지정
- 국토부 장관이 행정명령으로 지정 → 종부세 세율 2~3배 중과 적용.
- 2021년 기준 전국 대부분이 조정대상지역으로 묶여 거의 모든 2주택자가 다주택자 세율 적용.
- 법률이 아닌 행정결정 하나로 세율이 몇 배 뛰는 구조.

④ 주택 수 계산 규정
- 주택 수를 어떻게 계산하느냐에 따라 세율 적용이 달라짐.
- 문제 사례: 2021년 일시적 2주택자·상속주택자에 대한 구제조항이 시행령에 없었음 → 수십만 명이 고율 중과.
- 이후 정부가 뒤늦게 시행령과 법률에 구제조항을 넣음.
- 결론: 국민이 예측할 수 없는 방식으로 세부담이 급등.

4) 구체적 사실관계
- 2021년 개인 다주택자 사례:
  - 공시가격 20억 원 → 실효세율 1.38% (기대임대소득률 0.91%의 1.5배).
- 법인 다주택자:
  - 공시가격 20억 원 → 실효세율 6.84% (농특세 포함).
  - 기대임대소득률(1.525%)의 4.5배.

즉, 과세표준과 세율이 행정부 결정에 따라 국민의 재산권을 무제한

압박할 수 있는 구조임이 수치로 확인됩니다.

5) 국제 비교
- 미국: 공시가격 인상률 주별 2~6% 상한, 세부담 예측 가능.
- 일본: 3년마다 평가, 인상률 5% 상한.
- 영국·독일·프랑스: 임대가치 기준 과세, 원칙적으로 사적 유용성 (기대임대소득) 범위 내 부과.
- → 해외는 모두 "법률상 명확한 상한·예측 가능성"을 보장합니다.
- 반면 한국은 공시가격·공정시장가액비율·세율·조정대상지역 지정 네 축 모두가 행정부 재량 → 국제적으로도 매우 예외적.

6) 핵심 쟁점 정리

■ 과세요건 명확성
- 종부세는 법률이 아닌 시행령·행정명령에 따라 핵심 요소가 결정됨.
- 국민은 납세 의무를 예측할 수 없음.
- 헌법 제59조 조세법률주의 위반 소지 큼.

■ 포괄위임 한계
- 공시가격 산정, 공정시장가액비율, 조정대상지역 지정, 주택수 계산 등 핵심 요소를 포괄위임.
- 헌재는 "온전히 자의가 아니다"라고 했으나, 실제는 세부담이 수 배까지 달라지는 자의적 구조.

- 헌법적 평가
  - 조세법률주의는 형식적 법률규정이 아니라 국민의 예측가능성과 법적 안정성을 보장하는 실질적 원칙.
  - 종부세는 세부담 변동성이 너무 크고, 정부 의도에 따라 조정 가능한 구조 → 국민의 재산권을 보호하지 못함.

- 결론적으로, 종부세는 과세요건 명확성 원칙을 침해하고, 핵심 요소를 행정부 자의에 맡겨 포괄위임 한계를 넘어선 세금입니다.

이는 단순한 법 기술적 문제가 아니라 국민의 재산권·법적 안정성을 직접적으로 위협하는 헌법적 위반 요소라고 볼 수 있습니다.

1. 소토론 주제 - 공시가격 산정과 조세 법률주의 위반 문제

| 패널 토론 |

패널 1 · 종부세 찬성 입장

1) 공시가격 제도의 필요성과 정당성
- 공시가격은 단순히 세금 부과를 위한 편의적 기준이 아닙니다.
- 이는 부동산 시장의 불투명성을 해소하고, 과세의 객관적·통일적 기준을 제공하기 위해 도입된 제도입니다.
- 실제 거래가격은 지역·주택 유형에 따라 편차가 심하기 때문에 이

를 과세표준으로 삼으면 오히려 불평등이 심화될 수 있습니다. 따라서 정부가 일정한 기준으로 산정·공시하는 가격을 사용하는 것이 조세법률주의에 위반된다고 보기는 어렵습니다.

2) 입법적 근거와 행정적 통제 장치 존재
- 「부동산 가격공시에 관한 법률」에 따라 공시가격 산정 절차와 방법이 구체적으로 규정되어 있습니다.
- 국토교통부 장관은 감정평가사들의 표준지·표준주택 평가, 검증 절차, 이의신청 절차 등을 거쳐 공시가격을 확정합니다.
- 즉, 공시가격은 단순한 "정부 마음대로 정하는 수치"가 아니라 법률이 정한 절차에 따라 산출되는 것이므로 포괄위임이라 보기 어렵습니다.

3) 헌법재판소의 일관된 합헌 입장
- 헌법재판소는 2008년, 2021년, 2022년의 결정에서 모두 "공시가격은 부동산가격공시법 등 법률에 의해 절차·방식이 규정되어 있어 과세표준의 자의적 산정이 아니다"라고 판단했습니다.
- 즉, 입법자가 직접 '가격을 어떻게 산정할지' 세부적으로 규정하지 않더라도, 평가 절차와 행정 통제 장치가 마련되어 있다면 조세법률주의 위반이 아니라는 것입니다.

4) 예측 가능성의 문제에 대한 반론
- 공시가격이 해마다 변동하고 때로는 급격히 오를 수 있다는 점은

인정됩니다. 하지만 이는 시장가격 상승이나 정책적 필요(예: 공시가격 현실화)에 따른 불가피한 결과입니다.
- 또한 공시가격이 매년 공시되고 이의신청 절차가 있어 납세자는 자신의 세부담을 충분히 예상·검증할 수 있습니다.
- 따라서 예측 가능성이 전혀 없었다는 주장은 과장된 측면이 있습니다.

5) 국제적 비교
- 미국, 일본, 독일 등도 모두 부동산 보유세 과세 시 정부가 산정한 과세표준을 사용합니다.
- 미국의 경우 카운티별로 평가사가 주기적으로 부동산 가치를 평가하고, 일본은 공시지가를 활용하며, 독일 역시 임대가치 기반의 표준화된 평가를 적용합니다.
- 즉, 과세표준 산정은 어디서든 국가 또는 지방정부의 행정적 개입을 전제로 하며, 한국만의 특이한 문제가 아닙니다.

결론(패널 1시각)
- 공시가격 제도는 조세의 객관성과 공평성을 담보하기 위한 제도로, 단순한 정부의 자의적 결정이 아닙니다.
- 법률에 근거한 절차, 검증, 이의신청 제도가 존재하기 때문에 조세법률주의의 명확성 원칙과 포괄위임 한계를 위반했다고 볼 수는 없습니다.
- 오히려 공시가격이 없다면 시장 거래가격 편차 때문에 더 큰 불평

등과 혼란이 발생할 수 있습니다.

패널 2·헌법재판소 입장

1) 법률의 위임 근거가 존재한다
- 종부세법 제8조, 제13조, 부동산가격공시에 관한 법률(이하 부동산공시법) 등에서 이미 공시가격 산정의 기준과 절차가 규정되어 있습니다.
- 부동산공시법 제16조 이하에는 표준지·표준주택 공시 → 개별 단위주택 산정 → 이의신청 → 심의·확정 공시라는 절차가 명시되어 있습니다.
- 따라서 "법률이 아무런 기준도 없이 전적으로 행정부의 자의에 맡겼다"는 주장은 타당하지 않습니다. 법률적 틀이 존재하고, 그 안에서 행정부가 집행하는 구조입니다.

2) 절차적 통제장치가 존재한다
- 공시가격은 국토교통부 장관이 직접 산정하는 것이 아니라, 감정평가사 등 전문가 집단의 평가 → 중앙부동산평가위원회 심의 → 행정소송 가능성 등 통제 장치를 거칩니다.
- 납세자도 개별 공시가격에 대해 이의신청, 행정소송을 제기할 수 있는 권리가 보장되어 있습니다. 이는 행정부의 자의적 남용을 방지하는 절차적 안전장치입니다.

3) '온전히 자의에 맡겨진 것'은 아니다
- 헌법재판소는 2021년 결정에서 "비록 공시가격이 상승했고, 지역별 차등 현실화율로 편차가 발생했더라도, 이를 이유로 입법자가 과세표준 산정을 전적으로 행정부의 자의에 맡겼다고 볼 수 없다"고 판시했습니다.
- 즉, 제도 운영에서 불완전성이나 편차가 있더라도, 법률의 기본 틀 안에서 일정한 기준과 절차를 통해 산정된 이상, 헌법상 조세법률주의의 본질적 요건은 충족된다고 본 것입니다.

4) 조세법률주의의 요구 수준
- 조세법률주의는 '모든 과세요건을 법률로 세세히 규정해야 한다'는 의미가 아니라, 본질적 사항은 법률이 정하고, 세부적인 집행은 위임 가능하다는 취지입니다.
- 부동산 공시가격은 전국 약 1,400만호에 달하는 주택을 매년 평가해야 하는데, 그 산정 방식을 국회가 세부적으로 입법화하는 것은 사실상 불가능합니다. 따라서 일정 부분 전문 행정부에 위임하는 것은 불가피하며 합리적입니다.

5) 법률주의와 실질적 평등의 조화
- 공시가격은 납세자 간 형평을 도모하는 수단입니다. 동일한 시세의 주택에 동일한 세금이 매겨지도록 하기 위해서는 국가 차원의 공적 평가 기준이 필요합니다.
- 만약 시세를 그대로 사용하거나 납세자 신고에 맡긴다면 오히려

자산가치 평가가 제각각이 되어 조세평등주의를 심각하게 침해할 수 있습니다.

정리

따라서 헌법재판소의 입장은, 공시가격 제도가 다소 현실과 괴리가 있거나 변동성이 크더라도 이는 제도 개선의 문제일 뿐, 조세법률주의 위반으로 볼 수 없다는 것입니다. 법률이 기본 틀을 마련하고, 행정부가 세부 집행을 담당하며, 납세자의 권리구제 절차가 보장되어 있기 때문에 헌법적 한계 내에서 합헌적이라 평가한 것입니다.

패널 3 · 종부세 반대 입장

1) 공시가격 현실화 정책의 문제점
- 문재인 정부는 2020년 "공시가격 현실화 계획"을 발표하면서, 법적 근거도 없이 현실화율(시세 대비 공시가격 비율)을 연도·구간별로 설정하여 강제적으로 인상했습니다.
- 한국부동산원은 법에 따라 독립적이고 객관적으로 산정해야 함에도 불구하고, 정부의 지시에 맞춰 조정했습니다. 이는 사실상 행정부가 직접 과세표준을 임의로 산정한 것이며, 헌법재판소가 말하는 "온전히 자의에 맡긴 것은 아니다"라는 판단과 정면으로 배치됩니다.

2) 국제 비교와 정부 통계 왜곡

- 문재인 정부는 "한국의 공시가격 현실화율이 OECD 최저 수준"이라고 주장했으나, 이는 사실과 다릅니다.
  - 미국은 공시가격 연간 인상률이 주별로 법정 상한(2~6%)에 묶여 있어 거래가격의 100%에 이를 수 없습니다.
  - 대만은 공시가격 현실화율이 23% 수준에 불과하다고 국토연구원이 발표했습니다.
  - 한국은 이미 2020년 기준 70% 수준으로 세계적으로 가장 높은 수준입니다.

그런데도 한국 정부는 "90%까지 끌어올려야 한다"고 주장했고, 이를 근거로 종부세 폭탄을 정당화했습니다. 이는 명백히 국제통계의 왜곡과 허위 활용입니다.

3) 세부담 폭증과 조세법률주의 침해

- 공시가격은 곧바로 종부세의 과세표준이 됩니다. 즉, 공시가격을 정부가 마음대로 끌어올리면 세금은 자동적으로 폭증합니다.
- 2021년 귀속 종부세의 경우, 공시가격 인상만으로도 세부담이 전년 대비 2~3배 폭증했습니다.
- 헌법재판소는 "폭증된 것은 사실이지만 온전히 자의는 아니다"라고 판시했지만, 이는 궤변입니다.
  - 과세표준이란 납세자가 감당해야 할 세액의 근거인데, 이를 행정부가 현실화율이라는 정치적 목표에 따라 자의적으로 끌어올린다면 조세법률주의의 본질은 무너집니다.

- '온전히 자의적이지 않으면 합헌'이라는 논리는, 결국 '일부 자의는 허용된다'는 것인데, 헌법 정신에 비추어 볼 때 조세법률주의는 일부 자의마저 허용하지 않아야 합니다.

4) 원본재산 침해와 몰수 효과
• 부동산 보유세는 본래 기대임대소득, 즉 사적 유용성을 기준으로 부과되어야 합니다.
• 그런데 공시가격을 자의적으로 끌어올려 과세표준을 폭증시키면, 세금이 기대임대소득을 2배, 3배 이상 초과하여 부과됩니다.
• 이는 사실상 재산 원본을 잠식·몰수하는 세금으로, 헌법 제23조의 재산권 보장과 조세법률주의를 동시에 침해하는 것입니다.

결론

공시가격은 과세표준을 사실상 행정부가 결정하는 구조로 변질되었습니다. 국제적으로 유례없는 현실화율 목표제, 허위 통계의 사용, 자의적 차등 인상 등으로 인해 2021년 종부세는 기대임대소득을 훨씬 초과하여 부과되었고, 이는 국민 재산권에 직접적인 피해를 입혔습니다.

따라서 종부세의 공시가격 제도는 명백히 조세법률주의 위반이며, 헌법재판소의 "온전히 자의가 아니므로 합헌"이라는 논리는 사실관계 왜곡과 헌법원리의 오해에 불과합니다.

패널 4 · 글로벌 스탠다드 관점

1) 국제 기준에서의 과세표준 산정

- 미국 : 지방정부가 부동산세Property Tax를 부과할 때, 주법으로 평가주기(1~3년)와 상한율(연 2~6% 이내 인상)을 명확히 규정합니다. 즉, 세부담이 예측 가능하며, 행정부가 자의적으로 평가액을 급등시킬 수 없습니다.
- 영국·프랑스·독일 : 보유세 과세표준은 "거주 편익 가치" 또는 "임대가치"를 기준으로 산정됩니다. 시장가격 자체를 과세표준으로 삼지 않으며, 따라서 기대임대소득 범위 내에서만 과세가 이뤄집니다.
- 대만: 공시가격 현실화율이 약 23%에 불과하며, 거래가액 대비 과세표준을 낮게 설정하여 원본 재산이 침식되지 않도록 하고 있습니다.
- ➡ 이처럼 세계 주요국들은 예측 가능성과 사적 유용성 범위 내 과세를 원칙으로 하며, 과세표준 산정을 법률로 엄격히 규율합니다.

2) 한국 공시가격 제도의 특수성과 문제

- 한국은 부동산 가격공시에 관한 법률에 따라 공시가격 제도를 두고 있으나, 실질적으로는 정부 정책목표(공시가격 현실화 계획)에 따라 자의적 인상률이 적용됩니다.
- 문재인 정부는 현실화율 목표(시세 대비 90%)를 제시하고, 이를 구간별·연도별로 강제 적용하여 공시가격을 급격히 끌어올렸습

니다.
- 이 과정에서 공시가격 인상률은 특정 지역·주택 유형에 차등 적용되었고, 납세자 간 과세표준이 불공정하게 산정되었습니다.
- 결국 과세표준이 사실상 정부의 행정결정에 의해 좌우되며, 이는 헌법상 조세법률주의(법률에 근거한 조세 부담의 명확성 원칙)에 정면으로 배치됩니다.

3) 조세법률주의의 핵심 원칙과 위반 양상
- **명확성 원칙**: 납세자가 스스로 세액을 예측할 수 있어야 합니다. 그러나 공시가격 현실화 정책은 매년 정부의 재정수요와 정책 방향에 따라 불확실하게 변동하여 예측이 불가능합니다.
- **입법권의 한계**: 과세표준은 국민 부담의 핵심 요소이므로 국회가 직접 규율해야 합니다. 그런데 한국은 공시가격이라는 핵심 과세 요건을 사실상 행정부에 포괄 위임하였고, 행정부가 이를 활용해 세부담을 자의적으로 2~3배씩 증폭시켰습니다.
- **국제적 이탈**: OECD 국가들 대부분은 보유세를 낮은 세율·지방세 중심으로 운영합니다. 그런데 한국은 국세인 종부세와 더불어 공시가격이라는 가변적 기제를 통해 납세자의 예측 가능성을 근본적으로 무너뜨렸습니다.

4) 결과: 원본 재산 잠식과 헌법 원리 훼손
- 한국의 공시가격 제도는 단순히 현실화율을 높인 수준을 넘어, 납세자의 담세력을 초과한 세금을 부과하는 도구가 되었습니다.

- 공시가격이 급등함에 따라 종부세 세부담은 기대임대소득의 2~4배, 법인의 경우 5배 이상으로 치솟았고, 이는 사실상 원본 재산의 무상 몰수 효과를 낳았습니다.
- 조세법률주의가 요구하는 법적 안정성과 예측 가능성이 무너졌으며, 이는 헌법 제59조와 제37조 제2항이 보장하는 기본권 제한의 한계를 초과한 것입니다.

결론

글로벌 스탠다드에서 보면, 한국의 공시가격 제도는 **법률주의의 기본 조건을 갖추지 못한 과세표준** 체계입니다.

- 다른 나라들은 법률로 산정기준과 상한을 명확히 규정하는 반면, 한국은 행정부가 사실상 과세표준을 결정하고 차등적으로 조정했습니다.
- 이로 인해 납세자 예측 가능성이 붕괴되었고, 재산권의 본질적 내용까지 침해되는 결과를 낳았습니다.

따라서 한국의 공시가격 기반 종부세는 조세법률주의와 국제적 조세 원칙 모두에 위배되며, 구조적 개편 없이는 헌법적 정당성을 확보하기 어렵다고 판단됩니다.

| 교차 토론 |

- 쟁점 1: 공시가격 산정의 자의성
- 패널 1(종부세 찬성) :

"공시가격은 법률에 근거해 산정되며, 한국부동산원이 전문적 절차에 따라 평가합니다. 행정부의 자의적 산정이 아니라, 객관적 지침과 검증 절차가 마련되어 있습니다."

* 패널 3(종부세 반대) 반박 :

"문재인 정부는 법에 없는 '현실화율 제도'를 도입해 단계별 목표(시세 대비 90%)를 강제로 적용했습니다. 이는 한국부동산원의 독립적 산정이 아니라, 정부의 지시에 따라 차등적·폭등적 인상을 한 것입니다. 공시가격이 정책 목표에 따라 급등했다는 점에서 자의성은 명백합니다."

- 패널 4(글로벌 스탠다드) 보충 :

"국제적으로는 평가상한이 법률에 규정됩니다. 미국은 연 2~6%, 일본은 3년간 5% 상한을 둡니다. 한국처럼 정부가 정책적으로 '올해는 20% 인상'이라고 정하는 나라는 없습니다. 이는 조세법률주의의 명확성 원칙과 국제 기준 모두 위반입니다."

- 쟁점 2 : 예측 가능성과 법적 안정성
- 패널 2(헌법재판소 시각) :

"공시가격 변동은 일부 지역·유형에서 큰 폭이 있었지만, 제도 자체가 온전히 자의에 맡겨진 것은 아닙니다. 납세자들은 공시가격 현실화 계획을 통해 어느 정도 상승을 예측할 수 있었습니다."

• 패널 3 반박 :

"납세자가 예측할 수 있었습니까? 2020년 발표 직후 2021년 공시가격은 19.05% 폭등했습니다. 세액은 전년 대비 2~3배 늘었고, 어떤 지역은 5배까지 치솟았습니다. 이는 사적 유용성을 훨씬 초과한 부담입니다. '예고'가 있었다는 것만으로 예측 가능성이 보장됐다고 할 수는 없습니다."

• 패널 4 보충 :

"예측 가능성이란 단순히 공표 여부가 아니라, 합리적 범위 내에서 안정적으로 변동한다는 신뢰를 뜻합니다. 세계 어디서도 보유세 과세표준을 한 해 만에 20% 이상 올려 세금을 2~5배 늘리는 사례는 없습니다. 한국은 이 원칙을 전면적으로 무너뜨렸습니다."

▪ 쟁점 3: 공시가격과 과세형평

• 패널 1 :

"공시가격 현실화는 고가주택 보유자의 세 부담을 현실화하여 형평성을 회복하는 장치입니다. 실제 시세와의 괴리를 줄이는 것은 조세정의에 부합합니다."

• 패널 3 반박 :

"형평성을 회복했다는 주장은 사실과 다릅니다. 동일한 11억 원 주택을 보유했을 때, 개인은 200만 원을 내지만 법인은 1억 원을 냅니다. 공시가격 급등과 공제 삭제가 결합해 50배 차별과세가 발생했습니다. 이는 형평이 아니라 정반대의 불평등입니다."

• 패널 4 보충 :

"글로벌 스탠다드 기준에서 '형평'은 동일 가액에 동일 세율, 낮은 세율·단일 구조입니다. 한국처럼 주택 수·법인 여부·지역 지정에 따라 수십 배 차이가 나는 구조는 형평이 아니라 정책적 차별입니다. 국제적으로는 보유세에 이런 차등을 두지 않습니다."

▪ 쟁점 4 : 공시가격과 재산권 침해

• 패널 2(헌재 입장):

"종부세 부담이 증가했더라도 여전히 납세자들은 재산을 처분하거나 임대소득을 통해 세금을 감당할 수 있습니다. 재산권의 본질적 내용은 유지됩니다."

• 패널 3 반박:

"2021년 종부세는 기대임대소득의 2~4배, 법인은 5배 이상 부과됐습니다. 이는 '소득으로 감당 가능한 세금'이 아니라, 원본 재산을 침식하는 세금입니다. 사적 유용성을 초과한 과세는 사실상 무상몰수와 다르지 않습니다."

• 패널 4 보충:

"독일 연방헌법재판소의 판례도 재산세가 '질식적 수준'에 이르면 위헌이라고 명확히 했습니다. 한국의 공시가격 기반 종부세는 바로 그 질식적 과세 금지 원칙에 정면으로 위배됩니다."

사회자 정리

① 종부세 찬성측(패널 1·2)는 공시가격 제도가 법률에 근거하고 일

정한 예고가 있었으므로 자의성·예측불가능성은 아니라고 주장했습니다.

② 종부세 반대측(패널 3·4)는 현실화율 정책과 급격한 폭등, 차별적 적용으로 인해 세금이 사적 유용성을 초과했고, 이는 사실상 원본 재산의 무상몰수에 해당한다고 반박했습니다.

③ 국제비교에서 드러나듯, 한국은 법적 상한·안정장치가 없고 행정부가 과세표준을 자의적으로 조정할 수 있는 유일한 구조라는 점이 확인되었습니다.

➔ 결론적으로, 공시가격 제도는 조세법률주의의 핵심인 명확성·예측 가능성·형평성을 모두 침해하고 있으며, 헌법적 정당성 확보가 어렵다는 점이 교차토론을 통해 드러났습니다.

2. 소토론 주제 - 공정시장가액비율과 조세법률주의 위반문제

| 1. 사회자 발제 |

1) 문제 제기의 배경

종합부동산세의 과세표준은

공시가격 × 공정시장가액비율 공제금액 으로 산출됩니다.

여기서 공정시장가액비율은 납세자의 세 부담을 완충하기 위해 설정된 조정 장치입니다.

• 초기에는 80%를 기준으로 장기간 유지되었습니다.

- 그러나 2019년부터 매년 5%씩 인상되어 2021년에는 95%까지 올라갔습니다.
- 이후 윤석열 정부에서 다시 60%로 하향 조정되었습니다.

즉, 과세표준을 결정하는 이 핵심 요소가 행정부·입법부의 정책 기조에 따라 자의적으로 조정되면서 납세자 세액이 2배 이상 요동치는 구조가 된 것입니다.

2) 헌법적 쟁점: 조세법률주의와 명확성

헌법 제59조는 "조세의 종목과 세율은 법률로 정한다"고 규정하고 있습니다.

이는 과세요건의 명확성과 예측가능성을 보장하기 위한 조항입니다. 그러나 공정시장가액비율은 다음과 같은 문제를 갖습니다.

① 법률에 위임된 단순한 조정계수일 뿐이라는 이유로, 국회 논의 없이 시행령이나 정부 방침으로 손쉽게 바뀔 수 있습니다.

② 그러나 실질적으로는 세액에 막대한 영향을 미칩니다.

- 공정시장가액비율을 60%에서 95%로 올리면 세액이 약 1.6배 폭증합니다.
- 동일한 공시가격이라도, 정부가 공정시장가액비율을 몇 %로 정하느냐에 따라 세액은 수천만 원 차이가 발생할 수 있습니다.

즉, 형식상은 단순 조정계수지만, 실질상은 세율과 동일한 기능을 하고 있습니다.

→ 따라서 반드시 국회가 법률로 정해야 할 사항임에도 행정부가 사실상 과세권을 자의적으로 행사하고 있는 셈입니다.

3) 판례와 헌법재판소 입장

헌법재판소는 2021년·2022년 합헌 결정에서
"공정시장가액비율은 세 부담의 급격한 변화를 완화하거나 조정하기 위한 장치이므로 입법자가 폭넓은 재량을 가진다. 또한 시행령 위임도 가능하다"는 입장을 보였습니다.

그러나 비판적 시각은 다음과 같습니다.

- 완충 장치라면 낮추는 방향에만 의미가 있는 것인데, 오히려 인상 수단으로 활용되어 세부담을 키우는 도구로 변질되었습니다.
- 세율과 동일한 기능을 하면서도 법률이 아닌 행정입법으로 쉽게 바뀐다는 점은 위임입법 한계와 조세법률주의에 명백히 위배됩니다.

4) 국제 비교

- 미국: 주마다 세율은 법률로 엄격히 규정되며, 행정부가 임의로 바꿀 수 없습니다.
- 일본: 공시가격은 3년에 한 번 조정하고, 인상률은 5% 상한이 법률에 규정되어 있습니다.
- 영국·프랑스·독일: 과세표준은 임대가치 기반으로 산정되며, 행정부가 자의적으로 조정할 여지가 없습니다.
- ➔ 한국처럼 "공정시장가액비율"이라는 별도 계수를 두어 정부가 세액을 2배 가까이 흔드는 제도는 국제적으로 전례를 찾기 어렵습니다.

5) 구체적 사실관계와 사례

- 2020년 → 2021년 변화: 공시가격 인상(평균 19.05%)과 공정시장가액비율 인상(90 → 95%)이 겹쳐 납세자의 세부담이 3배 이상 폭등한 사례 다수.
- 법인 납세자: 공제(6억) 삭제와 함께 공정시장가액비율 인상까지 겹쳐, 2018년 대비 2021년 종부세액이 100배 이상 증가.
- 윤석열 정부 하향 조정(95% → 60%): 단순 공정시장가액비율 조정만으로도 동일 납세자의 세금이 절반 가까이 줄어드는 현상 발생.
➔ 이는 세금이 납세자의 담세력이나 객관적 소득이 아니라 정부의 선택적 계수 조정에 의해 좌우되고 있음을 보여줍니다.

6) 핵심 쟁점 정리

① 공정시장가액비율은 세율과 동일한 효과를 가지므로, 법률로만 정해야 한다는 조세법률주의 원칙에 반한다.
② 행정부의 자의적 조정이 허용되면서 세액이 2배 이상 요동, 명확성과 예측가능성이 근본적으로 훼손된다.
③ 국제적 기준과 달리, 한국은 법적 상한이나 완충 장치 없이 정부 정책에 따라 마음대로 조정할 수 있는 구조다.
④ 결과적으로 이는 국민의 재산권 보호와 법적 안정성을 해치는 심각한 위헌 요소이다.

| 패널 토론 |

패널 1 · 종부세 찬성 입장

1) 공정시장가액비율은 본질적으로 "보조적 조정 장치"
- 공정시장가액비율은 과세표준을 일정 부분 줄여주는 기능으로 처음 도입되었습니다.
- 원래 취지는 공시가격이 급격히 인상될 경우 납세자 부담을 완충하기 위해 설정된 것이고, 따라서 법정 세율과 달리 "세율의 본질적 요소"가 아닙니다.
- 즉, 이는 납세자를 위한 안전장치이지, 납세자를 억압하는 장치가 아닙니다.

2) 입법재량의 범위 안에 속한다
- 헌법 제59조의 "조세의 종목·세율"은 법률유보의 대상이지만, 보정계수와 같은 기술적 요소까지 모두 법률에 규정해야 하는 것은 아닙니다.
- 헌법재판소 역시 2021년과 2022년 합헌 결정에서 "공정시장가액비율은 입법자가 폭넓은 재량을 가질 수 있는 영역"이라고 명확히 판단했습니다.
- 따라서 국회가 법률에 "공정시장가액비율은 대통령령으로 정한다"고 위임한 것은 정당하고, 위임입법 한계를 벗어나지 않습니다.

3) 정책 환경 변화에 따른 조정 필요성
- 부동산 시장은 매우 변동성이 크며, 전국 단위와 지역별 상황이 달라집니다.
- 이때 세율을 고정적으로 두면 세부담이 급등하거나 급락해 조세 형평을 해치게 됩니다.
- 공정시장가액비율을 조정함으로써 시장 상황에 맞는 세부담 조절이 가능해지며, 이는 오히려 납세자의 예측 가능성과 형평성을 보호하는 결과를 가져옵니다.

4) 국제 비교 관점
- 해외에서도 과세표준 산정 과정에 완충 장치나 평가 방식 조정이 존재합니다.
- 예컨대 미국은 주마다 property tax의 인상률 상한(2~6%)을 두고 있지만, 각 주 지방정부가 자율적으로 조정할 수 있습니다.
- 일본도 공시가격을 3년에 한 번만 조정하고, 상승률을 5% 이내로 제한하여 비슷한 보정 기능을 두고 있습니다.
- 즉, 해외 역시 "세액 급등 방지 장치"를 두고 있으며, 우리나라의 공정시장가액비율 제도는 그와 유사한 맥락으로 볼 수 있습니다.

5) 실제 효과와 공평성
- 문재인 정부 시절 공정시장가액비율이 95%까지 올라간 것은 사실이지만, 그 이전 10년간은 오히려 80%로 유지되며 세부담을 완화했습니다.

- 윤석열 정부 들어서는 다시 60%로 하향 조정되면서 납세자 부담이 크게 줄어든 바 있습니다.
- 즉, 정부가 마음대로 세금을 폭증시켰다는 주장보다는, 오히려 정부가 세부담을 완화하거나 강화하는 유연성을 발휘할 수 있는 제도라는 점이 핵심입니다.

결론
- 공정시장가액비율은 세율과 동일한 것이 아니라 완충 장치이므로 조세법률주의 위반이 아닙니다.
- 오히려 이 제도가 있기에 공시가격 급등 시 납세자 부담을 덜어줄 수 있고, 정부 정책 목표(세부담 형평·시장 안정)에 맞추어 합리적으로 운용할 수 있습니다.
- 따라서 공정시장가액비율 조정은 입법 목적에 부합하는 적절한 정책 수단이며, 위헌이 아니라 합헌적 제도라 할 것입니다.

패널 2 · 헌법재판소 입장

1) 법률유보 원칙과 위임입법의 한계
- 헌법 제59조는 조세의 종목과 세율을 법률로 정할 것을 요구합니다. 그러나 과세표준 산정 과정에서의 보정계수와 같은 기술적·보조적 사항까지 모두 국회가 직접 정해야 하는 것은 아닙니다.
- 종부세법 제8조는 과세표준 산정 시 공시가격 × 공정시장가액비

율을 규정하면서, 그 공정시장가액비율을 대통령령으로 위임했습니다. 이는 국회의 기본적 결정(세목, 세율 구조, 과세대상)을 전제로 한 구체적 사항 보완에 불과하므로 포괄위임금지원칙에 위배되지 않습니다.

2) "온전히 자의에 맡긴 것이 아님"
- 합헌결정(2021·2022)에서도 재판부는 "공정시장가액비율이 입법 취지에 맞게 납세자 세부담의 점진적 조정을 위한 장치로 설계되어 있다"고 밝혔습니다.
- 즉, 공정시장가액비율은 행정부가 자의적으로 조정할 수 있는 '백지 위임'이 아니라, 이미 법률로 정해진 과세 체계 안에서 운용되는 구체적 보정장치입니다.
- 따라서 공정시장가액비율을 조정했다고 해서 과세표준을 전적으로 행정부의 의사대로 정했다는 비판은 과장된 것이라 할 것입니다.

3) 입법 목적과 제도의 합리성
- 공정시장가액비율은 과세표준을 완충해 납세자 부담을 줄이는 성격을 갖습니다.
- 실제로 2009년부터 2020년까지는 80%로 유지되어 납세자에게 유리하게 작용했습니다.
- 다만 부동산 가격 급등기에 맞춰 단계적으로 상향(2021년 95%)한 것은 형평성과 세부담 조정이라는 정책적 필요에 따른 것이었으며, 이후 2022년~2023년에는 다시 60%로 낮춰 조세저항을 완

화했습니다.
- 이러한 변동은 오히려 제도가 정책 환경 변화에 따라 탄력적으로 기능했다는 것을 보여주는 것입니다.

4) 국제 비교와 제도적 필요성
- 해외도 과세표준 산정에 일정한 완충 장치를 둡니다.
  - 미국: property tax 인상률 상한(2~6%)을 주 단위에서 조정.
  - 일본: 공시가격은 3년에 1회만 조정, 연 5% 상한 규정 존재.

한국의 공정시장가액비율 제도는 이와 유사하게 세부담 급등을 막는 완충 장치로 기능합니다. 다만 국제적으로는 법률로 상한을 직접 두는 경우가 많으나, 한국의 경우는 대통령령 위임 방식으로 운용된 차이가 있습니다. 이는 제도의 형식적 차이일 뿐, 입법 취지나 효과의 본질적 차이는 아닙니다.

5) 구체적 사례와 판단
- 청구인들은 2021년에 공정시장가액비율을 95%로 올리면서 종부세가 급격히 증가했다고 주장합니다. 그러나 이는 공정시장가액비율만의 문제가 아니라, 공시가격 현실화 정책, 세율 중과, 합산배제 축소 등이 복합적으로 작용한 결과였습니다.
- 따라서 세부담 증가를 전적으로 공정시장가액비율 조정에 귀속시키는 것은 무리이며, 제도 자체가 위헌이라고 보기는 어렵습니다.
- 헌재는 "사적 유용성 범위를 침해하지 않은 한도에서 재산권 제한은 정당하다"고 판단했고, 공정시장가액비율 조정은 그 범위를 벗

어나지 않았다고 보았습니다.

결론

- 공정시장가액비율은 세부담의 급등을 완화하거나 형평을 유지하기 위한 합리적 조정 장치입니다.
- 대통령령에 위임한 것은 국회의 기본 결정을 보완하는 수준으로, 포괄위임금지원칙에 위배되지 않습니다.
- 실제로 이 제도는 환경 변화에 따라 조정되며 납세자의 세부담을 오히려 조율해 왔고, 이는 헌법상 재산권 보장과 조세법률주의 원리에 합치됩니다.
- 따라서 공정시장가액비율 제도는 합헌적이며, 조세법률주의 위반이 아니라 오히려 납세자 보호를 위한 정책적 장치라고 평가할 수 있습니다.

패널 3·종부세 반대 입장

1) 공정시장가액비율은 '보조 장치'가 아니라 사실상의 제2세율
- 패널 1과 2는 공정시장가액비율이 세부담을 완화하는 장치라고 설명했지만, 실제로는 정부가 세율과 동일한 수준의 세부담 레버리지로 활용해 왔습니다.

- 특히 문재인 정부 시기에는 이 공정시장가액비율을 80%에서 매년 5%씩 올려 2021년에는 95%까지 끌어올렸습니다.
- 이로 인해 같은 공시가격이라도 불과 2~3년 사이에 종부세 세부담이 2배, 3배, 심지어 10배 이상 폭증했습니다.
- 즉, 공정시장가액비율은 단순한 조정계수가 아니라 사실상 또 하나의 세율입니다. 세율을 국회 입법이 아니라 대통령령으로 정부가 임의적으로 정했다는 점에서 조세법률주의를 심각하게 침해합니다.

2) 정부의 자의적 운용과 세부담 폭증
- 2009~2020년까지는 공정시장가액비율이 80%로 유지되었는데, 이는 안정적 조세 운영을 보여주는 시기였습니다.
- 그러나 2021년 문재인 정부는 부동산 가격 상승을 명분으로 공시가격 폭등, 세율 중과, 합산배제 축소와 함께 공정시장가액비율까지 동원하여 종부세 폭탄을 만들었습니다.
- 예컨대, 공시가격이 10억 원인 주택에 대해 공정시장가액비율을 80%에서 95%로 올리면, 과세표준이 약 18% 증가합니다. 여기에 적용세율 구간의 상승과 세율 인상, 공시가격 현실화까지 겹치니, 결과적으로 납세자는 3배, 10배, 법인의 경우 100배 수준의 세 부담을 맞이하게 되었습니다.
- 이는 결코 '완충 장치'가 아니라 정부가 세부담을 임의로 증폭시키는 스위치로 악용된 것입니다.

3) 헌법재판소의 합헌 논리의 허구성
- 헌재는 "온전히 자의에 맡긴 것이 아니고 입법 취지에 맞게 운용되었다"는 이유로 합헌 결정을 내렸습니다.
- 하지만 실질적으로는 정부가 공정시장가액비율을 얼마든지 올리고 내릴 수 있어, 납세자 입장에서는 세금이 예측 불가능해집니다.
- 조세법률주의가 보장하려는 핵심 가치는 **명확성·예측 가능성·법적 안정성**입니다. 그런데 공정시장가액비율은 정부가 마음대로 조정할 수 있는 '백지수표 과세 권한'으로 전락했습니다.
- 특히 납세자들이 예상하지 못한 시점에 세 부담이 3배 이상 치솟는 사례는 조세법률주의와 신뢰보호원칙을 동시에 무너뜨린 것입니다.

4) 국제비교에서 본 문제점
- 미국은 property tax가 매년 2~6% 이상 인상되지 못하도록 법률상 인상 한도를 두고 있습니다.
- 일본은 공시가격 자체가 3년에 한 번 조정되고, 연간 5% 이상 인상하지 못하도록 상한 규정을 둡니다.
- 즉, 해외에서는 납세자의 법적 안정성을 보장하기 위해 **법률로 인상 한도를 엄격히 제한**하고 있습니다.
- 반면 한국은 대통령령으로 매년 공정시장가액비율을 마음대로 조정할 수 있어, 헌법상 조세법률주의 원리에 정면으로 배치됩니다.

결론: 공정시장가액비율은 위헌적 제도

- 이 제도는 보조 장치가 아니라 사실상의 제2세율입니다.
- 국회의 입법 없이 정부가 공정시장가액비율을 올리거나 내리는 것만으로 납세자의 세금이 수배 이상 요동친다면, 이는 입법권 침해이자 조세법률주의의 형해화입니다.
- 2021년 종부세 폭탄은 바로 이 제도의 위헌적 성격이 극명하게 드러난 사례입니다.
- 따라서 공정시장가액비율은 헌법적 통제를 벗어난 과세수단이며, 폐지되거나 최소한 국회가 법률로 명확히 한도를 정해야 합니다.

패널 4 · 글로벌 스탠다드 관점

1) 해외 보유세 제도의 공통적 특징

- 단일세율·법정화:

미국·일본·독일 등 주요국은 부동산 보유세의 과세표준 산정과 세율을 법률에 명확히 규정합니다. 행정부가 공정시장가액비율을 임의적으로 조정하는 여지를 두지 않습니다.

- 예측 가능성 보장:

미국 캘리포니아 주의 Proposition 13은 연간 세부담 증가를 2% 상한으로 제한합니다.

일본은 공시가격을 3년에 한 번 평가하되, 변동은 연간 5% 이내로 제한합니다.

영국·프랑스·독일은 아예 임대가치 기반 과세를 채택하여, 소득 발생 능력(사적 유용성)을 넘는 과세가 구조적으로 불가능합니다.
- 지방세 중심·응익 과세:

보유세는 대체로 지방정부가 부과하고, 공공서비스 편익과 연결된 세금이라는 점이 강조됩니다.

➡ 요약하면, 글로벌 스탠다드는 단순·투명·예측가능하며, 납세자의 담세력과 생활 안정성을 보장하는 방향입니다.

2) 한국 공정시장가액비율 제도의 특수성
- 한국은 세계에서 유일하게 세율 외에 별도의 '비율'(공정시장가액비율)을 가감 장치로 둔 나라입니다.
- 이 공정시장가액비율은 대통령령으로 매년 조정 가능하여, 행정부가 납세자의 세부담을 사실상 임의로 바꿀 수 있는 구조입니다.
- 예를 들어 80%에서 95%로 공정시장가액비율을 상향하면, 법률상 세율을 바꾸지 않고도 사실상 추가 세율 인상 효과가 발생합니다.
- 이런 구조는 국제적으로 전례가 없으며, 이중 세율 체계 또는 변형된 숨은 세율 hidden tax rate로 평가될 수 있습니다.

3) 조세법률주의와의 충돌
- 조세법률주의의 핵심은 국회가 세금의 모든 본질적 요소(과세표준·세율)를 직접 규정해야 한다는 것입니다.
- 그러나 한국의 공정시장가액비율은 본질적 과세요건을 대통령령에 백지위임한 형태입니다.

- OECD 국가 중 이렇게 과세표준을 공정시장가액비율로 따로 두고, 그것을 행정부가 자의적으로 바꾸는 제도는 없습니다.
- 따라서 한국 제도는 납세자 입장에서 법적 안정성·예측 가능성이 훼손되고, 헌법상 보호받아야 할 재산권 보장의 장치가 붕괴됩니다.

4) 경제·사회적 파급 효과

- 해외는 납세자의 생활 안정을 위해 세부담 증가를 제한하는 장치를 두는데, 한국은 오히려 공정시장가액비율을 조정해 세부담을 증폭시켰습니다.
- 2021년 사례처럼 공시가격 폭등, 세율 인상, 여기에 공정시장가액비율 상향이 겹치면서 세부담이 3배, 10배, 법인의 경우 100배까지 증가한 것은 글로벌 스탠다드 기준에서 전혀 허용될 수 없는 과세 방식입니다.
- 이런 과세는 국제적으로 'confiscatory tax'(몰수적 세금)로 평가될 수 있으며, 헌법이 금지하는 질식적 과세·원본 침식 문제로 직결됩니다.

결론

- 글로벌 스탠다드 기준에서 볼 때 한국의 공정시장가액비율은 위헌적 요소를 가진 제도입니다.
  - 법률에 의해 명확히 규정되어야 할 과세요건을 행정부에 백지 위임함.
  - 납세자의 예측 가능성과 법적 안정성을 심각하게 훼손.

- 사실상 제2의 세율로 작용하여 세부담 폭증을 유발.

국제사회에서 인정되는 보유세의 기본 원칙(단일·법정·예측가능·낮은 세율)에 정면으로 배치됩니다.

➜ 따라서 이 제도는 폐지하거나, 최소한 국회가 법률로 상한선을 규정하여 행정부의 자의적 운용을 차단해야 합니다.

➜ 요약:

한국의 공정시장가액비율은 세계 어디에도 없는 제도로, 국제적 기준에서 볼 때 조세법률주의를 침해하는 위헌적 장치이며, 납세자의 권리 보호와 법적 안정성을 심각하게 훼손하고 있습니다.

| 교차 토론 |

<라운드 1> "완충장치인가, 숨은 제2의 세율인가"

패널1(종부세 찬성)

- 공정시장가액비율는 "세율"이 아니라 완충장치입니다. 공시가격이 급변할 때 과세표준을 완만하게 반영해 세부담 급등을 완화해 온 제도입니다.
- 공정시장가액비율 조정은 대통령령이지만, 법률이 근거·목적을 제시해 백지위임이 아니며, 매년 고시·의견수렴·국회 통제(국정감사 등)를 받습니다.
- 한마디로, 세율을 함부로 바꾸는 게 아니라 표준 반영 속도를 조절하는 장치일 뿐입니다.

패널2(헌재 입장)

- 헌재는 "온전히 자의에 맡긴 것은 아니다"라고 봅니다. 법률이 과세표준 요소로 공정시장가액비율를 예정했고, 형식상·절차상 통제가 존재합니다.
- 다만 운용 결과에서 과도한 급등이 있었다면, 그것은 개별 사안에서 심사할 수 있으나 제도 자체가 곧바로 위헌은 아니라는 태도입니다.

패널3(종부세 반대)

- 실무 효과는 정반대였습니다. 공정시장가액비율는 실질 '제2의 세율'로 작동했습니다.
  - 예시: 공정시장가액비율 80% → 95% 상향만으로 세부담 +18.75%(0.95/0.80) 입니다(공시가격·세율 고정 가정).
  - 여기에 공시가격 +20%가 겹치면 +42.5%, 같은 해에 중과세율까지 오르면 총 4배 이상이 단번에 발생합니다.

2021년에는 공시가격↑ + 공정시장가액비율↑ + 중과세율↑ 가 동시에 작동해 개인·법인·다주택자의 세부담이 몇 배씩 뛰었습니다. "완충"이 아니라 증폭 레버였습니다.

패널4(글로벌 스탠다드)

- 해외는 세율·과세표준을 법률로 단순·고정합니다. 미국·일본은 세부담 연간상한(미 2~6%, 일 5%), 영국·프랑스·독일은 임대가치 기반이라 '사적 유용성' 초과과세가 구조적으로 불가.

- 한국처럼 행정부가 매년 바꾸는 공정시장가액비율 레버는 국제적으로 유례가 거의 없습니다. 예측가능성과 법적 안정성 면에서 취약합니다.

<라운드 2> "위임입법 한계와 명확성"

패널1
- 법률이 과세표준 산식(공시가격×공정시장가액비율−공제)을 정했고, 공정시장가액비율는 기술적 보정치입니다. 세율과 달리 본질적 요소가 아니다 → 위임 가능.

패널3
- 결과를 보십시오. 공정시장가액비율 80 → 95%는 세율을 안 바꿔도 세부담을 법률 없이 인상하는 효과입니다. 이는 과세의 본질적 요소(세부담 수준)를 좌우하므로 대통령령 위임은 본질사항 위임에 가깝습니다.
- 명확성·예측가능성도 훼손됩니다. 납세자가 내년 세금을 합리적으로 예측할 수 있어야 하는데, 공정시장가액비율 한 번으로 수배 변동이 가능했습니다.

패널2
- 헌재 기준은 "예측가능성·합리성"입니다. 공정시장가액비율 경로가 사전에 공표·운영되었다면 합헌성이 강화됩니다. 다만 정교한 법정 상한·절차 요건을 법률에 두면 논란이 줄어들 수 있습니다.

패널4
- 국제 관행은 법률상 숫자·상한을 못 박는 방식입니다(예: 인상률 캡·평가주기 고정). 한국도 최소한 공정시장가액비율에 법률상 범위·상한·변경요건을 두어야 합니다.

<라운드 3> "형평·파급효과"

패널1
- 공정시장가액비율는 모두에게 동일하게 적용됩니다. 특정 집단 차별이 아닙니다.

패널3
- 산술적으로 동일해도 중과세율·법인 공제배제 등과 곱해지면 격차가 폭발합니다.
  - 동일 자산가액이라도 1주택 vs 다주택·법인 간은 수십 배 세부담이 현실화.
  - 공정시장가액비율는 그 격차를 "같이" 키우는 증폭기 역할을 했습니다.

패널4
- 해외는 이런 증폭 리스크를 제도 설계에서 원천 차단합니다(단일 비례·상한·임대가치 평가). 한국식 공정시장가액비율는 복합 레버 구조라 형평 리스크가 큽니다.

사회자 평가 및 종합 결론

1) 쟁점 정리
- 법적 성격: 공정시장가액비율를 '완충장치'로 볼지, '사실상 제2의 세율'로 볼지가 핵심. 실무 효과상 세부담 결정력이 매우 크며, 세율·공시가격과 함께 삼중 레버를 형성했습니다.
- 위임·명확성: 과세의 본질영역(세부담 수준)에 영향을 크게 미치는 요소를 대통령령으로 가변시키는 현 제도는 위임입법 한계·명확성·예측가능성 측면에서 취약합니다.
- 형평·파급: 공정시장가액비율 자체는 일률적이지만, 중과세·공제배제 등과 결합되어 집단 간 격차를 증폭시켰습니다. 2021년과 같은 동시 상향 국면에서 수배 급등이 실제로 발생했습니다.
- 국제 비교: 주요국은 법정상한·평가주기·임대가치기준 등으로 세부담의 안정성을 제도적으로 보장. 한국의 공정시장가액비율는 국제 관행과 괴리.

2) 헌법적 평가(조세법률주의 관점)
- 조세법률주의의 요체는 본질적 과세요건의 법률유보·명확성·예측가능성입니다. 공정시장가액비율처럼 세부담을 유의미하게 바꾸는 요소를 행정부 재량으로 매년 조정할 수 있게 둔 구조는,
  (i) 본질사항 위임 소지,
  (ii) 예측가능성·신뢰보호 침해,
  (iii) 결과적으로 재산권 제한 심사(질식적 과세금지·사적 유용성 보

호)에서 불리한 정황을 만듭니다.

특히 공시가격↑·공정시장가액비율↑·중과세율↑의 동시 가동은 납세자 편에서 급격·대규모 부담을 초래했고, 이는 헌법상 법적 안정성 원칙에도 배치됩니다.

3. 소토론 주제 - 조정대상지역 내 2주택자 중과세 문제

| 사회자 발제 |

1) 문제 제기의 배경
- 조정대상지역 제도는 「주택법」에 따라 국토교통부 장관이 주거정책심의위원회의 심의를 거쳐 지정하는 제도입니다. 지정되면 대출규제, 전매제한, 세제 중과 등 강력한 규제가 일괄 적용됩니다.
- 종부세와 연결: 2020년 8월 종부세법 개정으로, "조정대상지역 내 2주택자"는 사실상 다주택자로 분류되어 높은 중과세율을 적용받게 되었습니다.
- 그 결과 2주택자라도 지역이 어디냐에 따라 세율이 2~3배로 달라졌습니다. 예컨대, 서울·수도권 조정대상지역에 주택이 있으면 다주택 중과세율이 적용되고, 비조정대상지역이면 일반세율이 적용되는 구조였습니다.
- 2023년 법 개정으로 이 규정은 폐지되었는데, 이는 사실상 제도의 문제점을 인정한 셈이라는 해석도 가능합니다.

2) 헌법재판소의 합헌 논리

헌법재판소(2021년 결정)는 다음과 같이 판단했습니다.

- 법적 근거 존재: 조정대상지역 지정은 「주택법」에 근거하며, 국토교통부 장관의 자의적 판단에 맡겨진 것이 아니라 심의위원회의 절차적 통제를 받는다.
- 입법취지 타당: 특정 지역의 과열된 주택 수요를 억제하기 위해 세제 중과를 연동한 것은 합리적 정책 수단이다.
- 예측 가능성 확보: 조정대상지역 지정은 관보·보도자료 등을 통해 공표되므로, 납세자가 어느 정도 예측 가능하다.

따라서 조정대상지역과 연계된 2주택 중과세는 조세법률주의 위반이 아니라고 보았습니다.

3) 문제점에 대한 비판

그러나 실질적으로는 다음과 같은 위헌적 문제가 있습니다.

① 세율결정권의 사실상 위임

- 세율은 조세법의 본질적 요소로서 국회 입법에 의해 정해져야 합니다.
- 그러나 "조정대상지역 여부"라는 행정적 결정에 따라 동일한 2주택자가 전혀 다른 세율을 적용받는다면, 사실상 세율결정권이 국토교통부 장관에게 위임된 것과 다름없습니다.
- 예컨대, 서울 아파트 2채 보유자는 최고 6%의 중과세율을, 인근 비조정대상지역 2채 보유자는 1~2% 세율만 적용받았습니다.

② 자의적 운용
- 조정대상지역 지정·해제는 행정부의 정책 기조에 따라 빈번하게 바뀌었습니다.
- 2021년에는 사실상 전국의 주요 도시가 대부분 조정대상지역으로 묶였고, 이에 따라 대부분의 2주택자가 강제적으로 중과세율을 적용받았습니다.
- 이는 납세자가 합리적으로 예측하거나 계획할 수 없는 구조였습니다.

③ 재산권·평등권 침해
- 같은 가격·같은 주택을 보유했더라도 지역이 어디냐에 따라 세금이 2배~3배 차이가 났습니다.
- 동일한 담세력을 가진 납세자들 사이에 심각한 불평등을 초래했습니다.
- 나아가 기대임대소득을 초과하는 과세가 다수 발생하여 재산권의 본질적 내용도 침해되었습니다.

④ 제도 폐지(2023년)
- 결국 이 규정은 불과 2년 만에 폐지되었습니다.
- 이는 제도의 위헌적·비합리적 성격을 입법자가 스스로 인정한 것으로 볼 수 있습니다.
- "정책적 필요"라는 명분으로 국민의 기본권을 침해했던 조치가 단명으로 끝난 것은, 제도의 정당성이 약했다는 반증입니다.

4) 국제 비교

- 해외에서는 세율이 행정적 지정에 따라 달라지는 구조는 존재하지 않습니다.
- 미국·일본: 주별·지자체별로 세율 차이는 있으나, 동일한 과세단위 내에서는 납세자의 보유 위치가 아닌 가액이 기준이 됩니다.
- 유럽: 단일 세율(혹은 단순 누진)과 임대가치 기준으로 운영되며, 지역지정에 따라 세율을 두 배·세 배로 올리는 제도는 없습니다.
- ➡ 따라서 한국의 "조정대상지역 연동 중과세"는 국제적으로도 이례적인 과세방식이라 할 수 있습니다.

핵심 쟁점 정리

- **과세요건 명확성**: 세율은 법률이 정해야 할 본질적 요소인데, 행정적 지정(조정대상지역)에 따라 달라진 것은 사실상 세율결정권을 위임한 것과 같음.
- **예측 가능성**: 지역 지정이 빈번하게 바뀌어 납세자가 장기적 계획을 세울 수 없었음.
- **평등원칙 위반**: 동일한 자산가액·보유 형태임에도 단지 "위치"에 따라 2배~3배 차별과세 발생.
- **재산권 침해**: 중과세율 적용으로 기대임대소득을 초과하는 과세가 현실화, 사적 유용성 침해.
- **제도 폐지**: 단명에 그친 입법 자체가 제도의 불합리성과 위헌적 성격을 보여줌.

결론적으로, 조정대상지역 내 2주택자 중과세 규정은
- 조세법률주의의 핵심인 과세요건 명확성과 세율법정주의를 훼손했고,
- 국민의 재산권과 평등권을 침해했으며,
- 국제적으로도 찾아보기 힘든 행정연동형 세율구조였다는 점에서 심각한 헌법적 결함을 안고 있었다고 평가할 수 있습니다.

| **결론**(패널 토론과 교차 토론은 생략합니다) |

(가) 패널 1 결론

- 조정대상지역 내 2주택자 중과세 규정은
  - 투기 수요 억제라는 정당한 입법 목적,
  - 법률상 절차적 근거,
  - 합리적 차등과세를 통해

헌법상 조세법률주의와 평등원칙에 합치된 제도였습니다.

따라서 이 규정은 위헌이 아니라, 시장 상황에 따른 정책적 수단으로서 합헌적 정당성을 지닌다고 평가할 수 있습니다.

(나) 패널 2 결론

- 조정대상지역 내 2주택자 중과세 규정은
  - 입법 목적이 정당하고,
  - 수단이 적합하며,

- 절차적 통제 장치가 존재하고,
- 합리적 차별에 해당하고,
- 법익의 균형성도 유지된다고 보았습니다.

따라서 이 규정은 헌법상 조세법률주의, 평등권, 재산권 보장의 한계를 벗어나지 않는 합헌적 조세제도라고 결론 내릴 수 있습니다.

(다) 패널 3 결론

- 조정대상지역 내 2주택자 중과세 규정은
  - 과세요건의 명확성을 침해했고,
  - 입법권을 행정부에 포괄 위임했으며,
  - 동일한 담세력을 가진 납세자 사이에 차별을 두어 평등권을 침해했고,
  - 재산권의 본질적 내용까지 침해했습니다.

따라서 이 규정은 헌법상 조세법률주의와 평등원칙, 재산권 보장 규정에 정면으로 위배되는 위헌적 제도라 할 것입니다.

(라) 패널 4 결론

① 조세법률주의 위반: 세율 결정 권한을 행정부 재량(조정대상지역 지정)에 맡긴 전례 없는 구조.

② 평등원칙 위반: 동일 담세력 간 세금이 수십 배 차이 나는 제도는 국제사회 어디에도 존재하지 않음.

③ 재산권 침해: 기대임대소득을 초과한 과세로 원본재산 잠식.

④ 국제 스탠다드 괴리: 지방세 중심·비례세율·상한제 운영이라는

세계적 원칙을 완전히 위배.

따라서 조정대상지역 내 2주택자 중과세 규정은 국제적으로도 헌법적 정당성을 인정받을 수 없는 예외적, 일시적, 위헌적 제도라 평가할 수밖에 없습니다.

| 사회자 종합평가 |

1) 법 원칙 측면(조세법률주의·명확성·위임한계)
- 세율 그 자체는 법률에 있으나, 그 적용여부가 행정의 '지정'으로 좌우되는 구조였다. 납세자 입장에서 보면 "내년에도 같은 조건이면 같은 세금"이라는 기대가 무너진다.
- 국제적 기준은 세율·과세표준·상한을 법률로 고정하고, 행정부가 시장상황을 이유로 사후적으로 '세율효과'를 번복하지 못하게 한다. 이번 제도는 그 반대였다.
- 결론: 핵심 과세요건(누가·얼마를 내는지)의 실질적 결정 권한이 행정부로 이동해 법률유보·명확성·예측가능성을 약화. 위임입법 한계에 비추어 위헌 위험이 높다.

2) 평등·형평 측면
- 동일 가액의 자산이라도 '주택 수'와 '지역' 조합에 따라 실효세부담이 수십 배 달라질 수 있는 설계는 수평적 평등을 침해.
- 담세력 개념을 '보유수·지역'으로 확장하더라도, 과세강도·격차

가 비례 원칙을 일탈(예: 중과 ON/OFF로 급격한 이중·삼중 가중)하면 자의적 차별에 가깝다.

3) 과잉금지(침해최소·균형성) 측면
- 같은 정책 목표(과열 억제)에 대해, 취득·양도 단계의 거래세·총부담상한·담보대출 규제(LTV/DTI)·공급확대 등 덜 침해적인 수단이 다수 존재했다.
- 반면 본 제도는 보유세 급등으로 임대공급을 위축시켜 전월세 불안을 낳고, 똘똘한 한 채 쏠림을 촉진해 고가주택 가격상승을 부추기는 역효과를 보였다.
- 공익(가격안정·형평 제고)의 실증적 성과는 제한적이고, 사익(재산권·평등권 침해)의 강도는 매우 컸다(급격·고률·예측불가). 법익의 균형성이 설득력 있게 입증되지 못했다.

4) 국제비교
- 선진국 보유세는 지방세·단일비례·평가상한·세액상한으로 설계돼 안정·예측·중립성을 확보한다.
- 특정 행정지정에 보유세율 중과를 자동 연동시켜 전국적으로 세부담 급등을 야기한 사례는 찾기 어렵다. 국제 기준에서 제도적 이탈이 크다.

결론
- 헌법 값(조세법률주의·평등·재산권) 관점에서 볼 때, 조정대상지역

내 2주택자 중과세 규정은

① 세율 효과를 행정지정에 종속시켜 실질적 과세요건을 비법률화했고,

② 동일 담세력 간 과도한 격차를 양산해 평등원칙을 훼손했으며,

③ 침해 최소·법익 균형에서도 덜 침해적인 대안이 있음에도 고율·급변·광범위 적용으로 사익침해가 과도했다.

2023년 조기 폐지는 이러한 비합리·비효율·법치 훼손 위험을 뒷받침한다.

따라서 본 규정은 위헌 위험이 높았고, 정책 효과 측면에서도 실효성·부작용이 컸다.

4. 소토론 주제 - 주택 수 계산규정의 조세법률주의 위반 문제

| 사회자 발제 |

1) 법적 구조와 쟁점
① 주택수 규정의 포괄위임 문제
• 종부세법은 "주택 수 계산 방법"을 구체적으로 정하지 않고 시행령 및 관련 법령에 위임했습니다.
• 따라서 동일한 주택 보유 상태라 하더라도 시행령 개정이나 유권해석에 따라 납세자의 세부담이 극적으로 달라질 수 있었습니다.
• 이는 조세법률주의의 핵심 원칙인 과세요건의 명확성과 법률유보

원칙을 약화시킨 대표적 사례입니다.

② 일시적 2주택자의 문제
- 2021년 당시에는 이사·상속 등 불가피한 사유로 발생하는 일시적 2주택에 대해 과세 유예 규정이 전혀 없었습니다.
- 그 결과, 불가피하게 2주택이 된 납세자들에게도 다주택자 중과세율(최대 6%)이 적용되어 세금 폭탄을 맞는 사례가 속출했습니다.
- 이후 2022년에는 시행령에, 2023년에는 종부세법 본문에 과세 유예 규정이 도입되었는데, 이는 곧 2021년 제도의 심각한 문제점을 정부 스스로 인정한 보완입법이었습니다.

③ 헌법재판소의 태도
- 헌재는 "주택 수 계산의 문제는 주택의 복잡한 형태와 시장 상황에 비추어 시행령 위임이 불가피하다"는 이유로 합헌 판단을 내렸습니다.
- 그러나 실제 피해를 본 납세자 입장에서 보면, 법률에 최소한의 유예 규정도 없이 시행령 미비로 인해 억울하게 과세당한 것입니다.
- 헌재의 논리는 형식적일 뿐, 실질적 권리 침해 상황을 제대로 구제하지 못했다는 비판을 피할 수 없습니다.

2) 국제 비교
- 독일: 보유세는 전적으로 "부동산 가치"^{Einheitswert} 기준으로 산정되며, 주택 수는 전혀 고려하지 않습니다.
- 영국·프랑스·미국: 주택 수는 조세 요건이 아니라, 임대가치 또는 지역별 공시가격에 따라 단일 비례세율을 적용합니다.

- 따라서 "주택 수"라는 개념을 세율 구조에 직접 반영하는 것은 국제적으로 매우 이례적이며, 과세체계의 예측가능성과 평등성을 크게 해치는 구조입니다.

3) 구체적 사실관계

① 사례 1: 이사로 인한 일시적 2주택자 (2021)
- 기존 주택 매각 전 신규 주택을 취득 → 법적으로 2주택자 간주 → 조정대상지역 내라면 세율이 2배 이상 급등.
- 세액: 기존 200만 원 수준 → 1억 원 이상으로 상승하는 사례 보고.
- 이 경우 납세자는 실제로 임대소득이나 투기 목적이 전혀 없음에도 투기자와 동일하게 중과세율을 적용받음.

② 사례 2: 상속으로 인한 일시적 2주택자 (2021)
- 부모 사망으로 상속주택 취득 → 기존 1주택에 추가되어 2주택자로 간주.
- 종부세 중과 적용 → 납세자가 선택할 수 없는 상황임에도 억울한 과세 발생.

4) 핵심 쟁점 정리

① 명확성 침해
- 주택 수 계산 방식이 법률이 아니라 시행령에 전적으로 위임되어 납세자가 자신의 세부담을 예측하기 어려웠음.

② 위임입법 한계 위반
- 세율 적용 여부가 "주택 수 계산"이라는 불명확한 개념에 따라 달

라지는 것은 본질적 사항을 행정부에 맡긴 것과 다름없음.

③ 평등·재산권 침해
- 동일한 가액의 주택 보유자라도, 단순히 "일시적 2주택"이라는 이유만으로 세부담이 수십 배 늘어남.
- 이는 조세평등주의 및 재산권 본질적 내용 침해와 직결됨.

④ 정책적 부작용
- 일시적 2주택자 과세는 이사·상속 같은 정상적 주택 거래를 억제하여 주거이동성을 저해하고, 시장 왜곡을 초래.

* 결국 납세자에게 불합리한 부담만 남김.

사회자 결론(발제 마무리)

종합적으로 볼 때, 주택수 계산 규정은 과세요건의 명확성 원칙을 침해하고, 위임입법의 한계를 넘어선 제도라 할 수 있습니다.

특히 2021년 일시적 2주택자에게 과세유예 규정이 없어 발생한 과세 폭탄은, 행정부 재량에 따른 규정 미비가 국민의 재산권을 직접 침해한 전형적인 사례입니다.

따라서 이 문제는 단순한 정책 보완의 차원이 아니라, 헌법이 요구하는 조세법률주의 위반이라는 차원에서 엄밀히 검토될 필요가 있습니다.

| **결론**(패널 토론과 교차 토론은 생략합니다.) |

1) 패널 1의 결론

요약하면, 주택 수 계산 규정은 조세법률주의를 위반하지 않았습니다.

오히려 이는 한국 주택시장의 특수성을 반영한 정책적 장치이며, 시행령 위임은 불가피한 것이었습니다.

일시적 2주택자 문제는 불합리했으나, 헌법 위반으로까지 보기는 어렵습니다. 따라서 종부세 주택수 계산 규정은 헌법적 범위 내에서 정당하게 운영된 제도라 평가할 수 있습니다.

2) 패널 2의 결론

헌법재판소는 종부세 주택 수 계산 규정이 조세법률주의를 위반하지 않았다고 판단합니다.

- 법률이 큰 틀을 정하고 세부 사항은 시행령에 위임한 것은 **헌법상 허용 범위 내**입니다.
- 다주택자 중과세는 한국 주택시장의 특수성을 반영한 **합리적 정책수단**입니다.
- 일시적 2주택자 과세 문제는 입법 보완의 영역이지 위헌 사안은 아닙니다.
- 따라서 주택 수 규정은 합헌적이며, 조세법률주의와 평등원칙에도 반하지 않는다고 보는 것이 헌법재판소의 입장입니다.

3) 패널 3의 결론

- 종부세의 주택 수 규정은 세계적으로도 전례 없는 제도로,
  - 법률에 과세요건을 명확히 규정하지 않은 포괄위임,
  - 일시적 2주택자·상속주택의 중과라는 예측 불가능한 과세,
  - 동일 자산가액에 수십 배 세부담 차이라는 평등권 침해를 동시에 가져왔습니다.

이는 명백히 조세법률주의와 헌법적 가치에 반하는 제도입니다.

따라서 주택 수 계산 규정은 위헌이며, 폐지되거나 최소한 법률에 명확히 한정적으로 규정되어야 합니다.

4) 패널 4의 결론

- 국제적 시각에서 보면, 주택 수 기준 과세는 보유세의 본질(가액 중심)을 훼손하고,
- 법률주의의 핵심인 명확성·예측 가능성을 무너뜨리며,
- 평등권과 신뢰보호원칙까지 동시에 침해하는 중대한 위헌적 요소입니다.
- 한국 종부세의 주택 수 규정은 세계 어디에서도 찾아볼 수 없는 제도로, 헌법적 정당성 확보를 위해 폐지되거나 근본적으로 개편되어야 합니다.

| 사회자 종합평가 및 결론 |

1) 쟁점 요지
- 주택수 기준 자체는 보유세의 보편 원리(가액·수익력 과세)와 충돌합니다. 이는 조세평등주의(동일 담세력 동일 과세)와 비례성 점검에서 불리합니다.
- 예외 부재(2021년)와 사후 보완(2022~2023)은 조세법률주의의 명확성·예측가능성·신뢰보호 측면에서 취약합니다.
- 시행령 위임으로 핵심 과세요건(주택수·예외)이 좌우된 점은 본질적 사항 유보 원칙에 어긋날 위험이 큽니다.
- 결과적으로 동일 가액 간 세부담 격차가 과도하게 확대(최대 수십 배), 일부 구간에서 기대임대소득을 현저히 초과하는 부담이 현실화 – 비례성·평등 심사에 취약합니다.
- 국제 비교로도 주택 수 중과는 이례적이며, 선진국은 법률 직접 규정, 상한·완충 장치, 단일·낮은 세율·가액기준을 통해 법적 안정성을 최우선합니다.

2) 법적 평가(요약)
- 과세요건 명확성: 2021년의 일시적·상속 2주택 중과는 사후 보완으로 해결될 문제가 아니라, 당시 법률 단계의 명문 규정 부재로 인한 예측가능성 침해가 실체적으로 존재.
- 포괄위임 한계: 주택수·예외는 세율결정에 준하는 본질적 요소인데, 시행령에 광범위 위임·변동은 한계를 넘었을 소지.

- 평등·비례: 동일 담세력 간 과도 격차와 기대임대가치 초과 부담은 수평·수직 형평과 비례성 점검에서 문제 소지가 크며, 제도 설계가 과소·과대포획을 동시 발생.

02

종부세 토론 주제 (4-2)

- 납세자 신뢰보호 원칙과 법적안정성 문제

| 사회자 발제 |

1) 주제의 개요

오늘 논의할 주제는 종부세가 납세자의 신뢰보호 원칙과 법적 안정성을 침해했는가 하는 문제입니다.

조세법의 핵심 원칙은 두 가지입니다.

① 조세법률주의 – 국민은 국회가 정한 법에 따라 예측 가능한 세금을 부담해야 합니다.

② 신뢰보호·법적 안정성 원칙 – 납세자가 국가 정책이나 법률을 신뢰하고 경제활동을 한 경우, 국가는 이를 일방적으로 뒤엎어 납세자에게 과도한 불이익을 줘서는 안 됩니다.

특히 종부세와 관련해 2021년 법 개정과 제도 변경 과정에서 이 원칙이 크게 흔들렸다는 비판이 제기되고 있습니다.

2) 문제되는 사례들

① 법인 과세표준 6억 원 공제 삭제

- 종부세는 본래 "고가 부동산"에 대한 과세라는 입법 취지로 6억 원 공제를 두었습니다.
- 그런데 2021년 개정으로 법인은 이 기본 공제를 삭제당했습니다.
- 동일한 부동산 가액을 가진 개인과 법인 간 세부담이 수십 배 차이 나는 결과를 낳았습니다.
- 이는 애초 입법 취지와도 모순되고, 법인이 종부세 과세대상에서 배제된다고 믿었던 납세자의 신뢰를 무너뜨린 것입니다.

② 법인 세부담 상한 규정 삭제

- 종부세는 원래 세부담이 급격히 늘지 않도록 세부담 상한(150% → 200% → 300%)을 두었습니다.
- 그러나 2021년 법 개정으로 법인에 대해서는 세부담 상한을 완전히 없앴습니다.
- 그 결과 일부 법인은 전년 대비 10배, 많게는 100배 가까운 세금이 부과되었습니다.
- OECD 대부분 국가는 보유세에 연간 세부담 증가율 상한(2~6%)을 두고 있어, 한국은 국제 기준에도 맞지 않는 과도한 불안정성을 보였습니다.

③ 민간임대주택의 과세 전환

- 2005년 종부세 신설 이후, 민간임대주택은 정부가 임대사업을 장려하며 종부세 합산배제(비과세)를 약속했습니다.
- 그러나 2020년 특별법 개정으로 등록이 말소되고, 2021년부터

종부세가 전면 부과되었습니다.
- 이로 인해 수십만 임대사업자가 2020년까지는 세금이 없다가, 2021년에는 수십 배 세금 폭탄을 맞았습니다.
- 정부의 장려 정책을 믿고 임대사업에 참여한 국민의 신뢰가 완전히 무너졌고, 임차인의 주거 안정도 오히려 흔들렸습니다.

3) 헌법적 쟁점

① 헌법 제37조 제2항 기본권 제한은 본질적 내용을 침해해서는 안 된다.
- 종부세 개정으로 납세자의 재산권이 사실상 원본 침해 수준에 이르렀다면 헌법 위반입니다.

② 헌법 제11조 평등 원칙
- 동일한 가액의 자산을 가진 개인과 법인, 다주택자와 1주택자 간의 극심한 차등 과세는 합리적 이유가 없으면 위헌입니다.

③ 헌법 제59조 조세법률주의
- 공제·상한·합산배제 규정을 입법 취지와 달리 갑자기 삭제하거나 바꾼 것은 예측가능성을 해칩니다.

4) 사실관계와 수치

① 2021년 법인 주택 종부세 실효세율
- 공시가격 20억 기준, 개인 다주택자: 약 1.38% 수준
- 동일 조건의 법인: 6% 단일세율 × 공정시장가액비율 95% = 5.7%

- 농특세 포함 시 6.84%

  → 기대임대소득률(1~2%)의 3~5배 이상.

  → 사실상 원본 자산을 잠식하는 세율.

② 민간임대주택 사례
- 2020년까지 종부세 0원 → 2021년 종부세 수천만 원.
- 임대보증금 환급 불가 → 전세사기·임차인 피해 확산.

5) 국제 비교

- **OECD 국가들**
- 보유세는 대체로 지방세로 운영되고, 안정적인 세부담 장치 존재.
- 미국: property tax, 연간 인상률 제한(캘리포니아 Prop. 13: 2% 상한).
- 일본: 3년 단위 평가, 연간 5% 상한.
- 한국: 상한 철폐 → 세계 유일의 무제한 보유세 급등 구조.

6) 핵심 쟁점 정리

① 정부가 장려·보호해 온 제도를 하루아침에 뒤집어 납세자의 신뢰를 파괴한 것은 정당한가?

② 법인의 공제 삭제와 상한 철폐로 발생한 수십 배 세부담 증가가 법적 안정성과 헌법적 한계를 지킨 것인가?

③ 국제적으로 보편화된 보유세 제도의 예측가능성·안정성과 비교할 때, 한국 종부세는 명백히 일탈한 것이 아닌가?

④ 결과적으로 종부세 개정은 단순한 정책 변경이 아니라, 국민에게

는 "국가가 스스로의 약속을 어기고 재산을 몰수한 것"으로 비쳐지는 것은 아닌가?

| **사회자 결론**(발제 요약) |

종부세 개정의 과정에서 나타난 법인 공제 삭제, 상한 철폐, 임대주택 과세 전환은 모두 국민의 예측가능성과 법적 안정성을 무너뜨린 조치입니다. 이는 헌법적 가치인 재산권 보장·평등원칙·조세법률주의와 충돌할 소지가 크며, 결국 납세자 신뢰보호 원칙을 심각하게 침해한 사례로 평가할 수 있습니다.

1. 소토론 주제 - 법인 종부세 과세표준 6억원 공제 삭제

| 패널 토론 |

패널 1 · 종부세 찬성 입장의 발언 요지

- 법인에 대한 6억 원 공제는 "영구적 권리"가 아니라 정책적 특혜였기 때문에 삭제 자체는 신뢰보호 원칙 침해라고 보기 어렵다.
- 오히려 삭제를 통해 개인과 법인의 세부담 형평성을 개선하고, 법인을 활용한 투기 수요를 차단하는 효과를 노렸다는 점에서 합리

적 조세정책이다.
- 따라서 법적 안정성과 신뢰보호 침해보다는, 공정 과세와 사회적 형평성 실현의 측면에서 긍정적으로 평가해야 한다.

패널 2 · 헌법재판소 입장

1) 과세표준 공제는 본질적 권리가 아닌 "조세 혜택"
- 과세표준 공제는 납세자의 세부담을 경감해주는 일종의 정책적 혜택입니다.
- 따라서 입법자가 경제 상황, 조세 형평성, 정책 목적 등을 고려하여 그 범위를 조정하거나 폐지하는 것은 입법재량의 범위에 속합니다.
- 즉, 공제가 유지되는 것에 대한 납세자의 '신뢰'는 절대적 보호 가치가 없다는 것이 헌재의 시각입니다.

2) 담세력 및 형평성 고려
- 법인은 개인과 달리 주택을 실거주 목적으로 보유하지 않습니다. 대부분 임대·투자·자산 관리 목적입니다.
- 따라서 개인과 동일하게 6억 원 공제를 인정할 경우, 오히려 법인의 조세부담이 불합리하게 낮아져 형평성이 저해됩니다.
- 헌법재판소는 이를 고려하여 법인에 대해 별도의 높은 단일세율(3%, 다주택자는 6%)을 적용하는 것이 합리적 차등과세라고 보았

습니다.

3) 신뢰보호 원칙 위반 여부
- 신뢰보호 원칙은 국가가 일정한 유인을 통해 납세자에게 "확실한 신뢰"를 부여했을 때만 문제됩니다.
- 그러나 법인에 대한 공제는 일시적 정책적 혜택이었을 뿐, 장기적·영구적 권리를 형성하지 않았습니다.
- 따라서 납세자가 이 혜택이 계속 유지될 것이라고 강하게 신뢰할 보호가치가 인정되기 어렵다는 것입니다.

4) 법적 안정성 측면
- 종부세법 개정은 입법 예고와 사회적 논의 과정을 거쳐 예측 가능성이 있었다고 보았습니다.
- 즉, 갑작스럽게 전혀 예측하지 못한 세금 폭탄을 부과한 것이 아니라, 정책 기조의 전환이 이미 공개적으로 진행되어 왔기 때문에 법적 안정성이 크게 훼손되었다고 보기 어렵다는 결론입니다.

5) 공익과 사익의 균형
- 법인의 주택 보유가 급증하면서, 이를 통한 개인 투기 수단화가 사회적으로 문제가 되었습니다.
- 따라서 6억 원 공제 삭제는 조세 형평성을 회복하고 투기 억제를 위한 공익적 목적을 정당하게 실현한 수단이라고 평가했습니다.
- 헌법재판소는 "법인의 조세 혜택을 줄여도 여전히 재산권의 본질

적 내용은 보장된다"고 보았습니다.

결론 (헌법재판소 시각)

- 과세표준 6억 원 공제 삭제는 본질적 권리를 박탈한 것이 아니라 정책적 혜택을 조정한 것에 불과하다.
- 납세자 신뢰보호·법적 안정성 침해 주장은 성립하기 어렵고, 오히려 공익적 목적(형평성 제고·투기 억제)이 더 크다.
- 따라서 입법자의 재량 범위 내에서 정당하게 이루어진 개정으로, 헌법에 합치된다는 것이 헌법재판소의 판단이다.

패널 3 · 종부세 반대 입장

저는 패널 1과 패널 2의 발언을 들으며 분노를 감출 수 없습니다. 왜냐하면 이번 사안은 단순히 조세혜택의 조정 문제가 아니라, 수많은 법인 임대사업자의 생존권과 직접적으로 연결된 문제이기 때문입니다. 헌법재판소와 종부세 찬성 입장은 이것을 "혜택을 조금 줄인 것" 정도로 평가하지만, 실제 현장은 파산과 몰락의 연속이었습니다. 저는 이 문제를 네 가지 측면에서 말씀드리고자 합니다.

1) 정책적 신뢰를 저버린 입법
- 2005년 종부세 도입 이래 법인에게도 6억 원 공제를 인정해 왔습

니다.
- 이는 종부세의 입법 취지가 "고가 부동산 소유자에 대한 보유세"였기 때문입니다. 즉, 일정 수준 이하의 주택 보유에 대해서는 과세하지 않는다는 신호를 법이 보냈던 것입니다.
- 그런데 2021년 돌연 법인에 대한 공제를 삭제하고, 동시에 단일 고율 세율(3%·6%)을 적용하며, 심지어 세부담 상한까지 철폐했습니다.
- 그 결과 일부 법인들은 전년 대비 10배~100배까지 세금이 폭등했고, 기대임대소득의 3~5배 수준의 세금이 부과되었습니다.
- 이것을 두고 "정책적 혜택을 철회한 것에 불과하다"라고 말한다면, 과연 납세자가 정부의 어떤 말을 믿을 수 있겠습니까?

2) 납세자 신뢰보호 원칙의 중대한 침해
- 신뢰보호 원칙은 단순히 "법적 권리"에만 적용되는 것이 아닙니다.
- 국가가 일정한 방향으로 지속적으로 유도한 정책이라면, 국민은 그것을 믿고 투자하고 행동합니다.
- 민간임대사업 장려 정책이 수십 년간 이어졌고, 정부는 법인을 통한 임대주택 공급을 적극 권장했습니다.
- 그런데 하루아침에 공제를 삭제하고 고율 과세를 부과하면서 "애초에 혜택일 뿐이니 신뢰할 필요가 없었다"라고 한다면, 이는 국민을 기만하는 것입니다.
- 납세자가 "국가의 말을 믿지 말라"는 신호를 준 것이고, 이는 헌법적 가치를 송두리째 무너뜨리는 처사입니다.

3) 형평성이라는 이름의 왜곡
- 헌법재판소는 법인 주택 소유는 투기성이 강하므로 공제를 삭제하는 것이 "형평성 회복"이라고 보았습니다.
- 그러나 현실은 어떠합니까?
  - 법인 주택 소유의 상당수는 영세 임대사업 법인입니다.
  - 이들은 임대보증금으로 운영되며, 실제 순자산은 많지 않습니다.
  - 그런데 공제 삭제와 고율 단일세율 적용으로, 시가 10억 원 남짓한 빌라 한 채만 있어도 억 단위 세금을 내야 하는 사례가 속출했습니다. 같은 시가의 주택을 보유했음에도, 개인은 수백만 원에 그치고 법인은 억 단위를 내는 구조는, 결코 "형평성"이 아니라 차별입니다.

4) 법적 안정성의 붕괴
- 보유세는 자산 장기 보유를 전제로 합니다. 국민은 몇 년, 몇십 년을 내다보고 투자합니다.
- 따라서 법적 안정성이 무엇보다 중요합니다.
- 그런데 불과 몇 달 만에 법을 고쳐 공제를 삭제하고 상한을 없앴습니다.
- 외국 사례와 비교해도,
  - 미국은 매년 2~6% 상한,
  - 일본은 3년간 5% 상한,
  - 독일·프랑스는 임대가치를 기준으로 과세하여 원본 침식을 방지합니다.

반면 한국은 상한을 150% → 300% → 철폐까지 늘려, 한 해에 10배 이상 세금이 폭등하는 기형적 제도를 만들었습니다. 이것이 법적 안정성을 지킨 것입니까?

결론(패널 3 관점)
- 법인 과세표준 6억 원 공제 삭제는 단순한 혜택 조정이 아니라, 납세자 신뢰를 배신한 기습적 입법이었습니다.
- 그 결과 일부 법인은 기대임대소득의 수 배에 달하는 세금을 부과받아 사적 유용성을 완전히 침해당했고, 사실상 원본 재산 몰수 상황에 내몰렸습니다.
- "형평성 회복"이라는 미명 아래, 오히려 헌법이 보장하는 재산권·평등권·신뢰보호·법적 안정성을 송두리째 훼손한 사례입니다.
- 따라서 2021년 종부세 개정은 헌법적 한계를 명백히 넘었으며, 위헌적 입법이라고 판단됩니다.

패널 4 · 글로벌 스탠다드 관점

1) 신뢰보호 원칙의 국제적 기준
- OECD 국가들은 세제 변화를 할 때 경과규정 grandfathering rule을 두는 것이 일반적입니다.
  - 예컨대 독일이나 프랑스는 임대주택 관련 세제 혜택을 축소할 때, 기존 투자자에게는 수년간의 유예를 줍니다.

- 영국 역시 buy-to-let 제도에서 공제 혜택 축소 시 단계적으로 시행했습니다.

그러나 한국은 2021년 법인 6억 원 공제를 전격 폐지하면서, 유예기간 없이 즉시 적용했습니다.

이는 기존 투자자들이 정부 정책에 따라 법인을 설립하고 주택을 보유해 온 신뢰를 정면으로 배반한 것이며, 국제 기준과도 크게 어긋납니다.

2) 법적 안정성과 세부담 상한

- 미국: property tax는 주별로 다르지만, 보유세 인상률이 연간 2~6% 상한으로 제한됩니다.
- 일본: 재산세는 3년 주기 평가, 연간 5% 상한 규정.
- 독일: 재산세는 임대가치를 기준으로 산정되며, 담세력 초과를 원천적으로 방지.
- 이처럼 해외는 법적 안정성과 예측가능성을 핵심 가치로 삼습니다.
- 반면 한국은 법인의 경우 공제를 삭제하면서 동시에 세부담 상한까지 철폐했습니다.
- 그 결과 법인 종부세가 전년 대비 10배~100배 폭증하는 사례가 나타났습니다.

이는 국제적으로 유례없는 제도로, 조세법적 안정성을 심각하게 훼손했습니다.

3) 형평성 논리와 국제적 괴리

- 한국 헌재와 정부는 법인 보유 주택이 투기적이라고 보며 공제 삭제가 형평성 제고라고 주장합니다.
- 그러나 국제적 기준에서 법인 보유와 개인 보유를 구분하여 가혹하게 과세하는 사례는 드뭅니다.
  - 미국·영국·독일 모두 법인 보유 주택도 property tax를 동일하게 적용합니다.
  - 세율 차등이 있더라도 소폭에 불과하며, 기본 공제나 상한을 일방적으로 제거하는 방식은 없습니다.

따라서 한국식 "법인은 투기성이 강하므로 특혜를 없앤다"는 논리는 국제적으로는 설득력이 약합니다.

4) 경제·사회적 파급

- 공제 삭제와 고율 단일세율(3%·6%) 적용은 단순한 "혜택 철회"가 아니라, 사실상 응징적 과세 punitive taxation에 가깝습니다.
- 결과적으로 임대 법인의 파산 위험을 높였고, 이는 임차인의 주거 안정에도 직접적 타격을 주었습니다.
- 외국은 보유세를 "공공서비스 대가" 또는 "임대가치 기반의 낮은 세율 과세"로 운영하는데, 한국은 특정 집단에 대한 벌칙적 과세로 전환하여 조세제도의 사회적 정당성을 크게 약화시켰습니다.

결론(글로벌 스탠다드 관점)

- 납세자 신뢰보호: 국제적으로는 혜택 축소 시 유예·경과규정을 두

는 것이 원칙인데, 한국은 전면적이고 즉각적인 공제 삭제로 신뢰를 훼손했습니다.
- 법적 안정성: 해외는 보유세 인상률에 상한을 두지만, 한국은 법인에 대해 공제를 삭제하고 상한까지 철폐하여 예측불가능성을 극대화했습니다.
- 형평성: 법인 보유를 과도하게 차별하는 구조는 OECD 어디에서도 보기 힘든 사례입니다.
- 따라서 한국의 2021년 개정은 글로벌 스탠다드에서 벗어난 이례적이고 위헌적 성격을 띠며, 법적 안정성과 신뢰보호라는 헌법적 가치와도 정면으로 충돌한다고 할 수 있습니다.

| 교차 토론: 패널 3(종부세 반대) → 패널 1·2 반박 |

[반박 1] "6억 공제는 '혜택'이 아니라 과세체계의 최소안전장치다."
- 패널 1·2는 공제를 "정책상 우대"로만 봅니다. 그러나 법인 주택분에서의 6억 기본공제는 2005년 도입 당시부터 종부세의 과세범위를 '고가 보유'로 한정하는 제도설계의 핵심 축이었습니다.
- 공제를 제거한 2021년부터는 사실상 '거의 전액을 과세표준으로 삼는 준-총액 과세'가 되었습니다. 같은 해 단일 고율(법인 6%)과 공정시장가액비율 상향(95%), 세부담상한 철폐가 동시 결합해 구조적 급증이 발생했습니다. "우대 삭제" 수준이 아니라 과세구조 전환입니다.

[반박 2] "신뢰보호·법적 안정성 침해 — 급변과세의 수치가 말한다."
- 예시(2021년 기준): 공시가 11억 보유 법인(다주택) → 종부세+농특세 실효세율 약 6.84%(= 7.2%×0.95) → 세액 약 7,524만원.
  - 같은 해 개인 1주택, 공시가 170억(각종 공제·특례 적용)의 종부세 합계가 7,293만원 수준과 비슷합니다.
  - 자산가치 15배 차이가 나는데 세액은 비슷합니다. 이는 형평만 훼손한 것이 아니라, 법인의 담세능력 한계를 뛰어넘는 급격한 전환을 보여줍니다.

다수 법인은 실질적으로 1인 임대사업 법인입니다. 고율 단일세율+공제삭제+상한철폐의 '3중 레버'로 전년 대비 10~100배 급증 사례가 속출했습니다. 이런 예측 불가능한 급증은 법적 안정성 원칙과 배치됩니다.

[반박 3] "덜 침해적인 대안 무시 — 최소침해 원칙 위반."
- 만약 "법인 악용"이 문제라면,
① 실질과세·부당행위계산 부인으로 투기성·차명 법인만 표적 제한,
② 등록임대 법인(공급·임차 안정에 기여)에는 공제·상한을 유지,
③ 단계적 축소·경과조치(예: 3~5년 단계폐지),
④ 자산규모/주택 수 상한선 기준 차등,

같은 대안이 있었습니다. 그럼에도 전면·즉시 공제 삭제와 상한 철폐는 최소침해성 검증을 회피한 조치입니다.

[반박 4] "평등원칙 훼손 — 동일가액 간 '세부담 역전'과 '법인=벌칙' 취급."
- 동일 가치 자산인데 법인이라는 이유만으로 공제 0·상한 0·고율 단일을 적용하면, 실질이 동일한 1인 임대사업자(법인)가 개인 1주택 거주자보다 훨씬 과중한 세금을 부담합니다.
- 이는 수평적 평등(동일 담세력 동일과세)과 합리적 차별 한계를 넘어섭니다. "법인은 투기성이 높다"는 일괄적 추정으로 개별사정(임대공급·지역·전세보증금 구조)을 삭제해 버린 결과입니다.

[반박 5] "공익 효과 과장 — 재정·가격 안정 기여는 미미."
- 2021년 종부세(주택·토지 합계) 세수는 총조세의 약 1.6%에 불과. "공익(재정)"은 제한적입니다.
- "가격안정"도 실증적으로 불분명했습니다. 대폭 강화 발표(2020.8) → 2021년 전국 주택가격 급등이라는 역효과가 관측되었습니다('똘똘한 1채' 쏠림). 공익은 과장, 사익(재산권·평등·신뢰 침해)은 막중합니다.

[반박 6] 패널 4(글로벌 스탠다드) → 패널 1·2 반박
반박 A: "경과조치 없는 즉시 삭제 – 국제 관행 위반."
- OECD 국가들은 세제 혜택 축소 시 'grandfathering(경과보호)'가 통례입니다. 기존 투자자는 일정 기간 보호합니다. 한국처럼 즉시·전면 삭제는 신뢰보호·예측가능성의 국제 표준과 배치됩니다.
반박 B : "보유세는 응익·낮은 세율·안정이 표준 – 벌칙적 고율·

무상한은 이례적."
- 미국·일본은 연간 보유세 인상률 상한(미 2~6%, 일 5%)을 법정해 법적 안정성을 보장합니다.
- 영국·프랑스·독일은 임대가치(사적 유용성)에 기초한 보유세 구조여서 원본침식을 구조적으로 방지합니다.
- 한국처럼 고율 단일·상한철폐·공제삭제로 단기간 수배 급증시키는 설계는 이례적이며 규범적 정당성이 약합니다.

반박 C : "법인 = 투기 전제는 과도 – 타깃 규제가 정답."
- 선진국은 '페이퍼 컴퍼니'나 탈세 목적 법인에 표적 조치를 취하되, 정상 임대공급 법인엔 동일 보유세 원칙을 유지합니다.
- 한국처럼 법인 전체에 보편적 응징 구조를 도입하면 임대공급 위축·임차 불안 등 부작용이 큽니다.

| 사회자 평가 |

- 신뢰보호·법적 안정성
- 2005년 이후 정착된 체계(고가 한정·기본공제·상한)의 급격한 철거는 "예측가능성" 핵심을 훼손했습니다. 경과 없는 전면 적용은 국제 관행과 괴리가 크고, 우리 헌법의 신뢰보호 원칙 취지에도 배치됩니다.
- 최소침해성·대안가능성
- "법인 악용 억제" 목적은 인정되지만, 표적 규제·단계적 축소·등

록임대 예외 등 덜 침해적 대안이 분명 존재했습니다. 그럼에도 전면·동시(공제 삭제·상한 철폐·고율)를 택한 것은 과잉에 가깝습니다.

- 평등·형평
- 동일 자산가치에서 법인이라는 형식만으로 세부담이 수십 배 벌어지는 사례는 수평적 평등과 합리적 차별의 한계를 벗어납니다. 특히 1인 임대법인까지 '투기'로 동일 취급한 것은 실질평등을 해칩니다.
- 공익 대비 사익
- 재정기여는 작고, 가격안정 효과는 불확실·역진적이었습니다. 반면 재산권·평등권·신뢰보호 침해는 중대하고 구체적으로 드러났습니다. 법익의 균형에서 사익 침해가 우세합니다.

| 결론 |

- 법인 과세표준 6억 공제의 즉시·전면 삭제와 세부담상한 철폐는
  - 신뢰보호·법적 안정성을 중대하게 훼손했고,
  - 최소침해성 검증을 거치지 않았으며,
  - 평등원칙을 침해하는 결과(동일가액 간 과세 역전)를 낳았습니다.
- 국제 관행(경과보호·인상률 상한·임대가치 기반·낮은 세율 안정)과 비교해도 예외적·응징적 성격이 강합니다.
  → 종합하면, 법인 6억 공제 삭제는 조세법률주의와 평등원칙, 신

뢰보호 원칙에 반할 소지가 크며, 위헌 위험이 높은 입법으로 평가됩니다.

2. 소토론 주제 - 법인 종부세 과세상한 규정의 삭제

| 패널 토론 |

패널 1 · 종부세 찬성입장

1) 세부담 상한제의 본질은 "특혜적 혜택"
- 세부담 상한제는 납세자의 급격한 세부담 증가를 막기 위한 완충장치였습니다.
- 그러나 이는 어디까지나 정책적 배려였지 헌법적 권리 보장은 아닙니다.
- 따라서 입법자는 사회·경제적 여건 변화에 따라 상한을 줄이거나 폐지할 권한을 가지고 있습니다.
- 실제로 상한은 2005년 제정 당시 150%에서 200%, 다시 300%로 높아지다가 2021년 결국 폐지되었습니다. 이는 단절이 아니라 점진적 조정 과정의 연속이라 볼 수 있습니다.

2) 법인의 특수성: 개인과 달리 투기 수단으로 악용
- 최근 2019~2020년을 전후하여 다수 개인들이 법인을 설립해 주

택을 대량 매입하는 방식으로 종부세를 회피하려 했습니다.
- 법인은 6억 공제를 받을 수 없을 뿐 아니라, 단일 고율 세율과 상한 배제 규정을 적용받습니다. 이는 바로 법인의 특수성 때문입니다.
- 법인은 개인과 달리 거주 필요성이 없는 투자 주체이기 때문에, 개인과 동일하게 보호할 필요성이 낮습니다.
- 따라서 입법자가 법인에 대해 더 강력한 세제 장치를 둔 것은 합리적이고 정책적으로 불가피합니다.

3) 조세형평성과 시장 안정 차원에서 필요
- 만약 법인도 개인처럼 세부담 상한을 적용받는다면, 대규모 자본을 동원한 법인이 사실상 종부세 부담을 회피하고 주택시장에서 불공정 경쟁 우위를 점할 수 있습니다.
- 상한을 없앴기 때문에 법인이 보유한 주택은 사실상 장기적 보유 부담이 커져 매도 압력으로 이어졌고, 이는 결과적으로 주택 공급을 시장에 환원시켜 가격 안정에 기여할 수 있었습니다.
- 형평성 측면에서도, 같은 가액의 주택을 보유했는데 개인은 종부세 폭탄을 맞고 법인은 상한 덕분에 덜 내는 구조라면 사회적 수용성을 얻기 어렵습니다.

4) 국제비교: 법인의 별도 규제는 세계적으로 존재
- 미국, 유럽 등에서도 법인의 주택 투자에는 추가세, 취득세 가산, 법인세 중과 등을 두는 경우가 흔합니다.
- 이는 법인이 개인의 주거 목적과 달리 "투자·투기 목적"으로만 움

직이기 때문입니다.
- 따라서 한국의 법인 세부담 상한 삭제는 세계적으로 특이한 과잉 규제가 아니라, 오히려 "법인을 통한 투기 억제"라는 국제적 흐름에 맞는 조치라 할 수 있습니다.

5) 헌법적 정당성
- 헌법 제59조(조세법률주의)에 따라 국회가 입법한 이상, 입법 목적이 합리적이고 수단이 과도하지 않다면 정당합니다.
- 법인의 세부담 상한 삭제는 법인과 개인의 실질적 차이에 기초한 합리적 차등입니다.
- 헌법 제11조 평등원칙도 "같은 것은 같게, 다른 것은 다르게"라는 원칙을 요구합니다. 법인과 개인은 주택 소유 목적과 기능이 다르므로 다른 세제 규율이 가능합니다.
- 따라서 법인 세부담 상한 삭제는 헌법에 부합하는 입법정책의 문제이지, 위헌 논란으로까지 이어질 사안은 아니라고 봅니다.

결론
법인 세부담 상한 삭제는 단순히 혜택을 철회한 것이며, 조세형평성 제고와 투기억제를 위한 합리적 입법입니다. 오히려 법인까지 개인과 똑같이 보호하면 부동산 투기 억제라는 공익을 달성하기 어려워집니다. 따라서 상한 폐지는 헌법적 정당성을 가진 조치라 할 수 있습니다.

패널 2 · 헌법재판소 입장

1) 세부담 상한제는 "헌법상 보장된 권리"가 아니다
- 세부담 상한은 어디까지나 입법정책적 장치로서, 납세자의 급격한 세부담 증가를 완화하기 위한 정책적 배려였습니다.
- 이는 헌법 제23조가 보장하는 재산권의 본질적 내용에 해당하지 않습니다.
- 따라서 입법자가 사회·경제적 상황의 변화, 조세정책적 필요에 따라 상한을 조정하거나 폐지하는 것은 광범위한 입법형성권의 범위 안에 있습니다.
- 다시 말해, 납세자는 세부담 상한을 권리로서 기대할 수 없으며, 그 삭제를 위헌이라 볼 수는 없습니다.

2) 법인과 개인의 차이
- 개인의 경우 보유주택은 실질적인 주거 목적을 포함하므로 세부담 완화의 필요성이 인정될 수 있습니다.
- 그러나 법인은 대부분 투자·사업 목적으로 주택을 소유합니다. 따라서 법인에게까지 세부담 상한을 적용한다면, 오히려 투기 목적의 법인 활용이 조세 부담을 회피하는 수단으로 악용될 수 있습니다.
- 헌법 제11조 평등원칙은 "같은 것은 같게, 다른 것은 다르게" 취급해야 한다는 것을 의미합니다.
- 법인의 특수성과 시장에 미치는 영향은 개인과 본질적으로 다르기 때문에, 법인에 대해 상한을 폐지한 것은 합리적 차별로서 평등

원칙에도 위배되지 않습니다.

3) 조세법률주의와 예측 가능성 문제
- 헌법 제59조는 "조세의 종목과 세율은 법률로 정한다"고 규정하고 있습니다.
- 2021년 개정 종부세법에서 법인에 대한 세부담 상한 폐지가 명확히 법률로 규정되었습니다.
- 따라서 이는 조세법률주의 원칙에 충실한 것이며, 행정부가 자의적으로 만든 것이 아니라 국회 입법으로 확정된 사항입니다.
- 납세자가 다소 충격을 받았더라도, 이는 정당한 입법 절차를 통해 이루어진 것이므로 조세법률주의 위반으로 볼 수는 없습니다.

4) 공익 목적의 우위
- 당시(2020~2021년) 정부와 국회는 법인을 통한 대규모 주택 보유 및 투기적 거래가 주택 시장을 불안정하게 한다는 문제의식을 공유했습니다.
- 따라서 법인에 대해 강한 과세조치를 취한 것은 단순한 세수 확보가 아니라 투기 억제와 시장 안정이라는 중대한 공익 목적을 위한 것입니다.
- 헌법 제37조 제2항은 "국민의 모든 자유와 권리는 국가안전보장·질서유지·공공복리를 위하여 제한할 수 있다"고 규정합니다.
- 법인 종부세 상한 폐지는 바로 이러한 공공복리를 실현하기 위한 합헌적 제한입니다.

5) 국제비교와 정당성
- 국제적으로도 법인을 통한 부동산 투기에 대해 추가세율, 제한 규정 등을 두는 경우가 많습니다.
- 한국의 경우 상한제 폐지는 다소 강력한 방식이었지만, 이는 주택시장 구조적 특수성(수도권 집중, 전월세 비중, 급격한 가격 변동)을 고려한 대응이었습니다.
- 따라서 국제적 기준과 비교할 때도 한국적 상황에 부합하는 정당한 선택이었음을 부정할 수 없습니다.

결론
- 법인 세부담 상한은 권리가 아닌 혜택입니다. 따라서 삭제는 헌법적 침해가 아닌 입법정책의 문제입니다.
- 법인과 개인은 과세 목적과 기능에서 본질적으로 다르므로, 상한 삭제는 합리적 차별로서 평등원칙에도 반하지 않습니다.
- 공시된 법률 개정에 따라 시행된 조치이므로 조세법률주의 위반도 아닙니다.
- 나아가 법인 보유를 통한 투기를 억제하고 주택시장 안정이라는 공익 목적이 크기 때문에, 법익의 균형성 측면에서도 정당한 입법이라고 판단됩니다.

패널 3 · 종부세 반대 입장

1) 법인 주택에도 임차인의 거주권은 존재한다

- 패널 1과 2는 개인 주택은 "실거주 목적"이라 상한이 필요하지만, 법인은 "투기·사업 목적"이므로 상한을 없애도 된다고 주장했습니다.
- 그러나 현실은 다릅니다. 법인이 보유한 주택 상당수는 임차인 거주를 전제로 운영됩니다.
- 임차인의 주거권은 개인 소유든 법인 소유든 동일하게 보호받아야 합니다.
- 법인 세부담 상한을 없애 임대사업이 붕괴하면, 피해는 법인이 아니라 임차인에게 직접 전가됩니다. 따라서 법인 주택에 대한 상한 폐지는 단순히 "법인의 이익 축소" 문제가 아니라 국민의 거주권 문제로 연결됩니다.

2) 세부담 상한은 '정책적 혜택'이 아니라 생활밀착형 세금의 법적 안정성 장치

- 종부세는 부동산 보유세입니다. 보유세는 소득세·거래세와 달리 매년 반복적으로 부과되는 생활 밀착형 세금입니다.
- 따라서 납세자는 예측 가능성에 따라 생활과 사업계획을 세웁니다. 세부담 상한은 바로 이 법적 안정성을 보장하는 안전장치였습니다.
- 상한제 폐지를 "정책적 배려 철회"로 치부하는 것은 사실관계를

왜곡하는 것입니다.
- 상한 폐지로 인해 법인은 불과 1년 사이에 최소 10배, 최대 100배 세부담이 급등했습니다. 이는 법적 안정성을 완전히 붕괴시킨 조치였습니다.

3) 구체적 수치: 기대임대소득 초과, 원본재산 침해
- 2021년 법인 종부세는 공시가격 인상, 공정시장가액비율 95%, 세율 3~6% 적용, 상한 폐지 등이 한꺼번에 겹쳤습니다.
- 결과적으로 기대임대소득의 3배~5배를 초과하는 세금이 부과되었습니다.
- 헌법 제23조 제1항이 보장하는 "재산권의 본질적 내용"은 사적 유용성입니다. 즉, 재산으로부터 얻을 수 있는 합리적 기대 수익(임대소득) 안에서만 세금을 부과할 수 있습니다.
- 이를 초과하는 과세는 사실상 원본 재산을 잠식하는 것이며, 이는 "재산의 무상 몰수"와 다름없습니다.

4) 평등권 침해와 차별적 과세
- 같은 가액의 주택을 보유해도 개인은 몇 백만 원, 법인은 억 단위 종부세를 내야 했습니다.
- 실제로 개인 1주택자(공시가격 170억 원)의 종부세가 약 7,293만 원인데, 법인 다주택자(공시가격 11억 원)의 종부세가 7,317만 원으로 15배 차이가 발생했습니다.
- 동일한 자산가치에 대해 수십 배 세부담을 부과하는 것은 조세평

등주의에 정면으로 반하는 차별입니다.
- "법인은 투기적이므로 다르게 취급해도 된다"는 논리는 헌법 제11조 평등원칙의 본질을 훼손하는 궤변입니다.

5) 조세법률주의와 보편부담 원칙 위반
- 세금은 헌법 제38조의 납세의무에 따라 "보편적·담세력에 따른 공평 부담"을 전제로 합니다.
- 그러나 법인 상한 폐지와 고율 단일세율(6%)은 보편부담과 담세력 원칙을 무시한 자의적 차별과세입니다.
- "시장에 미치는 영향"을 기준으로 세금을 과중하게 차별한다면, 세금은 정책도구가 아니라 사실상의 처벌로 변질됩니다.
- 이는 조세법률주의를 넘어 "죄형법정주의"에도 반하는 결과입니다.

6) 국제비교에서도 전례 없는 과잉 과세
- OECD 주요국은 모두 세부담 상한제 또는 공시가격 인상 제한을 두어 법적 안정성을 보장합니다.
- 미국: 주별로 연 2~6% 상한.
- 일본: 3년간 5% 상한.
- 유럽: 임대소득 기반 과세로 원본 침해 불가.

한국처럼 법인에 대해 상한을 완전히 폐지하여 세부담을 수십 배 폭증시킨 사례는 전무합니다.

이는 글로벌 스탠다드에 정면으로 배치됩니다.

결론
- 법인 종부세 상한 폐지는 단순한 혜택 철회가 아닙니다.
- 이는 생활밀착형 세금의 안정성을 붕괴시켜 납세자 신뢰보호와 법적 안정성을 무너뜨린 조치입니다.
- 그 결과 기대임대소득을 수배 초과하는 과세, 원본재산의 잠식, 평등권 침해가 발생했으며, 이는 헌법상 재산권 보장과 조세법률주의, 평등원칙을 모두 위반한 것입니다.
- 따라서 2021년 법인 종부세 상한 폐지는 명백히 위헌적이며, 조세체계의 신뢰를 훼손한 중대한 입법 실패입니다.

패널 4 · 글로벌 스탠다드 관점

1) 국제적으로 보유세는 생활밀착형 세금이자 예측 가능성이 핵심
- 부동산 보유세 property tax는 국민 생활과 직결된 세금입니다.
- 그렇기 때문에 세계 각국은 세금이 급등하지 않도록 상한제도 caps나 안정화 장치를 마련합니다.
  - 미국: 주 state별로 연간 인상률 상한(대개 2~6%)을 두고, 주민투표 없이는 초과 인상이 불가능합니다.
  - 일본: 3년에 한 번 공시가격을 재조정하되, 연간 인상률은 5%를 넘지 못하도록 규정합니다.
  - 독일·영국·프랑스: 부동산세 과세 기준을 임대가치에 두어, 현실 임대수익을 초과하지 않도록 보장합니다.

➡ 요약하면, 보유세의 핵심은 안정성과 예측 가능성입니다. 국민과 기업이 장기적인 생활·투자 계획을 세울 수 있어야 하기 때문입니다.

2) 한국의 법인 종부세 상한 폐지 — 국제 기준에서 전례 없음
- 한국은 2021년 법 개정을 통해 법인의 종부세 세부담 상한을 완전히 폐지했습니다.
- 그 결과, 법인의 종부세 부담은 불과 1년 사이에 10배에서 100배까지 폭증했습니다.
- 이는 국제적으로 유례없는 과세 방식입니다.
- 특히, OECD 국가 중 상한제도 없는 나라가 없다는 점을 고려하면, 한국의 조치는 글로벌 스탠다드에서 완전히 벗어난 것입니다.

3) 기대임대소득 초과 과세 — 재산권 본질 침해
- 보유세는 국제적으로 "재산이 창출하는 합리적 수익(기대임대소득)"을 기준으로 부과합니다.
- 독일의 "반액 과세 원칙"(임대소득의 50% 이내), 영국의 council tax, 프랑스의 taxe foncière 모두 임대가치 기반입니다.
- 그러나 한국은 2021년 법인 종부세에서 기대임대소득의 3~5배를 초과하는 세금을 부과했습니다.
- 이는 국제적 기준에서 명백한 "재산권 원본 침해"로 분류될 수밖에 없습니다.

4) 평등성 및 보편부담 원칙에서의 위반

- 글로벌 스탠다드에서는 동일한 자산 가치에 대해 과도한 차별과세를 허용하지 않습니다.
- 그러나 한국에서는 개인과 법인 사이에 최대 50배 차이가 발생했습니다.
- 같은 10억 원 주택을 보유했더라도 개인은 수백만 원, 법인은 1억 원 이상 납부하는 경우가 발생했습니다.
- 이는 보편부담 원칙과 수평적 공평성 원칙을 무너뜨린 조치입니다.

5) 법적 안정성과 투자 환경에 미치는 부정적 파급

- 세부담 상한 폐지로 법인의 세금이 단기간에 폭증하면서, 많은 임대법인들이 사실상 파산 위기에 몰렸습니다.
- 이는 단순히 법인 소유자의 문제가 아니라, 임차인의 거주권에도 직접적 충격을 주었습니다.
- 국제 투자자 관점에서 보면, 한국의 조세체계는 예측 불가능하고, 법적 안정성이 취약한 국가라는 부정적 평가로 이어질 수 있습니다.
- 실제로 OECD 다수 국가에서 "투자환경의 안정성"은 조세정책 신뢰성과 직결되며, 한국의 조치는 글로벌 스탠다드 자본 유출을 초래할 위험성을 내포합니다.

6) 결론: 글로벌 스탠다드에서 본 한국의 상한 폐지

- 한국의 법인 종부세 상한 폐지는 국제적 조세 원칙에 전면 배치됩

니다.
- 국제 기준은 ① 생활밀착형 보유세의 안정성, ② 임대소득 범위 내 낮은 세율 과세, ③ 예측 가능성과 공평성 보장입니다.
- 그러나 한국은 ① 상한제 폐지, ② 기대임대소득 초과 과세, ③ 개인·법인 간 수십 배 차별이라는 삼중 위반을 범했습니다.
- 따라서 2021년 법인 종부세 상한 폐지는 단순한 국내 정책 문제가 아니라, 세계 어디에도 없는 조세 왜곡 사례로 규정될 수 있으며, 헌법적 위헌성을 넘어 국제 조세 규범에도 위배됩니다.

| 교차 토론 |

① 패널 1(종부세 찬성) 주장
- 법인 세부담 상한 폐지는 특혜 철회일 뿐이다.
- 법인은 개인과 달리 무제한의 자산 축적이 가능하므로, 동일 상한을 보장하면 조세 회피 수단으로 악용될 수 있다.
- 따라서 상한 폐지는 형평성 회복 조치이며, 공익 달성을 위해 불가피하다.

② 패널 2(헌법재판소 입장) 보충
- 상한은 입법자가 정책적 고려로 두는 것일 뿐, 헌법상 당연히 보장되는 권리가 아니다.
- 상한을 없애더라도 법률에 의해 규정된 세율과 과세표준이 적용

되는 것이므로, 조세법률주의에 위반되지 않는다.
- 공익적 목적(가격 안정, 형평성)이 크므로 헌법적으로 정당하다.

③ 패널 3(종부세 반대) 반박
- "특혜 철회"라는 표현 자체가 잘못이다. 세부담 상한은 특혜가 아니라 보유세의 본질적 안정 장치다.
- 부동산 보유세는 매년 반복되는 생활 밀착형 세금이다. 이를 상한 없이 폭증시킬 수 있게 두는 것은 법적 안정성을 붕괴시키는 조치다.
- 실제 2021년에는 법인 종부세가 최소 10배, 많게는 100배 폭증했다. 기대임대소득의 3~5배 수준으로 과세되어 사실상 재산권의 본질적 내용을 침해했다.
- 상한 폐지를 "형평성 회복"이라고 주장하지만, 결과는 형평이 아니라 극심한 불형평이었다. 동일한 자산을 가진 개인과 법인 간 세부담 차이는 50배까지 벌어졌다. 이것이야말로 평등권 침해다.

④ 패널 4(글로벌 스탠다드 관점) 반박
- 국제적으로 보유세 상한이 없는 나라가 없다. 미국은 연 2~6%, 일본은 연 5%, 유럽은 임대가치 기준으로 산정하여 원본 침식을 방지한다.
- 한국은 상한을 없애면서 동시에 공시가격 현실화, 공정시장가액비율 인상, 세율 인상, 합산배제 축소까지 겹쳤다. 이는 전 세계 어디에도 없는 삼중·사중 과세 레버리지다.

- 상한제 폐지로 임대법인 상당수가 사실상 파산 위기에 몰렸으며, 임차인의 거주 안정성까지 직접적으로 위협받았다.
- 상한제는 특혜가 아니라 국민·기업의 장기적 예측 가능성을 보장하는 최소한의 안전장치인데, 이를 제거한 것은 국제 기준에 전면 배치된다.

⑤ 교차 논쟁의 핵심 포인트

상한제의 성격
- (패널1·2) 특혜 → 철회 정당
- (패널3·4) 안정 장치 → 폐지는 법적 안정성 붕괴

형평성 논리
- (패널1·2) 개인과 법인의 차이를 고려한 정당한 차등
- (패널3·4) 동일 자산에 50배 차이는 형평이 아니라 불형평

국제비교
- (패널1·2) 한국 특수성 강조
- (패널3·4) 국제 모든 국가가 상한 보유 → 한국은 유일무이한 위반 사례

헌법적 쟁점
- (패널1·2) 입법재량 범위
- (패널3·4) 재산권 본질적 침해, 평등권 침해, 법적 안정성 훼손

| 사회자 평가와 결론 |

오늘 토론을 통해 분명히 드러난 사실은 다음과 같습니다.

법인 세부담 상한은 특혜가 아니라 안정 장치
- 보유세는 매년 반복되는 생활 밀착형 세금이므로, 상한은 국민·법인의 장기적 예측 가능성을 보장하는 최소한의 제도입니다.
- 이를 특혜라고 규정한 패널1·2의 주장은 실질을 외면한 것입니다.

실제 2021년의 충격적 세부담
- 법인 종부세는 최소 10배, 최대 100배 폭증하였고, 이는 기대임대소득의 3~5배를 초과했습니다.
- 이는 명백히 재산권의 본질적 내용을 침해한 것으로, 헌법 제23조·제37조 위반 소지가 큽니다.

형평성 악화
- 동일한 자산 가치에 대해 개인과 법인 간 50배 차이가 발생한 것은 형평성 개선이 아니라 오히려 조세평등주의의 중대한 침해입니다.

국제적 기준 위반
- OECD·G20 모든 국가가 보유세의 급등을 막는 상한 장치를 두고 있습니다.
- 한국의 상한 폐지는 세계 어디에도 없는 전례 없는 조치로, 국제조세법 원칙에도 정면 배치됩니다.

| 최종 결론 |

따라서, 2021년 법인 종부세 상한 폐지는 조세법률주의 위반이자 헌법적 안정성·재산권·평등권 보장의 원칙을 모두 훼손한 입법이라 할 수 있습니다.

이는 단순한 정책적 조정이 아니라, 국민과 법인에 대한 예측 가능성을 붕괴시키고, 국제적 기준에서도 낙제점을 받을 수밖에 없는 잘못된 입법이었음이 확인됩니다.

➡ 정리하자면, 법인 세부담 상한 폐지는 특혜 철회가 아니라 안정장치의 붕괴였으며, 그 결과 헌법적 가치와 글로벌 스탠다드 모두 위반했다는 점이 이번 토론의 핵심 결론입니다.

3. 소토론 주제 - 민간임대주택의 과세전환 문제

| 사회자 발제 |

1) 프레임: 무엇이 문제인가
- 사실관계: 2005년 종부세 도입 이후 2020년까지 민간임대주택은 종부세 합산배제(면제) 대상으로 운영 → 2020.7.10. 제도개편으로 등록 말소·축소가 진행되고 2021 귀속분부터 광범위한 과세전환.

• 핵심 쟁점:

① 국가가 장기간 장려·면제를 약속해온 제도를 단기간에 과세전환 → 납세자의 신뢰보호·법적 안정성 훼손 여부.

② 임대공급을 떠받치는 제도 축(합산배제)을 해체하면서, 종부세(공시가·공정시장가액비율·세율 상향과 결합)가 기대임대소득을 상회하는 수준으로 급증 → 재산권 본질 침해와 사회·임대시장 파급.

③ 헌법재판소의 2024.2.28. 합헌 논리("등록말소 자체는 예측 가능·임차인 보호 목적")가 종부세와의 직접 연계 효과를 충분히 심사했는지.

2) 사실관계·타임라인(요지)

- 2005~2020: 전 정권 일관되게 민간임대 등록 장려+종부세 합산 배제.
- 2020.7: 단기·일부 유형 등록제 대폭 축소/말소.
- 2021 귀속: 과세전환 + 동시기 공시가격 급등, 공정시장가액비율 95%, 세율 중과, 법인 상한·공제 폐지 등 복합 상향 → 다수 임대사업자에게 세부담 급증(기대임대소득 2~4배 초과 구간 다수).
- 2022~2024: 부작용 표면화(임대공급 위축·전세불안 등) → **부분적 보완·완화**(일시적 2주택 유예 규정 신설·확대, 일부 합산배제 복원·완화 논의 등).

3) 법리 프레임: 신뢰보호·법적 안정성

- 신뢰보호 원칙 요건(전형)

① 국가가 장기간 반복·명시적으로 유인(등록 장려, 합산배제 공표·운영),

② 납세자가 그 유인에 의존해 비가역적 투자·계약(장기임대, 전세보증금 설정, 차입)

③ 급격한 제도 전환이 과도한 불이익을 초래,

④ 충분한 경과·완충장치 부재.

- 본 사안 적용: ①~④가 모두 강하게 충족. 특히 부동산·임대는 비유동 자산·장기계약 산업이기에 '수개월 예고'는 실질적 회피·조정이 불가능.

4) 예측가능성(Procedural vs. Substantive)

- 형식적 예고(공표·시행유예)와 실질적 예측가능성은 별개.
- 2021년에는 과표·공정시장가액비율·세율·공제·상한·등록제가 동시에 상향 또는 폐지되어 세부담이 연 단위로 수배 급등 → 실질적 예측가능성 부정.

5) 임대시장·사회적 파급

- 주택가구의 약 42.2%가 임차, 그 80%+가 민간임대. 임대사업자 세부담 급증은 임대료 인상 압력·공급 축소·전세보증금 반환 리스크 증대로 직결.
- "등록말소가 임차인 보호"라는 도식은 현장 실증과 역행: 등록축소 → 전세사고·공실 리스크 증대, '똘똘한 1채' 쏠림 심화.

6) 헌법재판소 합헌 논리에 대한 토론 쟁점
- 종부세와의 연계심사 부재: 등록말소 '그 자체'만 심사하면, 실제 세부담폭증(재산권·평등 침해)이라는 핵심 효과를 놓치게 됨.
- 예측가능성 판단의 협소성: "전혀 예측 불가라고 보기 어렵다"는 추상판단 vs. 비유동 자산·장기계약 특성에 비춰 본 실질 예측가능성.
- 법익형량: 임차인 보호라는 공익 목표가, 임대공급 위축·전세불안이라는 역효과를 상회했는지 실증 검증이 필요.

7) 국제 비교(요지)
- 다수 국가: 임대공급은 **별도 세제트랙**(감가·낮은 세율·장기경과 규정)으로 안정성 보장.
- 보유세 급변을 상한·경과로 제어(미: 연 2~6% 상한, 일: 3년 평가·연 5% 한도 등).
- 등록제 축소를 하더라도 장기 경과·완충과 핵심 공공목표(임차인 보호)가 충돌하지 않도록 정교한 보완(임대료 규정·보증금 보호장치·세제완충)을 병행.

8) 데이터·사례 포인트(토론용)
- (가상의 표준 전월세 지표 적용 시) 2021년 다수 민간임대의 순현금흐름이 종부세·지방세 합계로 음(-) 전환된 사례 다수 → 부동산 매각 압력과 임대료 전가 유발.
- 법인·개인 임대사업자 모두에서 기대임대소득 대비 2~4배 과세

구간 발생.
- 전세보증금 반환 지연·사고 증가 사례와 시계열을 연동 비교 필요.

9) 최근 완화 흐름의 함의
- 정부·국회가 2022~2024년 일시적 2주택 유예, 일부 합산배제 복원·완화, 공정시장가액비율 인하(60%) 등 점진 완화를 추진·시행.
- 이는 초기 과세전환의 과도성·부작용을 사실상 인정한 정책 시그널로 해석 가능.

핵심 쟁점 정리(패널 토론 가이드)

① 신뢰보호: 20년 누적 장려·면제를 한꺼번에 뒤집을 때, 어느 정도의 경과·상한·보완이 필요했는가?

② 예측가능성: 부동산·임대의 비유동성을 고려한 '실질 예측' 기준에서 2021년의 동시 상향·전환은 정당했는가?

③ 법익형량: 임차인 보호라는 공익은 실제 임대공급 위축·전세불안이라는 사익침해·사회비용을 상회했는가?

④ 종부세 연계 심사: 등록말소 '독립' 심사가 아니라, 종부세 급등과 결합한 총효과를 기준으로 헌법적 심사가 이뤄져야 하는가?

⑤ 대안 가능성: 등록제 개편을 하더라도 장기 경과(예: 5~8년), 연간 총세부담 상한(예: +10~15%), 임대용 별도과세 트랙, 보증금 보호장치로 충격 최소화가 가능했는가?

패널 토론

패널 1 · 종부세 찬성입장

- **장기적 맥락에서 본 정책적 불가피성**
  - 민간임대주택 등록제는 초기에는 임차인 주거안정을 유도하고 임대공급을 늘리는 순기능이 있었습니다. 그러나 시간이 지나면서 본래 취지를 벗어나 다수의 임대사업자가 세제 혜택을 악용하거나, 사실상 투기적 수단으로 활용한다는 지적이 누적되었습니다.
  - 정부는 임대차시장의 불안정, 특히 전세사기와 임대사업자 등록 남용 문제를 방치할 수 없었기에, 2020년 제도개편을 통해 민간임대 등록을 축소·말소하고 종부세 과세전환을 단행한 것입니다. 이는 단순히 "국가가 약속을 어겼다"는 문제가 아니라, 변동된 경제·사회 상황에 따라 정책적 수정이 불가피했다는 맥락에서 이해해야 합니다.

- **신뢰보호 원칙의 한계**
  - 신뢰보호 원칙이 무제한적으로 작동할 수는 없습니다. 법적 상태가 영구히 유지될 것이라는 기대는 본질적으로 제한될 수밖에 없고, 특히 부동산 정책과 조세 정책은 경기 변동, 가격 폭등, 사회적 불평등 심화 등 외부 환경에 따라 조정될 필요가 있습니다.
  - 따라서 임대사업자들이 "정부가 계속 면제해줄 것이라 믿었다"는 주장은 과도합니다. 헌법재판소가 말한 대로, 등록 말소 가능성은 충분히 예측 가능했고, 신뢰보호 원칙의 보호가치가 제한적이었다

고 보는 것이 합리적입니다.
- 예측 가능성 문제에 대한 반론
  - 정부는 2020년 7월 개정과 함께 제도 변화와 시행 시점을 명확히 공표했고, 실제 적용은 일정한 유예 기간을 두고 이뤄졌습니다. 부동산이 비유동적 자산이라는 점은 인정하지만, 정책 발표 직후 상당수 임대사업자들이 사업계획을 조정하거나 매각을 고려하는 등 대응을 했다는 점에서 "완전히 예측 불가능했다"는 주장은 설득력이 떨어집니다.
- 임차인 보호라는 공익
  - 민간임대 등록이 유지되는 동안 일부 임대사업자들은 과세 혜택만 받고, 실제 임대차시장에서 임차인의 권리를 제대로 보장하지 않는 사례가 많았습니다.
  - 등록제 폐지와 과세전환을 통해 임대차시장에 보다 투명한 과세구조를 마련하고, 세제 혜택을 통한 시장 왜곡을 줄임으로써 임차인 보호라는 더 큰 공익을 달성할 수 있었습니다.
  - 전세사기나 임대료 급등은 종부세 과세전환만이 아니라, 전세제도 특유의 구조적 문제·금융환경 변화 등 복합 요인에 따른 결과라는 점도 간과해서는 안 됩니다.
- 국제적 맥락과 형평성
  - 해외 주요국에서는 민간임대사업자에게 광범위한 종부세 면제를 주는 경우가 드뭅니다. 오히려 임대소득 과세를 강화하거나, 보유세와 연계해 임차인의 주거권을 보호하는 방향으로 정책을 운영합니다.

- 우리나라가 과거 민간임대사업자에게 지나친 세제 혜택을 제공해 온 것이 예외적이었다고도 볼 수 있습니다. 따라서 종부세 과세전환은 국제적 기준에 맞춰 형평성을 회복하려는 조치로 해석될 수 있습니다.

정리:

민간임대주택 과세전환은 단기적으로는 일부 사업자에게 충격을 주었지만, 장기적으로는 시장 왜곡을 줄이고 임차인의 권리를 보호하며, 고액 부동산 보유에 따른 형평성을 제고하기 위한 불가피한 정책 조정이었다. 신뢰보호 원칙은 무제한적이지 않으며, 조세법은 사회·경제적 환경에 따라 개정될 수밖에 없다는 점에서 종부세 과세전환은 정당하다.

패널 2 · 헌법재판소 입장

- 헌법적 심사 기준
  - 헌법재판소는 조세법과 관련하여 "입법 목적의 정당성과 수단의 합리성"을 중시합니다. 신뢰보호 원칙은 중요한 헌법 원칙이지만, 경제·사회 환경의 급변 상황에서 입법자가 정책을 수정할 필요성이 있을 때는 제한적으로만 작동합니다.
  - 특히 주택정책과 조세정책은 시장 불안정, 가격 급등, 불평등 심화 등과 직결되므로, 정책의 안정성뿐 아니라 정책의 유연성도 헌법

적으로 존중받아야 합니다.
- 민간임대주택 등록제의 성격
  - 민간임대주택 등록은 임차인 보호와 주거 안정이라는 공익적 목적에서 도입되었습니다. 그러나 시간이 지나면서 제도가 세제 혜택을 통한 투기 수단으로 활용되는 문제가 발생했습니다.
  - 정부는 2020년 개정을 통해 단기·아파트 민간임대 등록을 폐지하고 종부세 합산 배제 혜택을 축소했는데, 이는 시장 왜곡을 교정하기 위한 정책적 결단으로 평가됩니다.
- 신뢰보호 원칙에 대한 판단
  - 헌재는 민간임대 등록이 법적으로 영구히 보장될 것이라는 기대는 보호가치가 제한적이라고 보았습니다.
  - 왜냐하면, 주택 정책은 경제 상황과 정책 방향에 따라 언제든 변경될 수 있는 성격을 가지며, 임대사업자들도 제도의 불완전성과 변동 가능성을 인식할 수 있었기 때문입니다.
  - 따라서 등록 말소와 종부세 과세전환이 신뢰보호 원칙을 침해하지 않는다고 판단했습니다.
- 예측 가능성과 경과조치
  - 정부는 2020년 7월 10일 제도개편 방안을 발표하고, 일정 유예 기간 후 시행에 들어갔습니다. 이는 정책 변경에 따른 최소한의 예측 가능성과 적응 기간을 부여한 것으로 볼 수 있습니다.
  - 주택의 비유동성(매각 어려움)을 감안하더라도, 사업자들이 제도 변경을 전혀 예상하지 못했다거나 대응할 시간을 전혀 가지지 못했다는 주장은 과장된 측면이 있다고 보았습니다.

- 임차인 보호와 공익
  - 헌재는 특히 임차인의 장기적 주거 안정 보장을 중요한 공익으로 보았습니다.
  - 일부 임대사업자들은 종부세 감면 혜택을 받으면서도 임차인의 권익을 충분히 보호하지 않았고, 등록제 남용이 사회적 문제를 야기했습니다.
  - 따라서 종부세 과세전환은 임대차시장의 투명성과 공정성 제고, 임차인 권익 보호라는 공익 실현을 위해 불가피했다고 판시했습니다.

결론
- 종합적으로 볼 때, 민간임대주택 등록 말소와 종부세 과세전환은 신뢰보호 원칙에 대한 침해가 아니며, 법적 안정성을 해친다고 단정할 수 없습니다.
- 조세법은 사회적 필요와 공익에 따라 변화할 수 있는 것이고, 이번 조치는 부동산 가격 안정과 임차인 보호라는 중대한 공익을 달성하기 위한 정당한 입법조치라고 보았습니다.

정리 : 헌법재판소의 시각은, 민간임대주택 과세전환은 납세자의 신뢰이익을 무제한적으로 보장할 수 없는 영역이며, 예측 가능성과 공익적 필요성이 충족되었으므로 헌법적으로 정당하다는 것입니다.

패널 3·종부세 반대입장

- **신뢰보호 원칙의 근본 위배**
  - 민간임대주택사업은 역대 정부가 일관되게 국가적 장려 정책으로 추진해 온 영역이었습니다. 세제 혜택(재산세·종부세 감면, 양도세 혜택 등)은 단순한 특혜가 아니라, 임차인의 거주 안정 보장을 위한 제도적 장치였습니다.
  - 따라서 사업자들은 정부 정책을 신뢰하고 장기 임대사업에 뛰어들었습니다. 그런데 2020년 갑작스러운 세법 개정으로 종부세 감면이 철회되고 과세 전환이 이루어진 것은, 사실상 정부가 스스로 세운 제도를 뒤집은 것입니다.
  - 헌재는 "예측 가능했다"고 판시했지만, 이는 현실을 무시한 형식적 논리입니다. 국민은 정부가 수십 년간 독려한 정책을 하루아침에 뒤엎을 것이라고 상상조차 하지 못했습니다. 이것이 바로 신뢰보호 원칙의 위배입니다.

- **법적 안정성의 심각한 파괴**
  - 문재인 정부는 2020년 7월에 제도를 바꿨고, 불과 몇 달 뒤인 2020년 11월 고지된 2020년분 종부세부터 바로 과세를 강화했습니다.
  - 주택은 유동성이 극히 낮은 자산입니다. 4~5개월 안에 주택을 매각하거나 구조를 조정할 수 있다는 전제 자체가 비현실적입니다.
  - 결국 다수의 임대사업자들은 대책을 마련할 틈도 없이 종부세 폭탄을 맞았고, 법적 안정성이 근본적으로 붕괴되었습니다.

- 재산권과 평등권 침해
  - 2021년 종부세 과세 전환으로 다수의 임대사업자들이 기대임대소득의 3~5배를 초과하는 종부세를 부담하게 되었습니다. 이는 헌법 제23조 재산권 보장 조항과 제37조 제2항의 본질적 내용 보장 원칙을 정면으로 침해하는 조치였습니다.
  - 동일한 가격의 주택을 보유했음에도 자가거주 1주택자는 거의 종부세가 없고, 임대사업자는 폭탄 수준의 과세를 맞았습니다. 이는 평등권 침해이자 조세평등주의의 정면 위반입니다.
- 임차인 주거 안정과의 역설
  - 헌재와 정부는 "임대사업자 과세 전환이 임차인의 주거 안정에 기여한다"고 주장했지만, 실제 현실은 정반대였습니다.
  - 종부세 폭탄으로 임대사업자들은 보증금을 반환하지 못하는 사례가 속출했고, 전세 사기와 보증금 미반환 사태가 대대적으로 발생했습니다.
  - 즉, 과세 전환은 임차인의 주거 안정이 아니라 주거 불안정의 직접적 원인이 되었습니다. 지금 정부가 다시 임대사업자에 대한 종부세 감면으로 돌아가고 있는 현실이, 당시 과세 전환이 잘못이었음을 스스로 입증합니다.
- "투기수단 악용"이라는 주장에 대한 반박
  - 임대사업자가 일부 제도를 남용한 사례가 있었다면, 그것은 별도의 규율이나 제재로 해결할 문제입니다.
  - 그런데 이를 빌미로 전체 임대사업자에게 종부세 폭탄을 부과한 것은, 사실상 투기 방지를 명목으로 한 재산권 몰수입니다. 이는

공익과 사익의 균형을 고려한 조세입법이 아니라, 특정 계층을 희생양으로 삼은 정책적 응징에 불과합니다.

- ▪ 국제비교와 정책 일관성 문제
- • 해외에서는 임대주택 공급을 장려하기 위해 세제 혜택을 유지하거나 장기 임대에 대해 안정적 지원을 제공합니다.
- • 한국처럼 갑작스럽게 혜택을 철회하고, 오히려 세금 폭탄을 부과하여 임차 시장을 혼란시킨 사례는 찾아보기 어렵습니다. 이는 국제적 조세 안정성 원칙과도 배치됩니다.

결론

민간임대주택 과세 전환은
- • 신뢰보호 원칙을 정면으로 깨뜨렸고,
- • 법적 안정성을 무너뜨렸으며,
- • 재산권과 평등권을 침해했고,
- • 결국 임차인의 거주 안정이라는 공익마저 훼손한 조치였습니다.

따라서 이는 헌법적 정당성을 상실한 입법 조치이며, 종부세 반대 입장에서는 반드시 시정되어야 할 대표적 위헌 사례라고 할 것입니다.

패널 4 · 글로벌 스탠다드 관점

- ▪ 국제적 원칙: 조세의 예측 가능성과 법적 안정성
- • 조세제도의 기본 전제는 안정성과 예측 가능성입니다.

- OECD, EU 등 선진국들은 주택 임대시장 안정성을 중요시하여, 임대사업자에 대한 세제 정책을 장기간 일관되게 유지하는 것이 일반적입니다.
- 갑작스러운 혜택 철회나 과세 전환은 시장을 혼란시키고 임차인 보호에도 역행하기 때문에, 해외에서는 드문 사례입니다.

▪ 해외 사례와 비교
- 미국: 대부분의 주정부가 임대주택에 대해 지방 재산세 감면·공제를 제공하며, 갑작스러운 철회는 거의 없습니다. 임대인-임차인 계약 안정성을 최우선으로 합니다.
- 독일: 장기 임대 계약을 촉진하기 위해 세제 혜택을 유지하며, 법 개정 시에도 수년간의 유예기간을 둡니다.
- 일본: 임대주택 공급 확대를 위해 '고정자산세 감면', '상속세 완화' 등을 제공합니다. 정책 변경 시에도 소급적·급격한 변경은 피합니다.
- → 이와 달리 한국은 2020년 불과 몇 달 만에 정책을 뒤집고, 임대주택을 세금 폭탄 대상으로 전환했습니다. 이는 글로벌 스탠다드와 극명히 배치됩니다.

▪ 신뢰보호와 투자 안정성
- 임대사업자는 단순한 개인투기자가 아니라, 임차인의 주거권을 담보하는 사회적 주체입니다.
- 따라서 선진국은 임대사업자에 대한 세제 인센티브를 '투기억제'가 아니라 '시장 안정' 관점에서 설계합니다.
- 한국처럼 신뢰를 깨고 단기간에 세부담을 몇 배 폭등시키는 조치

는 국제적으로 "정책 일관성 부재"로 평가될 수 있으며, 장기적으로 부동산 시장 신뢰를 손상시킵니다.

- **임차인 주거 안정과의 관계**
- 정부와 헌재는 과세 전환이 "임차인의 주거권 보호"라고 주장했지만, 이는 국제 비교에서 설득력이 없습니다.
- 해외에서는 임대사업자가 안정적으로 공급을 유지할 수 있도록 **세부담을 완화하여** 임차인의 거주 안정성을 확보합니다.
- 한국의 경우 오히려 세금 폭탄으로 임대사업자가 주택을 매각하거나 파산하게 되어, 전세 사기·**보증금 미반환** 사태 등 임차인 피해가 급증했습니다. 이는 국제 기준에서 볼 때 "공익 보호 실패"에 해당합니다.
- **최근의 정책 수정이 시사하는 점**
- 현 정부가 다시 민간 임대주택에 대한 종부세 감면을 확대하고 있는 것은, 사실상 과세 전환이 잘못되었음을 스스로 자인한 것에 가깝습니다.
- 이는 국제적으로도 "정책 오류 수정"으로 평가될 수 있으며, 장기적으로는 세제 안정성 회복을 위한 긍정적 신호로 볼 수 있습니다.

결론

민간 임대주택 과세 전환은
- 국제적 조세 안정성 원칙에 반하고,
- 임차인 주거권 보호라는 공익에도 실패했으며,
- 정책 일관성을 훼손한 사례로 평가됩니다.

글로벌 스탠다드에서 보면, 임대주택은 장기 거주 수요를 충족시키는 핵심 인프라이며, 따라서 세제는 안정적이고 예측 가능한 방식으로 운용되어야 합니다. 한국처럼 갑작스러운 전환과 과세 폭증은 국제적으로도 부적절한 것으로 평가될 수 있습니다.

| 교차 토론 |

① 신뢰보호 원칙 위배 여부

• 패널 1(종부세 찬성):

임대주택 등록은 언제든 정책상 변경될 수 있고, 납세자도 이를 충분히 예상할 수 있었다. 따라서 신뢰보호 원칙을 주장하기 어렵다.

• 패널 3(종부세 반대):

그러나 문제는 예상 가능성의 정도다. 단순히 가능성이 있다는 것과 실제로 단기간에 혜택 철회·과세 전환이 이루어져 임대사업자에게 기대임대소득의 5배 세금이 부과된 것은 전혀 다른 문제다. 국민이 합리적으로 예측할 수 없는 급격한 변화였으므로 신뢰보호 위반이 명백하다.

• 패널 4(글로벌 스탠다드):

해외에서는 유예기간 최소 3~5년을 두고 정책을 바꾼다. 한국처럼 불과 수개월 만에 정책을 뒤집고 세금을 수배로 늘리는 사례는 드물다. 국제 기준으로 보면 신뢰보호 원칙을 정면으로 위반한 것이다.

② 임차인 보호 논리

• 패널 2(현재 입장):

임대등록 말소와 과세 전환은 임차인의 주거권을 보호하기 위한 조치다. 임대사업자가 등록 제도를 악용해 투기를 조장하는 부작용을 차단할 필요가 있었다.

• 패널 3(종부세 반대):

실제로는 반대다. 세금 폭탄으로 임대사업자가 주택을 급매하거나 파산하면서 임차인의 보증금 반환이 불가능해지고, 전세사기가 폭발적으로 늘어났다. 결과적으로 임차인의 주거 불안정이 커졌다.

• 패널 4(글로벌 스탠다드):

국제적으로 임차인 보호는 임대인의 세부담을 완화해 임대공급을 안정시키는 방식으로 달성된다. 한국처럼 세부담을 급격히 높여 임대시장을 불안정하게 만든 정책은 "임차인 보호"라는 명분과 완전히 배치된다.

③ 조세법률주의와 법적 안정성

• 패널 1·2:

법 개정에 따라 과세 전환이 이루어진 것일 뿐이며, 이는 입법자의 정책 재량이다. 준비기간도 일부 주어졌기 때문에 예측 가능성이 침해된 것은 아니다.

• 패널 3:

그러나 법 개정과 과세 시점의 간격이 불과 4~5개월이었다. 임대사업자는 계약 구조상 단기간에 주택을 처분하거나 전환할 수 없으므로 사실상 준비기간은 없었다. 조세법률주의의 핵심인 법적 안정성이 무너졌다.

• 패널 4:

선진국에서는 세부담이 갑작스럽게 3배, 5배 폭등하는 경우가 없도록 상한제·단계적 적용 장치를 둔다. 한국의 사례는 법적 안정성 측면에서 국제적으로도 부적절하다.

④ 공익 vs 사익의 균형

• 패널 1·2:

공익(임차인 보호, 투기 억제)이 더 크므로 일부 임대사업자의 이익 제한은 불가피하다.

• 패널 3:

종부세 과세 전환으로 얻어진 공익은 거의 없었다. 오히려 주택가격 상승, 전세사기, 임차인 불안정 등 부작용만 확대되었다. 공익은 미미했고, 사익 침해는 치명적이었다.

• 패널 4:

국제 비교로 보더라도 한국의 조치는 공익 성과는 미미하고, 사익 침해는 과도하다. 균형성 면에서 명백히 실패한 정책이다.

| 사회자 평가 및 결론 |

- 신뢰보호 측면
  - 임대주택 등록은 정부가 적극 권장했던 제도였으며, 그에 따라 사업자가 장기 계획을 세웠습니다.
  - 불과 수개월 만에 정책을 뒤집어 세금을 수배로 부과한 것은 "합리적 예측 가능성"을 심각히 훼손한 조치로 평가됩니다.
- 법적 안정성 측면
  - 조세법률주의는 법적 안정성과 예측 가능성을 핵심으로 합니다.
  - 해외는 단계적 완충 장치가 일반적이지만, 한국은 단기 시행으로 사실상 납세자의 대응 기회를 박탈했습니다.
- 공익 대 사익의 균형
  - 임차인 보호라는 공익은 오히려 달성되지 않았고, 전세사기와 임차인 불안정이라는 역효과만 발생했습니다.
  - 반면 임대사업자는 기대임대소득의 5배 세금을 부담하는 등 본질적 재산권 침해를 겪었습니다.
- 국제 기준에서의 평가
  - 선진국 사례와 비교할 때, 한국의 민간임대 과세 전환은 급격성·불안정성·역효과라는 세 가지 측면에서 글로벌 스탠다드와 크게 괴리됩니다.

| 결론 |

　민간 임대주택 과세 전환은 신뢰보호 원칙과 법적 안정성을 모두 침해한 조치였습니다. 임대사업자는 예측 불가능한 세금 폭탄으로 파산 위기에 몰렸고, 임차인은 전세사기·보증금 불안정으로 직접 피해를 입었습니다. 결국 공익은 달성되지 않았고, 사익 침해만 심각해졌습니다. 이는 헌법상 신뢰보호 원칙과 조세법률주의의 본질적 가치에 정면으로 위반되는 조치라고 결론지을 수 있습니다.

03

종부세 토론 주제 (4-3)

- 법률개정의 남용과 예측가능성 문제

| 사회자 발제 |

1) 문제 제기의 배경

종합부동산세는 2005년 도입 이후 여러 차례의 개정을 거쳤습니다. 그러나 특히 2021년 귀속 종부세는 그 어느 해보다 급격하고 복합적인 세부담 폭증을 초래했습니다.

당시 정부와 국회는 부동산 가격 안정을 이유로, 종부세의 과세 요소를 거의 동시에 상향 조정했습니다.

- 공시가격: 전국 평균 19%, 서울 일부 지역은 30% 이상 인상
- 공정시장가액비율: 90% → 95%까지 인상
- 세율: 다주택자·법인에 대해 최고 6%까지 대폭 인상
- 세부담 상한: 개인은 300%까지 상향, 법인은 상한 폐지
- 조정대상지역 확대: 사실상 전국 주요 도시가 포함

- 민간임대주택 합산배제 축소: 과세 전환으로 다수 임대사업자가 일시에 과세대상자로 편입

이처럼 거의 모든 과세요건이 동시에, 그리고 단기간에 개정되면서, 2021년 종부세는 전년 대비 2배에서 많게는 10배~100배까지 세부담이 폭증하는 사태가 발생했습니다.

2) 헌법적 쟁점

(가) 조세법률주의와 법적 안정성
- 헌법 제38조: 모든 국민은 법률이 정하는 바에 따라 납세의 의무를 진다.
- 헌법 제59조: 조세의 종목과 세율은 법률로 정한다.
- 이는 납세자가 자신의 세부담을 예측할 수 있도록 하는 명확성·안정성 원칙을 요구합니다.

그러나 2021년 종부세 개정은 단기간의 입법 남용으로, 납세자의 예측 가능성을 사실상 무력화시켰습니다. 특히 세율과 공정시장가액비율, 공시가격이 동시에 인상되면서, 동일한 주택을 보유한 납세자가 전년도보다 수십 배의 세금을 부과받는 결과가 발생했습니다.

(나) 재산권 침해
- 세부담 폭증은 기대임대소득을 초과하여 부과되었고, 일부 법인·다주택자의 경우 실효세율이 5~7%에 달했습니다.
- 이는 사실상 원본 자산을 침식·몰수하는 수준으로, 헌법 제23조의 재산권 보장과 제37조 제2항의 본질적 내용 침해 금지에 위반됩니다.

(다) 조세평등주의 위반
- 동일한 자산 가치에도 개인·법인, 주택 수, 지역 여부 등에 따라 세부담이 50배 이상 차이났습니다.
- 이는 헌법 제11조 평등원칙과 조세평등주의를 중대하게 침해한 것으로 평가됩니다.

3) 국제 비교
- 미국: 지방정부가 부과하며, 공시가격 인상률은 연 2~6% 상한.
- 일본: 3년마다 평가, 연간 세부담 증가는 5% 상한.
- 독일·프랑스: 임대가치를 기준으로 산정, 실효세율은 1% 미만 유지.

➔ 어느 나라에서도 한 해에 세부담이 수십 배 폭등하는 사례는 없으며, 보유세의 법적 안정성을 핵심 원칙으로 합니다.

4) 현재 진행형 문제

현 정부(2025년 기준)에서도 다시금 공정시장가액비율을 60%에서 80%로 상향 조정하는 방안을 검토하고 있습니다.
- 이는 과거 2021년 폭등 사태의 재현 가능성을 보여줍니다.
- 법률 개정이 국민의 예측 가능성을 보장하기보다는, 정치적 목적에 따라 세부담을 급격히 증폭시키는 수단으로 남용되고 있는 현실입니다.

5) 핵심 쟁점
- 입법 남용 문제
  - 단기간에 모든 과세요건을 상향 조정하는 방식이 헌법상 정당한가?
- 예측 가능성 상실
  - 국민이 장기적·합리적 재산 계획을 세울 수 없을 정도의 불안정성이 헌법적 가치와 양립 가능한가?
- 재산권 본질적 내용 침해
  - 기대임대소득을 초과하는 세금이 원본 재산을 침식한다면, 이는 사실상 몰수에 해당하지 않는가?
- 정치적 도구화 문제
  - 종부세 개정이 경제 논리보다 정치적 판단에 의해 좌우되는 것은 다수당의 횡포, 조세정책의 자의적 남용으로 평가할 수 있지 않은가?

6) 발제 결론
2021년 종부세의 법률 개정은 헌법적 가치와 조세법률주의의 기본 원칙을 훼손한 전형적인 입법 남용 사례라 할 수 있습니다.
- 단기간의 급격한 변경으로 납세자의 예측 가능성을 상실시켰고,
- 그 결과 일부 납세자에게는 사실상 원본 재산의 몰수에 해당하는 과세를 초래했으며,
- 국제적 기준과 비교해도 전례 없는 과도한 조치였습니다.
- ➔ 따라서 이번 토론의 핵심은, 종부세 개정이 단순한 정책적 조정이 아니라 헌법상 법적 안정성과 조세법률주의를 침해한 심각한 남용이었는가라는 점입니다.

| 패널 토론 |

패널 1 · 종부세 찬성입장

1) 조세법률주의와 입법재량

헌법 제59조는 조세의 종목과 세율은 법률로 정한다고 규정합니다. 이는 국민이 세부담의 근거와 범위를 법률을 통해 예측 가능하게 알 수 있어야 한다는 의미이지, 세법의 변경이 금지된다는 뜻은 아닙니다.

- 입법자는 사회경제적 여건 변화에 맞춰 세제를 조정할 재량권을 가집니다.
- 특히 종부세처럼 부동산 시장과 밀접하게 연동된 세목은 시장 상황에 따라 정책적 조정이 불가피합니다.

2) 법률 개정의 필요성과 정당성

2020~2021년은 전국적으로 주택 가격이 급등하면서 사회 전반에 심각한 자산 불평등과 투기적 수요 문제가 발생했습니다.

- 서울과 수도권 일부 아파트의 가격은 단기간에 수억 원씩 상승했고, 주택 보유 여부에 따라 계층 간 자산 격차가 급격히 확대되었습니다.
- 정부는 이러한 상황에 대응하기 위해 공시가격 현실화, 공정시장가액비율 조정, 세율 인상 등 종합적 조치를 시행했습니다.
  - 이는 시장 불안정을 억제하고, 고액 자산가와 일반 서민 간 세부담의 불

평등을 완화하기 위한 조치였습니다.

따라서 종부세 개정은 "남용"이 아니라 불가피한 정책적 대응이었습니다.

3) 법적 안정성과 국민의 예측 가능성

종부세 반대측에서는 2021년 종부세 세부담 폭증이 납세자의 예측 가능성을 무너뜨렸다고 합니다. 하지만 다음과 같은 점을 고려해야 합니다.

① 공시가격 현실화 계획은 2020년 11월에 정부가 장기 로드맵으로 공개했습니다. → 납세자들은 공시가격 상승이 예정되어 있음을 알 수 있었습니다.

② 공정시장가액비율 상향 역시 이미 2019년 개정으로 연도별 상향 조정이 법에 반영되어 있었던 것입니다. → 갑작스러운 조치가 아니라 단계적 인상이었습니다.

③ 세율 인상은 국회를 거친 법률 개정으로, 모든 국민에게 공표되었으며, 적어도 6개월 이상의 준비기간이 있었습니다.

즉, 납세자 신뢰보호와 법적 안정성은 완전히 무시된 것이 아니라, 입법 과정에서 충분히 고려되었다고 할 수 있습니다.

4) 공익과 사익의 균형

법률 개정으로 납세자 일부가 불이익을 받는 것은 사실입니다. 그러나 헌법 제37조 제2항은 공공복리를 위해 재산권 제한이 가능하다고 규정합니다.

- 주택 가격 안정과 조세 형평성 회복이라는 공익은 매우 중대합니다.
- 반면, 일부 고액 자산가들의 세부담 증가는 개인적 불이익이지만, 이는 사회 전체의 형평성과 비교했을 때 감내 가능한 수준입니다.

따라서 입법자가 선택한 조치는 공익과 사익의 균형을 고려한 결과라고 평가할 수 있습니다.

5) 국제적 시각에서의 정당성

해외에서도 세법은 빈번하게 개정됩니다.
- 미국, 독일, 영국 모두 경기 상황, 자산 가격, 재정 수요에 따라 세율이나 평가 기준을 자주 조정합니다.
- 법률 개정의 빈번함 자체가 곧바로 법적 안정성 위반은 아니며, 중요한 것은 입법 목적의 정당성과 절차적 투명성입니다.

2021년 종부세 개정은 국회를 거친 민주적 절차에 따른 것이므로, 조세법률주의 원칙에 어긋난다고 보기 어렵습니다.

결론

종부세의 수차례 개정은 법적 안정성에 다소 부담을 준 것은 사실이지만, 그것이 곧 헌법 위반이나 조세법률주의 침해라고 단정할 수는 없습니다.
- 납세자는 공시가격 현실화 계획, 세율 개정 법률 등을 통해 충분히 변화 방향을 예측할 수 있었고,
- 입법 목적은 사회적 불평등 해소와 시장 안정이라는 중대한 공익

을 겨냥했으며,
- 국제적으로도 세법 개정은 빈번하게 이루어지는 보편적 현상입니다.

따라서 저는 종부세 개정을 "법률 개정의 남용"으로 단정하기보다는, 당시 사회경제적 필요에 따른 정당한 입법 조치로 보아야 한다는 입장을 강조합니다.

패널 2 · 헌법재판소 입장

1) 조세법률주의의 핵심 취지

헌법 제59조는 조세의 종목과 세율은 법률로 정하도록 규정합니다. 이는 국민의 조세부담이 의회의 민주적 통제를 거쳐야 한다는 원칙이지, 세법을 자주 바꾸지 말라는 뜻은 아닙니다.
- 입법자는 조세정책을 통해 경제 · 사회 현실의 변화를 반영할 수 있어야 하며,
- 조세법률주의는 입법권이 국회에 귀속됨을 보장하는 원칙이지, 세부담이 일정해야 한다는 원칙은 아닙니다.

2) 종부세 개정의 배경과 정당성

2020년 이후 주택가격 급등, 법인을 통한 주택 매입 증가, 투기적 수요 확대는 사회적 문제였습니다.
- 국가는 이를 억제하고 무주택자 및 실수요자를 보호할 필요가 있

었습니다.
- 따라서 세율 인상, 공정시장가액비율 상향, 공시가격 현실화 등 일련의 조치는 이러한 사회적 필요를 반영한 정당한 입법 행위였습니다.

즉, 개정은 단순한 남용이 아니라 헌법상 공익 실현을 위한 합리적 입법재량이었습니다.

3) 법적 안정성과 예측 가능성

종부세 반대측에서는 종부세 세부담이 급증하여 예측 가능성이 무너졌다고 주장합니다. 그러나 헌재는 다음과 같이 판단했습니다.

① 공시가격 현실화 로드맵: 정부가 이미 2020년 발표하여 국민에게 충분히 공개되었습니다.

② 공정시장가액비율 상향: 2019년 개정으로 매년 상향 조정이 예정되어 있었습니다.

③ 세율 개정: 국회에서 법률로 확정·공포되었고, 최소 6개월의 준비기간이 있었습니다.

즉, 납세자에게 예측 불가능한 "돌발적 조세부담"이 아니라, 단계적·공개적 절차에 따른 입법이었습니다.

4) 과도한 세부담 문제에 대한 입장

2021년 귀속 종부세 부담이 일부 납세자에게 전년 대비 수배 이상 증가한 것은 사실입니다. 그러나:
- 이는 일시적 시장 급등과 맞물린 특수 상황에서 발생한 결과이며,

- 헌재는 "과세가 재산권의 본질적 내용을 침해하지 않는다"고 보았습니다.

즉, 세금으로 인해 주택을 처분할 수 없는 정도로 "질식적 과세"에 이른 것은 아니며, 여전히 재산권의 사적 유용성이 보장된다는 것입니다.

5) 공익과 사익의 균형

헌법 제37조 제2항에 따라, 공공복리를 위해 재산권은 제한될 수 있습니다.
- 종부세 개정으로 얻어지는 공익: 부동산 투기 억제, 자산 불평등 완화, 주거 안정 확보.
- 반면 침해되는 사익: 일부 다주택자·법인의 세부담 증가.

헌재는 이 균형을 고려하여, "공익이 더 크다"고 판단했습니다. 따라서 조세법률주의와 신뢰보호 원칙은 위반되지 않았다고 본 것입니다.

결론

- 조세법률주의는 조세가 국회 입법을 거쳐야 한다는 원칙이지, 세부담을 정체시켜야 한다는 원칙이 아닙니다.
- 종부세 개정은 당시 시장 상황과 사회적 필요에 따른 입법재량의 행사였으며, 국민에게 사전 고지와 준비기간이 부여된 만큼 예측 가능성도 유지되었습니다.
- 일시적 세부담 급등은 있었으나, 헌법이 금지하는 수준의 재산권 본질 침해에는 이르지 않았습니다.

따라서 종부세의 법률 개정은 조세법률주의에 합치되고, 납세자 신뢰보호와 법적 안정성을 침해하지 않는다는 것이 헌법재판소의 일관된 입장입니다.

패널 3 · 종부세 반대입장

1) 형식적 예고가 곧 예측 가능성은 아니다

패널 1과 2는 정부가 6개월 전에 세법 개정을 공표했으니 예측 가능성이 보장되었다고 말합니다. 하지만 이것은 현실을 모르는 주장입니다.

- 주택 거래의 특성: 주택은 수십억 원에 달하는 고액 자산이며, 매매에는 통상 수개월~수년이 걸립니다. 특히 임차인이 있는 경우는 계약 해지, 보증금 반환, 매매 절차가 연속적으로 얽혀 있어 6개월은 턱없이 부족합니다.
- 일시적 2주택, 상속 주택자: 이들은 단순한 투기 세력이 아니며 불가피한 상황에서 주택을 보유하게 된 이들입니다. 하지만 과세유예 규정이 없던 2021년에는 6개월 안에 해소할 방법이 전혀 없었습니다.

즉, 형식적 준비기간이 곧 실질적 예측 가능성은 아니며, 국민이 조정할 실질적 기회가 보장되지 않았습니다.

2) 세법 개정 남용: 모든 과세요건의 동시 상향

2021년은 단일 조치가 아니라, 거의 모든 과세요건이 동시에 상향 조정된 해였습니다.

- 공시가격 현실화율 인상 (20% 가까운 폭등),
- 공정시장가액 비율 상향 (90% → 95%),
- 세율 인상 (다주택자·법인에 최대 6%),
- 법인 공제 삭제,
- 법인 상한 철폐,
- 조정대상지역 확대,
- 민간임대주택 합산배제 폐지.

이 모든 변화가 동시다발적으로 일어났습니다. 결과적으로 세부담은 개인은 2~3배, 법인은 10배~100배까지 폭등했습니다. 이는 입법권의 정상적 행사라기보다 사실상의 과세 폭탄을 위한 조합적 남용이라 할 수 있습니다.

3) 사적 유용성 초과 재산권 본질 침해

패널 2는 "사적 유용성이 여전히 보장되었다"고 말했습니다. 그러나 사실은 정반대입니다.

- 개인 다주택자의 경우, 실효세율이 기대임대소득의 2~3배를 넘어섰습니다.
- 법인 다주택자는 6% 단일세율로, 기대임대소득의 3~5배를 초과한 세금을 납부해야 했습니다.
- 이는 단순한 세금이 아니라, 원본재산을 잠식·몰수하는 결과를 초래했습니다.

즉, 2021년의 세부담은 헌법 제23조(재산권 보장)와 제37조 제2항

(본질적 내용 침해 금지)에 정면으로 위배되었습니다.

4) 신뢰보호와 법적 안정성의 붕괴

- 법인: 종부세는 애초 고액 주택 보유자 과세를 명분으로 6억 공제를 두었습니다. 그런데 갑자기 삭제하고 단일세율로 바꾸자, 법인들은 순식간에 파산 위기로 몰렸습니다.
- 민간임대주택사업자: 30년간 정부가 장려하며 종부세 면제를 약속했는데, 2020년 특별법 개정으로 하루아침에 과세전환되었습니다. 많은 임대사업자가 기대하지 못한 세금 폭탄으로 몰락했고, 그 피해는 임차인에게 전세사기·보증금 미반환으로 전가되었습니다.
- 이는 명백히 국가가 국민을 기망하고, 신뢰보호 원칙을 배반한 사례입니다.

5) 국제 비교 법적 안정성은 조세의 핵심

- 미국: 지방세 property tax 중심, 연간 인상률 상한 2~6%.
- 일본: 3년마다 재평가, 인상률 상한 5%.
- 독일·프랑스·영국: 임대가액 기준으로 과세하여, 원본재산을 침해하지 않도록 설계.
- → 세계 어디에도 한국처럼 공시가격·세율·공정시장가액비율·상한·지역지정까지 모든 변수를 정부가 마음대로 올려 세부담을 수십 배 급등시키는 제도는 없습니다.

6) 2% 국민만의 "세금 실험대"

종부세는 전체 국민의 2%만 대상으로 삼습니다. 하지만 주택 수요는 나머지 98%의 국민에게서 더 많이 발생합니다.

따라서 2% 국민만을 겨냥한 극단적 과세는 표적과세이자 차별과세일 뿐, 부동산 가격 안정이라는 정책 목적은 달성할 수 없습니다.

결론

2021년 귀속분 종부세 개정은 단순한 입법재량의 행사가 아닙니다.
- 모든 과세요건을 동시에 상향하여, 사실상 헌법적 한계(사적 유용성·법적 안정성)를 무너뜨린 남용이었습니다.
- 예측 가능성은 형식적으로만 존재했을 뿐, 주택거래의 현실상 국민은 대응할 기회를 갖지 못했습니다.
- 국제 기준에서도 찾아볼 수 없는 급격하고 차별적인 제도로, 헌법상 조세법률주의·재산권·평등권을 동시에 침해했습니다.

따라서 종부세의 2021년식 개정은 헌법적 정당성을 상실한 입법 남용이자, 국민 신뢰를 무너뜨린 세금 폭력에 다름없습니다.

패널 4 · 글로벌 스탠다드 관점

1) 세계 주요국의 원칙: "점진성과 예측 가능성"
- 미국: property tax는 지방세로, 주마다 연간 인상률 상한(2~6%)을 법으로 보장합니다. 주택 소유자가 다음 해 세금을 예측할 수

있게 하는 것이 핵심입니다.
- 일본: 3년마다 공시가격을 재평가하지만, 연간 인상률은 5% 상한을 둡니다. 이는 급격한 세부담 전가를 방지하기 위한 장치입니다.
- 독일: 과세표준을 임대가치(기대임대소득)로 한정하여, 보유세가 사적 유용성을 초과하지 않도록 설계했습니다.
➡ 공통점은 납세자가 세부담을 예측 가능하게 설계하고, 세금이 생활비를 초과하지 않도록 안전장치를 마련했다는 것입니다.

2) 한국의 종부세 2021년 개정: "모든 변수의 동시 상향"
한국의 2021년 귀속분 종부세 개정은 전례 없는 방식이었습니다.
- 공시가격 현실화율 대폭 상향 (최대 20% 이상 폭등),
- 공정시장가액비율 90% → 95% 상향,
- 세율 강화 (다주택자·법인에 6% 단일세율),
- 법인 공제 삭제,
- 법인 상한 철폐,
- 조정대상지역 확대.

이처럼 과세표준과 세율, 보정장치, 공제, 상한까지 모든 요소를 동시에 상향한 것은 OECD 어디에서도 유례가 없습니다.
➡ 결과적으로 납세자에게는 예측 불가능한 조세폭탄이 가해졌습니다.

3) 법적 안정성과 예측 가능성의 붕괴
- 납세자 신뢰보호 원칙은 헌법적 가치로, 모든 법치국가에서 조세

정책의 핵심입니다.
- 그러나 한국의 2021년 종부세는 불과 몇 달 만에 세부담을 **최소 2배**, 법인은 10배~100배까지 늘렸습니다.
- 주택은 단기간에 매각이 어려운 자산임에도 불구하고, 국민에게 사실상 회피할 시간과 수단을 주지 않았습니다.

➜ 이는 세계적으로 요구되는 "gradualism(점진성)"과 "predictability(예측 가능성)" 원칙을 정면으로 위반한 것입니다.

4) 국제적 시각에서 본 한국 종부세
- OECD 대부분 국가에서 보유세는 단일비례세율·지방세 중심으로 운영됩니다.
- 한국처럼 국세로, 누진·중과, 모든 조정장치를 동시에 상향하는 제도는 예외적일 뿐 아니라, "세금은 예측 가능해야 한다"는 세계적 조세원칙과 충돌합니다.
- 특히 사적 유용성을 초과하는 세금 부과는, 독일·프랑스·영국 어디에서도 찾아볼 수 없습니다. 한국은 이를 무시하고, 사실상 "재산 원본을 잠식하는 수준"의 세금을 2% 국민에게 집중시켰습니다.

결론

2021년 귀속분 종부세 개정은 글로벌 스탠다드와 비교할 때 법률 개정의 남용에 해당합니다.
- 국민이 세금을 예측할 수 없도록 동시다발적 상향 조치를 취했고,

- 보호 장치(상한·공제)를 삭제하여 법적 안정성을 무너뜨렸으며,
- 결과적으로 재산권 본질을 침해하고 평등권까지 훼손했습니다.

세계 어디에도 한국처럼 단기간에 세부담을 수십 배로 폭증시키는 제도는 존재하지 않습니다. 이는 헌법적 가치인 조세법률주의·신뢰보호·예측 가능성 원칙을 동시에 침해한 사례라 할 수 있습니다.

교차 토론

<라운드 1> "정상적 입법재량 vs. 동시다발 상향의 누적효과"

패널1(종부세 찬성)

"2021년 귀속분 종부세 개정은 시장 과열기에 불가피한 '정상적 입법재량' 행사였습니다. 사전공표·국회 심의·시행유예가 있었고, 대상도 상위 약 2%로 제한했습니다. 법률 안정성은 해치지 않았습니다."

패널3(종부세 반대) 반박

"핵심은 '정상성'이 아니라 누적효과입니다. 2021년은 (1) 공시가격 현실화 급등, (2) 공정시장가액비율 95% 상향, (3) 세율 중과, (4) 법인 6억 공제 삭제, (5) 법인 상한 철폐, (6) 조정대상지역 확대, (7) 임대등록 말소에 따른 과세전환이 한꺼번에 적용돼 개인 다주택자는 실효부담이 2~3배, 법인은 10~100배까지 폭증했습니다. '각각은 합리적일 수 있다' 해도, 동시다발 상향은 합헌의 경계를 넘어 법적 안정성과 예측 가능성을 무너뜨렸습니다."

<라운드 2> "사전예고와 경과조치 vs. 부동산의 비유동성"

패널2(헌재 시각)
"세율·공정시장가액비율 변경은 미리 고지되었고, 납세자들은 자산 포트폴리오 조정 등 대응이 가능했습니다. 입법·행정절차의 적법성이 확인되었습니다."

패널4(글로벌 스탠다드 관점) 반박
"부동산은 단기간 처분이 어려운 비유동 자산입니다. 글로벌 스탠다드는 그래서 연간 세부담 상승 상한(미국 다수 주 2~6%), 평가주기·상한(일본 3년·연 5% 한도)처럼 '시간적 완충장치'를 법에 내장합니다. 한국처럼 과표·공정시장가액비율·세율·공제·상한을 동시상향하고 '몇 달 예고'만으로 책임을 전가하는 방식은 국제 기준의 예측가능성 원칙과 배치됩니다."

<라운드 3> "상위 2%라서 괜찮다 vs. 보편부담·수평적 형평"

패널1
"대상은 상위 2%입니다. 사회적 형평을 위해 더 큰 부담을 지는 것이 정당합니다."

패널3 반박
"보편부담 원칙에서 벗어난 표적과세일 뿐 아니라, 동일 자산가액임에도 법인·다주택·지역 여부에 따라 수십 배 격차가 발생했습니다. 법인은 6% 단일세율에 공제·상한까지 삭제되어 기대임대소득(사적 유용성)을 상시 초과했습니다. 이는 수평적 형평과 담세력 원칙을 동시에 훼손합니다."

<라운드 4> "공익이 더 크다 vs. 공익 산출의 부정확"

패널2
"가격 안정·투기 억제라는 공익이 크며, 일시적 과도부담은 정책목표 달성 과정의 비용일 뿐입니다."

패널4 반박
"국제경험상 보유세 단독으로 가격을 안정시키기 어렵고, 과도한 중과는 '똘똘한 한 채' 쏠림과 임대공급 위축을 낳아 오히려 가격상승·전세불안을 초래할 수 있습니다. 공익 산출을 정밀한 데이터(가격탄력성, 임대공급 함수, 지대전가율)로 검증하지 않고 '정책선언=공익'으로 간주한 것은 과잉 추정입니다."

<라운드 5> "예측 가능성의 실질 심사"

패널1·2 공동 주장
"법률·시행령에 근거했고 절차를 거쳤으므로 예측 가능성이 보장되었습니다."

패널3 종합 반박
"예측 가능성은 '고지 유무'가 아니라 실질적 예측 가능성입니다. 한 해에 세부담이 수배 뛰는 구조라면, 장기계약(전월세), 장기투자(임대주택·중소법인)가 제도 리스크로 붕괴됩니다. 납세자는 세법을 '읽을' 수 있어야 할 뿐만 아니라 '살 수 있어야' 합니다."

<라운드 6> "대안 가능성"

패널2
"강력한 중과가 아니면 정책목표 달성이 어렵습니다."

패널4
"대안은 충분합니다. (1) 보유세 단일·지방세화(응익형), (2) 연간 총부담 상한의 법정화(예: 전년 대비 10~15% 한도), (3) 공시가·공정시장가액비율·세율 조정의 상호상쇄 규칙(한 요소 올리면 다른 요소 자동완충), (4) 조정대상지역 등 행정지정의 국세 연동 금지, (5) 임대공급 보호를 위한 임대사업 별도과세체계 등이 그것입니다. '중과밖에 답이 없다'는 주장은 데이터에도, 국제사례에도 부합하지 않습니다."

<사회자 평가>

- 핵심 쟁점 정리
  - 2021년 귀속분 종부세 개정은 모든 과세 변수의 동시 상향으로 실질 세부담이 급폭증.
  - 부동산의 비유동성을 감안하면 '수개월 사전 예고'만으로 예측 가능성은 보장되지 않음.
  - 표적과세(상위 2%)와 수십 배 격차는 수평적 형평·보편부담 원칙

과 충돌.
- 공익 산출(가격안정·투기억제)은 단정적·정책선언적 근거가 많고, 부작용(임대공급 위축·똘똘한 한 채 쏠림)이 컸음.
- 국제적으로는 세부담 급등을 법률로 상한(연간 cap)하고, 과표 산정·평가주기에 완충장치를 둠.

▪ 법치·헌법 관점
- 조세법률주의의 법적 안정성·예측 가능성은 절차적 요건만으로 충족되지 않습니다. 실질적 급변(수배 인상)이 반복 가능하면 납세자 신뢰는 붕괴합니다.
- 재산권 보장의 사적 유용성(기대임대소득)을 상시 초과하는 과세는 '질식적 과세' 위험.
- 표적과세의 과도한 활용은 평등권과 보편부담 원칙과 상충.

▪ 정책·경제 효과
- 중과 일변도는 임대공급 축소·전세불안·가격상승을 동반할 수 있음.
- 법인·임대사업 부문의 파산 위험과 전세보증금 반환 리스크는 사회적 비용으로 전가.

결론(사회자)

- 2021년 귀속분 종부세 개정은 법률 개정의 남용에 가까운 동시다발 상향으로, 조세법률주의의 예측 가능성·법적 안정성을 실질적으로 훼손했습니다.
- 과세가 사적 유용성을 구조적으로 초과한 구간이 넓어 재산권 본질

의 침해 위험이 컸고, 표적과세로 평등원칙 문제도 심화되었습니다.
* '정책목표 달성'의 실증은 불충분했고, 부작용(임대시장 불안·똘똘한 한 채 쏠림)이 확인되었습니다.

5장

종부세 토론 주제 (5)
- 형식적 법률주의와 실질적 조세정의

| 사회자 발제 |

1. 문제 제기

우리 헌법 제38조는 "모든 국민은 법률이 정하는 바에 의하여 납세의 의무를 진다.", 제59조는 "조세의 종목과 세율은 법률로 정한다."고 규정하고 있습니다.

이는 조세법률주의의 선언입니다. 그러나 조세법률주의에는 두 가지 층위가 있습니다.

- 형식적 조세법률주의
  - 조세의 종목과 세율이 형식적으로 국회가 제정한 법률에 규정되어 있다면 충족된다고 보는 입장.
  - 세부 사항을 하위법령(대통령령, 시행령, 고시 등)에 위임하더라도

형식적 요건만 맞으면 합헌이라는 태도.

- 실질적 조세법률주의
- 조세는 국민의 재산권을 제한하는 본질적 규제이므로 과세요건 (과세대상, 과세표준, 세율, 공제·감면, 납세의무자 등)은 법률에 명확히 규정되어야 하며, 국민이 예측할 수 있어야 한다는 원칙.
- 법률이 추상적으로 위임하고, 실제 부담의 경중이 행정명령에 좌우되는 구조라면 법률주의의 본질을 위반한다고 보는 입장.

2. 종부세의 구조와 형식적 법률주의의 한계

종부세는 형식상 법률에 근거한 세금입니다. 종부세법이 국회를 통과했고, 조세 항목도 법률에 규정되어 있습니다. 그러나 문제는 세부 부담 수준을 결정하는 요소들입니다.

- 공시가격: 부동산원의 산정 방식과 정부의 정책적 지침에 따라 변동. → 사실상 정부가 과세표준을 조정.
- 공정시장가액비율: 법률이 아니라 시행령에서 60%~100% 사이로 행정부가 매년 결정. → 제2의 세율 기능.
- 조정대상지역 지정: 국토부 장관의 재량으로 특정 지역을 지정하면 세율이 2배 이상 급등. → 세율 결정 권한을 행정부에 사실상 위임.
- 주택수 계산 규정: 시행령과 고시에서 복잡하게 정해져 있으며, 일시적 2주택·상속주택에 대한 유예 규정은 2021년엔 공백.

즉, 실질적으로는 세부담을 결정하는 권한이 입법부가 아닌 행정부에 집중되어 있었습니다. 헌법재판소가 "온전히 자의에 맡긴 것은 아니다"라고 합헌 판정을 내린 부분은 형식적 법률주의를 강조한 결과라 할 수 있습니다.

3. 실질적 조세정의의 관점에서 본 문제

조세의 정당성은 단순히 형식적 법률 근거만으로는 확보되지 않습니다. 실질적 조세정의가 충족되어야 합니다.

그 핵심은 두 가지입니다.

- **재산권 보장** (헌법 제23조, 제37조)
  - 조세는 담세력 한도 내에서 부과되어야 합니다.
  - 2021년 종부세는 기대임대소득의 2~4배(개인 다주택자), 법인의 경우 3~5배 수준을 초과해 부과되었습니다.
  - 이는 사실상 원본 재산의 무상 몰수로 연결되어 재산권 본질적 내용 침해라는 평가를 피하기 어렵습니다.

- **평등원칙** (헌법 제11조)
  - 동일한 주택 가액임에도 1주택자는 수백만 원, 법인은 1억 원 이상 세금이 부과되는 등 50배 차별과세가 발생.
  - 임대사업자는 임차인의 주거권과 직결된 주택을 보유했음에도, 과세전환으로 파산·전세사기 확산이라는 결과를 초래.
  - 조세평등주의의 본질을 심각하게 훼손한 사례라 할 수 있습니다.

4. 국제 비교: 형식과 실질의 괴리

- 미국: 지방정부가 property tax 부과, 세율 단일, 인상률 상한(2~6%) 규정. → 안정성과 예측가능성 확보.
- 영국·프랑스·독일: 임대가치(기대임대소득)를 기준으로 과세, 원본 초과 방지.
- 한국: 공시가격·공정시장가액비율·세율·지역지정 등 다층적 레버리지를 통해 정부가 단기간에 세부담을 2배~10배까지 늘릴 수 있음.

즉, 한국 종부세는 형식적 법률주의만 충족하고 실질적 조세정의에서는 국제적 보편성과 괴리된 사례입니다.

핵심 쟁점 정리

① 조세법률주의: 종부세는 형식적으로는 법률에 근거하지만, 실질적으로는 행정부 재량에 의해 납세자의 부담이 좌우됨 → 실질적 법률주의 위반.

② 재산권 침해: 기대임대소득을 수배 초과, 원본재산 무상 몰수 수준 → 본질적 내용 침해.

③ 평등권 침해: 동일 가액의 주택 보유자 간 최대 50배 차등 → 합리성을 넘어선 차별.

④ 법적 안정성·예측가능성: 단기간·중복적 요건 개정으로 세금 폭증 → 납세자의 생활·계획 파괴.

⑤ 국제비교: 선진국은 단일·예측가능·낮은 세율체계, 한국은 다층·자의적·고율체계 → 글로벌 스탠다드와 괴리.

발제 결론

종합부동산세는 형식적 법률주의에는 합치하지만, 실질적 조세정의에는 반한다고 평가됩니다.

형식적으로 법률에 조항이 있다는 사실만으로 국민의 재산권 침해, 평등권 침해, 신뢰보호 침해를 정당화할 수는 없습니다.

따라서 종부세는 조세법률주의와 실질적 조세정의 모두를 충족하지 못하는 위헌적 세제이며, 향후 조세체계는 형식적 합헌에 머물지 않고 실질적 정의와 국제적 기준을 아우르는 방향으로 재설계되어야 합니다.

| 패널 토론 |

패널 1 · 종부세 찬성입장

1) 조세법률주의 충족
- 종부세는 국회를 통해 법률로 제정된 세금입니다.
- 과세대상, 과세표준, 세율, 공제·감면 등 기본 요소는 모두 종합부동산세법에 명시되어 있습니다.
- 일부가 시행령이나 행정규정에 위임되었더라도, 헌법재판소가 반복적으로 확인했듯이 "온전히 자의에 맡겨진 것은 아니며, 법률의 통제 안에 있다"는 점에서 조세법률주의 위반이라 볼 수 없습니다.

- 특히 공시가격, 공정시장가액비율, 조정대상지역 지정 모두 법률이 정한 기준과 절차에 따라 운영되는 것이므로, 법적 근거가 불분명하다는 주장은 과도합니다.

2) 실질적 조세정의의 구현
- **재산권 침해 주장에 대하여**
- 종부세는 국민의 2% 정도에 해당하는 고액 부동산 보유자에게만 부과됩니다.
- 이들은 상대적으로 더 큰 담세력을 가진 집단이며, 사회 전체적으로 형평성을 높이기 위해 일정 부분의 세부담 증가는 불가피합니다.
- 기대임대소득을 초과한다는 주장이 있으나, 헌법재판소가 판시했듯 "재산 규모 자체가 담세력의 지표"가 될 수 있으며, 단순히 소득 대비 세금만으로 담세력을 판단할 수는 없습니다.
- **평등권 침해 주장에 대하여**
- 1주택자와 다주택자, 개인과 법인을 동일하게 취급하는 것이 오히려 불평등입니다.
- 다주택자·법인을 통해 투기 수요가 확대되고, 주거 불평등이 심화되는 상황에서 이들에 대한 중과세는 사회 전체의 공정성을 회복하기 위한 합리적 차별입니다.
- 동일한 가액의 주택이라도 소유구조와 목적이 다르다면 차등 과세가 필요합니다.

- 법적 안정성과 예측가능성 문제
  - 세법 개정은 입법 절차를 통해 공개적으로 진행되었으며, 일정한 유예기간과 공시를 통해 국민이 인지할 수 있었습니다.
  - 공시가격 현실화, 공정시장가액비율 조정은 일시에 급등한 부동산 시장을 안정화하기 위한 불가피한 조치였습니다.
  - 예측 불가능성이 일부 납세자에게 체감되었다 하더라도, 전체적으로 시장 상황에 대응하는 합리적 조정이었다고 평가할 수 있습니다.

3) 국제 비교 속에서의 한국적 특수성
- 미국이나 유럽의 제도를 단순 비교하는 것은 적절치 않습니다.
- 한국은 수도권 집중, 전세 제도, 다주택 보유를 통한 임대차 구조라는 고유한 주거 현실을 가지고 있습니다.
- 따라서 다른 나라처럼 단순한 지방세 property tax만으로는 투기 수요 억제나 주택가격 안정이라는 공익을 달성하기 어렵습니다.
- 종부세는 한국형 사회정책세로서 필요성과 정당성이 있습니다.

결론

종합부동산세는 형식적으로 조세법률주의에 위반되지 않을 뿐만 아니라, 사회적 불평등 완화, 조세 형평성 제고, 주택시장 안정이라는 실질적 조세정의를 실현하는 세금입니다.

일시적 불만과 일부 납세자의 불이익만으로 이 제도를 위헌·폐지 대상으로 보는 것은 과도합니다.

종부세는 여전히 조세정의와 사회정의를 구현하는 헌법적으로 합헌적이고 정당한 제도라고 판단합니다.

패널 2 · 헌법재판소 입장

1) 조세법률주의의 준수 여부
- 입법의 형식적 정당성
  - 헌법 제59조는 조세법률주의를 선언하고 있습니다. 종부세는 명확히 국회의 입법 절차를 통해 제정·개정되었습니다.
  - 과세표준(공시가격, 공정시장가액비율, 합산배제 요건), 세율(주택 수, 법인 여부, 지역 지정 등)은 모두 종부세법 조문에 구체적으로 규정되어 있습니다.
  - 일부 사항이 시행령에 위임된 것은 사실이나, 이는 "구체적 산정 방식을 행정부가 정하도록 한 보충적 위임"에 해당하며, 헌법상 허용되는 범위를 넘지 않았습니다.
- 공시가격·조정대상지역 지정 등의 자의성 문제
  - 공시가격은 「부동산 가격공시에 관한 법률」에 따라 산정 절차·심의 구조가 정해져 있고, 조정대상지역 지정 또한 「주택법」에 의거한 심의·고시 절차를 거칩니다.
  - 따라서 "온전히 행정부 자의에 맡겨진 것"이 아니라, 법률에 근거한 행정적 집행이라고 보는 것이 타당합니다.

2) 실질적 조세 정의의 관점

- **재산권 제한의 범위**
  - 종부세는 재산권의 본질적 내용을 침해하지 않습니다.
  - 2021년 귀속 종부세 부담이 다소 증가한 것은 사실이나, 이는 공시가격 현실화 및 세율 조정 과정에서 불가피하게 나타난 현상일 뿐입니다.
  - 여전히 납세자는 주택의 처분권·사용권을 보유하고 있고, 임대소득을 얻거나 자산가치를 누릴 수 있습니다.
  - 따라서 종부세는 헌법 제23조 제1항의 "재산권 보장"에 위반되지 않는 합리적 제한입니다.

- **평등권과 차등과세**
  - 다주택자·법인에 대한 차등과세는 자의적 차별이 아니라, 투기 억제·실수요 보호라는 합리적 목적에 기초한 것입니다.
  - 동일한 담세력을 가진 집단에 동일한 세율을 적용하는 것이 평등입니다. 다주택자와 1주택자는 보유 목적과 사회적 영향력이 다르므로 동일선상에 놓을 수 없습니다.
  - 따라서 차별적 과세가 아니라 합리적 구별이라고 판단됩니다.

- **조세 형평성 제고와 공익의 우월성**
  - 종부세는 국민의 2% 내외 고액 자산가에게만 부과되며, 이로 인해 전체 국민 다수의 주거 안정을 도모할 수 있다는 점에서 공익성이 큽니다.
  - 침해되는 사익(일부 납세자의 재산권 제한)에 비해 달성되는 공익(조세 형평성·부동산 시장 안정)이 더 크다고 볼 수 있습니다.

- 따라서 과잉금지원칙 위반이 아니며, 법익의 균형성이 유지됩니다.

3) 법적 안정성과 예측 가능성
- 세율 인상, 공정시장가액비율 조정 등은 모두 국회의 개정과정을 통해 공표되었고, 일정한 유예기간이 있었습니다.
- 납세자가 세부담 증가를 전혀 예측할 수 없었다고 보기 어렵습니다.
- 또한 법령 개정은 급등한 부동산 가격 상황에서 불가피한 정책적 대응이었으며, 이는 입법자의 광범위한 재량 범위에 속합니다.

결론

종합부동산세는 형식적으로도 국회 입법에 따른 조세법률주의를 충족하고 있고, 실질적으로도 조세 정의와 사회 정의 실현에 기여하는 제도입니다.

일부 납세자의 불만은 인정되지만, 헌법적 한계를 넘었다고 보기는 어렵습니다.

따라서 종부세는 헌법에 합치되는 제도이며, 실질적 조세 정의를 구현하는 수단으로서 유지될 필요가 있습니다.

패널 3 · 종부세 반대입장

1) 조세법의 근본 성격과 종부세의 일탈
- 세금은 국민의 재산을 강제로 가져갈 수 있는 유일한 국가권력입

니다.
- 중세 이래 조세 남용은 혁명의 도화선이 되었고, 근대 입헌주의는 바로 "세금은 반드시 국민 동의에 근거해야 한다"는 원칙에서 출발했습니다.
- 따라서 조세법은 형식적 법률주의에 그칠 수 없고, 반드시 실질적인 조세 정의를 구현해야 합니다.

▪ 종부세는 이 원리를 정면으로 위반했습니다.
- 공시가격 급등, 공정시장가액비율 상향, 차별적 중과세, 법인공제·상한 폐지 등으로 세금이 2배, 5배, 10배, 심지어 100배까지 폭증했습니다.
- 이는 단순한 세부담 증가가 아니라, 사실상 국민의 재산을 무상 몰수하는 것과 다르지 않습니다.

2) 재산권 침해 - 사적 유용성의 붕괴

- 부동산 보유세는 원래 임대수익 등 사적 유용성 범위 내에서 낮은 세율로 부과되어야 합니다.
- 그러나 2021년 귀속 종부세는 기대임대소득의 2배~5배를 초과했습니다.
- 법인의 경우, 실효세율이 6~7%에 달했으며 이는 사실상 임대소득 전체를 넘어서는 수준이었습니다.
- 사적 유용성을 초과하는 조세는 재산권의 본질적 내용을 침해한다는 독일·프랑스 등 유럽 법원의 확고한 원칙과도 정면으로 배치됩니다.

3) 평등권 침해 차별적 중과세

- 동일한 20억 원 주택을 보유했더라도
    - 개인 1주택자는 수백만 원을 납부,
    - 다주택자 법인은 억 단위의 세금을 납부해야 했습니다.

실제로 개인 170억 원 자산 소유자가 내는 세금과, 법인 11억 원 자산 소유자가 내는 세금이 비슷한 수준이었습니다.

이는 세부담 형평성의 붕괴이자, 헌법이 보장한 평등권 침해입니다.

"투기 억제"라는 정책 명분으로 50배 이상의 차별과세를 정당화하는 것은 결코 헌법적으로 용납될 수 없습니다.

4) 조세법률주의 위반 형식만 있고 실질은 없음

- 공시가격 현실화율을 정부가 자의적으로 조정해 세부담이 폭증했습니다.
  - 미국·일본은 연간 2~6% 인상 제한 규정을 두고 예측 가능성을 보장하지만, 한국은 단기간에 20~30%씩 급등시켰습니다.
- 공정시장가액비율은 사실상 "제2의 세율"로 악용되었습니다.
  - 완화 장치가 아니라, 오히려 세금을 증폭시키는 레버로 작동했습니다.
- 조정대상지역 지정·주택수 계산도 국토부 장관과 행정부 재량에 좌우되었습니다.
  - 2021년 일시적 2주택자에 대한 구제 규정이 없어 다수 국민이 예기치 못한 세금 폭탄을 맞았습니다.

→ 이는 모두 명확성 원칙·예측 가능성·법적 안정성을 무너뜨린 사

례입니다.

5) 실질적 법치주의와 조세 정의의 붕괴
- 세금은 담세력 범위 내에서, 그리고 국민 전체가 보편적으로 부담해야 합니다.
- 그러나 종부세는 오직 2% 국민만을 표적으로 삼아, 생활 밀착형 세금임에도 불구하고 몰수적 수준으로 과세했습니다.
- 이는 "조세 정의"라기보다는 정치적 응징에 가깝습니다.
- 세금이 정치적 무기로 변질되면 국민의 신뢰는 무너지고, 헌법적 가치도 붕괴합니다.

결론
종부세는 단순히 과세기술상의 문제가 아니라,
- 재산권 침해 (사적 유용성 초과),
- 평등권 침해 (차별적 중과세),
- 조세법률주의 침해 (자의적·예측불가능한 요건 설정),
- 그리고 궁극적으로 실질적 조세 정의의 붕괴를 의미합니다.

따라서 종부세는 더 이상 "합헌적 조세"라고 부를 수 없으며, 폐지·환급을 포함한 전면적 재검토가 필요합니다.

패널 4 · 글로벌 스탠다드 관점

1) 국제적 기준에서 본 보유세 원리

- **사적 유용성 원칙** Ability-to-Pay, Private Utility
  - 미국, 영국, 독일, 프랑스 등 대부분의 선진국은 부동산 보유세를 실현가능한 임대가치(기대임대소득)를 기준으로 산정합니다.
  - 즉, "그 자산으로 실제 창출 가능한 수익 범위 내"에서 세금을 부과하는 것이 보편적 원칙입니다.
- **예측 가능성과 안정성**
  - 미국은 지방세로만 부과하며, 매년 인상률 상한(2~6%)을 두어 납세자가 급격한 세부담 변동을 피할 수 있습니다.
  - 일본은 3년마다 평가하면서, 세부담 상한을 3년간 5% 인상 이내로 제한합니다.
  - OECD 대부분 국가는 단일세율·지방세 중심·상한 규정 보장을 통해 법적 안정성을 중시합니다.
- **형식적 절차가 아닌 실질적 부담 중심**
  - 유럽헌법재판소, 독일 연방헌법재판소 모두 "조세는 형식적으로 법률 근거만 있으면 되는 것이 아니라, 실질적으로 담세력을 넘어서는지"를 기준으로 위헌 여부를 판단합니다.

2) 한국 종부세의 특이성과 문제점

- **과세 구조의 복잡성과 변동성**
  - 공시가격, 공정시장가액비율, 조정대상지역 지정, 주택수 계산 등

네 가지 변수에 따라 세금이 2배~10배 이상 급등할 수 있는 구조입니다.
- 이는 법률이 명확히 과세 범위를 정하지 못하고 행정부 재량에 과도하게 위임한 결과입니다.

▪ 사적 유용성 초과 과세
- 2021년 기준으로 개인 다주택자는 기대임대소득의 2~3배, 법인은 3~5배 초과 과세를 당했습니다.
- 이는 단순한 형식적 법률 절차를 넘어, 실질적 조세 정의 위반이자 사실상의 재산 몰수에 해당합니다.

▪ 차별적 중과세와 평등권 문제
- 동일한 자산가치를 가진 1주택자와 법인 소유자 간 세부담 차이가 50배까지 벌어졌습니다.
- 세계 어느 나라에서도 주택 수를 과세 기준으로 삼아 중과세하는 제도는 존재하지 않습니다.
- 특히 임차인이 거주하는 다주택·법인 주택까지 동일 자산가치 기준에서 중과세하는 것은 국제적으로 전례가 없습니다.

3) 형식적 법률주의의 한계와 실질적 조세 정의
▪ 형식적 법률주의
- 종부세 옹호론자나 헌법재판소는 "법률에 근거가 있으니 합헌"이라는 논리를 반복했습니다.
- 그러나 법률이 국민의 기본권을 침해할 정도로 모호하거나 과도한 위임을 하면, 이는 법률주의 준수가 아니라 **법률주의 파괴**입니다.

- 실질적 조세 정의
  - 세금은 국민의 재산을 강제로 가져가는 제도이기에 반드시 실질적 형평·예측 가능성·담세력 보장을 전제로 해야 합니다.
  - 종부세는 이 원칙을 정면으로 위반했기 때문에, 국제적 기준에서 보면 "정당한 조세"가 아니라 징벌적·몰수적 부담금에 더 가깝습니다.

결론

- 종부세는 형식적 법률주의의 틀만 지키고 실질적 조세 정의를 훼손한 대표적 사례입니다.
- 국제적 보편원칙과 비교해 볼 때,
  - 사적 유용성 원칙 위반,
  - 법적 안정성 결여,
  - 과도한 차별과세,
  - 정치적 목적에 따른 세율 남용이 모두 확인됩니다.

따라서 종부세는 국제적 기준에서도 헌법적 정당성을 상실한 제도라 평가할 수 있으며, 전면 재검토 또는 폐지가 불가피합니다.

| 교차 토론 |

<라운드 1> 형식 vs. 실질

패널1(종부세 찬성)
"조세는 법률에 근거하고(조세법률주의) 절차를 거쳤습니다. 입법 목적(형평·가격안정)도 정당합니다. 합헌 판단은 '형식적'이 아니라 입법 재량 존중입니다."

패널3(종부세 반대) 반박
"'근거가 있다'는 형식만으론 부족합니다. 그 법이 실질적으로 재산권·평등권을 침해하고 담세력을 초과하면 위헌입니다. 2021년엔 개인 다주택자 실효세율이 기대임대소득률의 2~3배, 법인은 단일세율 6%에 농특세까지 더해 실효 6.84% × 공정시장가액 95% ≒ 6.5%대가 적용되며, 기대임대소득(당시 수도권 주거용 1~2%p 내외)을 3~5배 초과했습니다. 이는 '실질' 심사를 회피한 판단이었습니다."

패널2(헌재 입장) 응수
"개별 과세가 과했다면 구제절차로 다툴 문제입니다. 제도 전체의 합헌성 판단은 '온전히 자의'에 맡겼는지, 과도한 불이익이 구조적으로 불가피한지 봅니다."

패널4(글로벌 스탠다드 관점) 재반박
"독일·영국·프랑스 등은 보유세를 임대가치 기반으로 설계해 구조적으로 사적 유용성 초과를 방지합니다. 한국처럼 원본가치×여러 가중치(공시가격·공정시장가액비율·지역·주택수)로 단기간 수배 급등 가능하게 둔 체계는 국제적 기준에서 형식에 치우친 합헌으로 보입니다."

<라운드 2> 사적 유용성(기대임대소득) 초과

패널1
"담세력은 소득만이 아닙니다. 자산규모 자체가 담세력입니다. 기대임대소득만을 상한처럼 쓰는 건 협소합니다."

패널3 반박
"담세력은 '지속가능한 납부 능력'이어야 합니다. 재산세 같은 생활밀착형 연부과세는 소득·현금흐름을 무시하면 원본 침식으로 이어집니다. 그래서 다수 국가가 임대가치를 기준 삼고, 연간 인상률·총부담 상한을 둡니다. 2021년 법인·다주택 구간의 실효부담이 기대임대소득을 수배 초과한 사실 자체가 위헌 신호입니다."

패널2 보충
"법은 상한(세부담상한)·공제 등 완충장치를 두었습니다. 2021년의 급등은 여러 제도의 일시적 중첩효과였습니다."

패널4 재반박
"그 상한을 법인은 폐지했고, 공제(법인 6억)도 삭제했습니다. 완충이 아니라 증폭 레버였죠. 국제 관행은 정반대(상한 고정·예측가능성 강화)입니다."

<라운드 3> 평등·차별 문제(주택수·법인 중과)

패널1

"다주택·법인은 시장에 미치는 외부효과가 커 합리적 차등입니다. 투기 억제·형평 제고라는 공익이 큽니다."

패널3 반박

"동일 가치의 주택에 대해 최대 수십 배 차등은 '합리적' 범위를 벗어납니다. 더구나 다주택·법인 주택의 대부분은 임차인의 거주공간입니다. 임차시장 비용까지 전가돼 전·월세 상승·전세사기 확대라는 역효과가 발생했습니다. '외부효과' 명분이 임차인 피해라는 역외부효과로 되돌아왔습니다."

패널4 보충

"주택 '개수'를 과세 기준으로 삼아 중과하는 제도는 OECD에서 보기 어렵습니다. 보유세는 가액·임대가치를 기준으로 단일·비례가 보편적입니다. 개수기준 중과는 실질적 평등도 훼손합니다."

<라운드 4> 명확성·위임·예측가능성

패널1

"공시가격 산정·공정시장가액비율··지역지정은 법률·절차 통제를 받습니다. '온전히 자의'가 아닙니다."

패널3 반박

"실무 결과가 중요합니다. 2020~2021년 현실화율 목표치 설정과 구간별 상향, 공정시장가액비율 95% 상향, 조정대상지역 전면 확대, 민간임대 과세전환이 동시 결합되며 세부담이 수배 급증했습니다. '법에 절차가 있다'는 형식이 예측가능성 상실과 포괄위임 남용을 정당화할 수는 없습니다."

패널4 보충

"미국·일본 등은 평가주기·인상률 상한(미 2~6%p/년, 일 3년·5%)으로 변동폭을 법정 상한으로 묶습니다. 한국은 변동핵심 파라미터(공정시장가액비율·지역·주택수)를 행정결정 또는 하위법령에 걸어두어 '법률주의의 형식'과 '행정재량의 실질'이 충돌하는 구조입니다."

<라운드 5> 과잉금지(목적·적합성·최소침해·법익균형)

패널2(헌재)

"목적은 정당·수단은 적합·침해는 제한적·법익균형도 공익 우위입니다. 급등기였고, 법인의 매입비중도 상승했습니다."

패널3 일괄 반박

- **적합성**: 2020.8 강화 이후 2021년 가격 급등(똘똘한 한 채 선호, 임차시장 압박)이 관측됐습니다. 가격안정 '효과'는 실증되지 않았고 **역효과가** 뚜렷했습니다.
- **최소침해**: 동일한 목표라면 대상·시점·정도를 더 좁고 완만하게 설계 가능했습니다(핀셋 대출규제·공급·임대차시장 안정장치).
- **법익균형**: 공익(가격안정·형평)은 **실현 불명확**, 사익 침해(재산권·평등권·신뢰보호)는 **현실·중대**. 기대임대소득 수배 초과는 질식적

과세에 근접합니다.

패널4 정리

"국제 판례·관행 기준으로 보면 '목적 정당 → 곧바로 적합·합헌'이 아닙니다. 효과·대체가능성·예측가능성을 함께 본 실질 심사가 필요합니다."

<라운드 6> 정책효과(가격안정)와 대안

패널1

"강화 후 다주택 매물 증가·보유억제가 나타났습니다. 일정 기여는 있었습니다."

패널3

"가격은 거시금리·공급·도시수요가 좌우합니다. 보유세 중과는 임차비용 전가 → 전세불안을 통해 오히려 가격 상방압력을 키웠습니다. '2% 표적과세'로는 전체 수요·가격을 좌우하기 어렵습니다."

패널4 대안 제시

"보편모형으로의 구조개편이 필요합니다:

① 보유세 단일·지방세 중심,

② 평가주기·연간 인상·총부담 법정 상한,

③ 임대가치 기준(사적 유용성)으로 과세,

④ 주택수·지역연동 중과 폐지,

⑤ 신뢰보호 경과·환급·구제 프로토콜 명문화."

<사회자 종합평가 및 결론>

- 형식의 합헌 vs. 실질의 위헌성

법률에 근거하고 절차를 거쳤다는 형식만으로는 충분치 않습니다. 2021년을 정점으로 한 과세변수 동시 상향은 개인 다주택·법인 납세자에게 기대임대소득을 수배 초과하는 부담을 발생시켰습니다. 이는 사적 유용성 원칙과 질식적 과세 금지의 경계선을 실질적으로 넘나든 조세입니다.

- 평등 원칙과 차별 과세

동일 가치의 자산에 대해 주택수·법인 여부로 수십 배까지 벌어진 부담은 '합리적 차등'의 범위를 벗어나 실질적 평등을 훼손했습니다. 특히 임차인이 거주하는 주택까지 포괄된 광범위 중과는 임차시장 불안과 역외부효과를 낳았습니다.

- 명확성·위임·예측가능성 결함

공시가격 현실화 목표, 공정시장가액비율 95%, 조정대상지역 대폭 확대, 민간임대 과세전환이 단기간 결합되며 세부담이 비약적으로 변동했습니다. 이는 조세법률주의가 요구하는 명확성·예측가능성과 위임입법 한계를 시험대에 올렸고, 결과적으로 신뢰보호·법적 안정성을 약화시켰습니다.

- 과잉금지 위반 소지

목적의 정당성만으로 적합성·최소침해·법익균형이 자동 충족되진 않습니다. 가격안정 효과는 불명확했고, 대체수단(공급·금융·임대차 제도)이 존재했으며, 사익 침해는 현실·중대했습니다.

■ 정책효과 부재와 글로벌 스탠다드 일탈

국제적으로 보유세는 임대가치 기반·단일·지방세·상한 보장이 표준입니다. 한국 종부세는 이와 구조적으로 괴리되어 있고, 목적 달성에도 일관된 성과를 보이지 못했습니다.

결론: 종부세는 형식적 법률주의의 외피를 갖췄더라도, 실질적 조세정의(사적 유용성, 평등, 명확성·예측가능성, 과잉금지)를 광범위하게 훼손해 헌법적 정당성이 약화된 제도로 평가됩니다. 입법적 권고는 다음과 같습니다.

- 구조개편: 보유세 단일·지방세화, 주택수·지역 연동 중과 폐지
- 안전장치: 평가주기·연간 인상·총부담 법정 상한
- 과세기준: 임대가치(사적 유용성) 중심 전환
- 신뢰보호: 경과규정·유예·구제·(필요시) **환급** 제도화
- 정책분리: 가격안정은 공급·금융·임대차로, 보유세는 응익·형평으로 역할 분리

6장

종부세 토론 주제 (6)
- 종부세와 사회계약 원리

| 사회자 발제 |

1. 사회계약원리란 무엇인가?

사회계약원리란, 국가와 국민 간의 암묵적 계약을 의미합니다.

국민은 국가에 일정한 권한(특히 과세권)을 위임하고, 국가는 그 대가로 국민의 기본권을 보호하며 공공선을 추구합니다.

즉, "국민은 세금을 낸다 → 국가는 권리 보장과 공공복리를 보장한다"라는 교환적 성격입니다.

- 로크(John Locke): 재산권은 천부적 권리이며, 국가는 이를 보장하기 위해 존재한다.
- 루소(Jean-Jacques Rousseau): 국가는 공동체 의지를 대표하되, 개별 시민의 기본적 자유와 권리는 침해할 수 없다.

- 칸트(Immanuel Kant): 조세는 자유로운 시민이 공정하게 합의한 법률에 근거할 때만 정당하다.

따라서 과세가 정당하려면,

① 합의된 법률에 근거할 것(형식적 정당성),

② 납세자의 권리 보장을 해치지 않을 것(실질적 정당성),

③ 공공선 추구와 사익 침해의 균형을 지킬 것(정치적 정당성),

이 세 가지가 함께 충족되어야 합니다.

2. 종부세와 사회계약원리의 충돌

(1) 재산권 보장 위배

- 2021년 종부세는 기대임대소득의 2~5배에 이르는 세금을 부과, 사실상 원본 재산의 침식·몰수에 가까운 결과를 낳음.
- 이는 국민이 국가에 위임한 과세권이 "재산권 보호"라는 대원칙을 스스로 배반한 사례로 볼 수 있음.

(2) 평등원칙 위배

- 동일한 가액의 주택이라도 개인 1주택자·다주택자·법인에 따라 세부담이 수십 배 차이.
- 임차인이 거주하는 다주택 주택에도 폭탄세가 부과되어 임차시장 불안·전세사기로 귀결됨.
- 이는 국민 간 "공정한 부담"이라는 사회계약의 기본 신뢰를 무너

뜨림.

(3) 조세법률주의 위배
- 공시가격·공정시장가액비율·조정대상지역·주택수 계산 등 핵심 과세요건을 행정부의 자의적 결정에 맡김.
- 납세자는 합의되지 않은 방식으로 세부담이 수배 급등하는 경험을 하였고, 이는 사회계약의 핵심인 예측 가능성과 법적 안정성을 깨뜨림.

(4) 공익과 사익의 균형 붕괴
- 종부세 입법 목적은 형평성 제고와 가격 안정이었으나, 실질적으로는 가격 급등과 형평성 악화라는 역효과가 발생.
- 국민이 위임한 과세권이 공공선을 달성하지 못하고, 오히려 사익 침해만 심화시킴.
- 따라서 사회계약의 "교환적 정의"가 깨진 것.

3. 국제비교: 사회계약 원리에 충실한 보유세 구조

- 미국: 지방세 property tax 중심, 연간 인상률 상한(2~6%). 예측가능성이 보장됨.
- 일본: 3년마다 재평가, 연 5% 상한. 납세자의 신뢰와 법적 안정성을 확보.
- 독일: 임대가치 기준으로 재산세 부과, "질식적 과세 금지" 원칙

확립.
- 영국: council tax는 지방서비스 대가로 징수, 국가가 자의적으로 중과세하지 않음.

➜ 이들 국가 모두, 사회계약의 핵심인 권리 보장·예측 가능성·공공선 달성을 세제 구조에 반영합니다.

반면, 한국의 종부세는 중앙정부 국세·중과세 구조로, 사회계약적 원리와 괴리가 크다고 할 수 있습니다.

핵심 쟁점 정리

1) **재산권 침해**: 기대임대소득 초과 과세 → 원본 재산 몰수 수준.
2) **평등권 침해**: 동일 가액에 수십 배 차별 → 보편부담·형평원칙 붕괴.
3) **조세법률주의 침해**: 핵심 과세요건을 행정부 자의에 맡김 → 법적 안정성·예측 가능성 상실.
4) **공익 실효성 부족**: 가격 안정·형평 제고라는 목적 달성 실패 → 사회계약의 교환적 정의 붕괴.
5) **국제기준 이탈**: 보편적 안전장치(상한·예측가능성·임대가치 기준) 부재 → 사회계약적 정당성 상실.

결론 (발제 종합)

종부세는 사회계약 원리와 충돌하는 대표적 제도입니다.

국민은 재산권 보장과 법적 안정성을 전제로 과세권을 위임했는데, 국가는 이를 무시한 채 재산권 침해, 평등권 위반, 조세법률주의 파괴로 응답했습니다.

결과적으로 종부세는 국민과 국가 간 신뢰를 해치는 "세금 폭력"으로 인식되었고, 이는 사회계약 자체를 흔드는 수준의 위헌적 세금이라 평가할 수 있습니다.

| 패널 토론 |

패널 1 · 종부세 찬성입장

1) 사회계약의 핵심은 공동체적 정의 실현

사회계약이란 국민이 국가에 권한을 위임하고, 국가는 공동체 전체의 공익을 위해 권한을 행사하는 것을 말합니다.
- 한국 사회의 가장 큰 문제 중 하나는 부동산 자산의 불평등입니다. 소수 다주택자·법인이 전체 주택의 상당 비율을 보유하고, 무주택자·청년·서민은 주거 불안정에 시달립니다.
- 종부세는 바로 이 불평등 구조를 조정하고, 다수 국민의 주거 안정을 도모하는 공동체 정의의 실현 수단입니다.

→ 따라서 종부세는 사회계약에 따라 국민이 위임한 권한을 적절히 행사한 것입니다.

2) 재산권 보호와 공공복리의 균형

사회계약은 단순히 개인 재산권을 절대적으로 보장하는 계약이 아닙니다. 공공복리 증진을 위해 일정한 제한이 불가피합니다.

- 헌법 제23조 2항은 "재산권의 행사는 공공복리에 적합하도록 하여야 한다"고 명시합니다.
- 다주택자와 법인이 보유한 주택은 단순한 사적 소유물이 아니라 사회 전체의 주거시장에 영향을 주는 공공적 성격을 가집니다.
- 따라서 이들의 보유에 일정한 부담을 지우는 것은 재산권 본질을 침해한 것이 아니라, 공공복리에 맞추어 조정한 것입니다.

3) 예측 가능성과 법적 안정성

종부세 찬성은 "종부세 개정이 잦아 법적 안정성을 해친다"고 주장하지만, 사실상 조세 제도는 경제 상황에 따라 조정되는 것이 세계적 보편입니다.

- 미국도 property tax가 주·카운티별로 수시 조정되고, 일본도 공시가격을 3년마다 조정하며 상한 규정을 둡니다.
- 한국 종부세도 국회에서 개정 과정을 거쳐 합법적으로 결정된 것이며, 적어도 6개월 이상의 준비기간이 주어졌습니다. 이는 사회계약상 요구되는 최소한의 예측가능성을 보장한 것입니다.

4) 기대임대소득 초과 논란에 대하여

종부세가 기대임대소득을 넘어선다는 주장이 있습니다. 그러나 사회계약은 단순히 개인 소득만을 기준으로 하지 않습니다.

- 재산의 사회적 영향력, 시장 지배력도 고려해야 합니다.
- 특히 다주택자의 보유는 임차인의 주거비용에 직접적인 영향을 주므로, 단순히 "사적 유용성"만으로 세금을 한정하는 것은 협소

합니다.
- 종부세는 보유 자체가 사회에 미치는 외부효과^{Externality}를 조정하기 위한 세금이므로, 소득 대비가 아니라 자산 규모와 사회적 파급력을 기준으로 보는 것이 타당합니다.

5) 공익적 효과
- 종부세는 고가·다주택 보유층의 투기적 수요를 억제하는 장치로서 주택시장 안정화에 기여했습니다.
- 세수는 농어촌특별세, 지방소비세 보전 등으로 재투입되어 국가공동체 발전에 사용됩니다.
- 따라서 종부세는 단순히 일부 국민을 겨냥한 세금이 아니라, 다수 국민의 권익을 위한 공익적 장치입니다.

결론

사회계약은 "국민의 권리 보장"만이 아니라 "공동체 전체의 공익 보장"까지 포함합니다.

종부세는 소수의 부동산 자산 독점을 견제하고, 다수 국민의 주거권을 보호하는 제도로서 사회계약 정신에 부합합니다.

일부 납세자의 세부담이 크더라도, 이는 공동체 전체의 이익과 법질서를 위해 정당하게 감수해야 할 사회적 의무입니다.

따라서 종부세는 사회계약원리에 충실한 제도이지, 이를 위반한 제도가 아닙니다.

패널 2 · 헌법재판소 입장

1) 헌법과 사회계약의 연결
- 사회계약론은 국민이 개인의 자유와 재산을 절대적 권리로 보장받는 대신, 일정한 자유와 권리를 국가에 위임하여 공동체 질서와 공익을 실현하는 데 동의한 것에서 출발합니다.
- 헌법은 이러한 사회계약 정신을 구체화한 최고 규범입니다.
    - 헌법 제23조 제2항: "재산권의 행사는 공공복리에 적합하도록 하여야 한다."
    - 헌법 제59조: "조세의 종목과 세율은 법률로 정한다."

따라서 재산권의 무제한적 보장이 아닌, 공익 실현을 위한 합리적 제한은 헌법이 허용하는 범위 내에서 정당합니다. 종부세는 이 원리에 충실합니다.

2) 사회적 불평등 해소라는 공익
- 사회계약론의 핵심은 공동체적 연대와 불평등 조정입니다.
- 우리 사회에서 가장 심각한 불평등은 부동산 자산 불평등이며, 주택은 단순한 재산을 넘어 생활의 기반입니다.
- 소수의 다주택자·법인에 주택 소유가 집중될 경우 무주택자의 주거 안정이 위협받습니다.
- 종부세는 이러한 구조적 불평등을 완화하고, 다수 국민의 주거권과 삶의 질을 보호하기 위해 설계된 제도로 사회계약 정신에 부합합니다.

3) 사적 유용성과 과세의 한계

- 청구인들은 종부세가 기대임대소득을 넘어 사적 유용성을 침해한 다고 주장합니다.
- 그러나 재산권의 본질적 내용이란 단순한 임대소득에 국한되지 않습니다. 주택 보유 자체가 가지는 사회적 책임과 공공성도 포함됩니다.
- 종부세는 재산권의 본질적 내용을 박탈하지 않습니다. 소유자는 여전히 주택을 사용·수익·처분할 권리를 유지합니다. 다만, 그 과정에서 사회적 책임에 따른 일정한 부담을 지는 것일 뿐입니다.
- 따라서 종부세는 헌법 제37조 제2항의 "필요한 경우 공공복리를 위하여 권리와 자유를 제한할 수 있다"는 원칙에 합치됩니다.

4) 납세의무와 사회계약

- 납세의무는 국민의 기본 의무로, 사회계약론적 관점에서 국가 공동체를 유지하기 위한 가장 기본적인 계약 이행 행위입니다.
- 종부세는 단순히 세금을 부과하는 것이 아니라, 보편적 조세 정의와 공동체적 연대를 실현하기 위한 장치입니다.
- 소수의 고액 자산가가 공동체 유지에 더 큰 몫을 부담하는 것은 사회계약의 공정성과 조세 정의에 부합하는 것입니다.

5) 법적 안정성과 예측 가능성

- 종부세 개정이 잦았다는 지적이 있지만, 모든 세법은 경제·사회 여건에 따라 조정될 수 있습니다. 이는 헌법상 입법권이 보장한 영

역입니다.
- 또한 개정 과정에서 국회의 심의와 공표 절차가 이루어졌고, 최소한의 예고 기간이 있었기 때문에 예측 가능성은 보장되었다고 볼 수 있습니다.
- 사회계약론적 관점에서 국민은 일정한 변동 가능성을 전제로 국가에 권한을 위임한 것이므로, 이는 사회계약 위반이 아니라 계약의 범위 내 권한 행사입니다.

6) 공익과 사익의 균형
- 헌법재판소는 종부세 합헌 판결에서 일관되게 "종부세로 제한되는 사익보다 종부세로 확보되는 공익이 더 크다"고 판단해 왔습니다.
- 사회계약의 본질은 개인의 권리와 공동체의 이익 간 균형을 맞추는 데 있습니다.
- 종부세는 다주택자·법인의 사익을 일정 부분 제한하는 대신, 다수 국민의 주거 안정이라는 공익을 증진하므로 사회계약 정신에 부합합니다.

결론
종합하면, 종부세는 단순히 고액 자산가를 겨냥한 세금이 아니라 헌법이 구현한 사회계약 정신을 구체적으로 실현하는 장치입니다.
- 재산권은 공공복리에 적합해야 한다는 헌법 규정,
- 국민의 납세의무라는 헌법 원리,

- 공익이 사익보다 우선한다는 사회계약 정신에 비추어 볼 때, 종부세는 결코 사회계약 원리에 반하지 않고 오히려 그 원리를 구현한 합헌적 제도라고 할 수 있습니다.

| 교차토론: 패널 3의 반박 주장 및 결론 |

1) "사회적 불평등 해소"를 명분으로 한 보유세의 처벌화는 사회계약에도, 조세법에도 맞지 않습니다
- 보유세는 본질상 응익적·낮은 세율·예측가능하게 설계되어야 합니다. 재산 원본이 아니라 그 재산의 사적 유용성(기대임대가치·거주편익)을 넘지 않도록 하는 것이 국제적 관행입니다.
- 그런데 종부세는 특정 신분(다주택·법인)을 이유로 2~6% 고율 누진/단일세율을 적용하고, 여기에 공정시장가액비율(최대 95%)·농특세(주택분 20%)까지 얹어 사적 유용성을 상회하게 만듭니다.
  - 예: 법인 다주택 2021년 기준 실효세율 ≒ 6.00%×0.95=5.70%(농특세 포함시 7.2%×0.95=6.84%). 당시 기대임대수익률(1~2%대)을 3~6배 상회합니다. 이것이 어떻게 "공익을 위한 합리적 부담"입니까? 원본잠식·사실상 몰수에 가깝습니다.

불평등을 완화하겠다면 보유세의 본질을 바꾸는 방식(처벌적 중과)이 아니라, 소득·양도·상속·종합자산세(보편·낮은 세율·광범위 기반) 같은 체계적 수단이 적소입니다. 보유세 하나로 "자산 불평등 전체"를 해결하려는 것은 세목 오남용입니다.

2) "담세력은 '주택 보유 그 자체'다"라는 주장은 사적 유용성 원칙을 파괴합니다

- 담세력을 "보유 총액"으로만 정의하면 현금흐름이 없는 납세자(은퇴자, 전세보증금 높은 임대사업자, 공공임대 법인 등)는 현금창출 없이 세금부터 내야 합니다.
- 그 결과가 2021년입니다. 개인·법인 상당수에서 세액 〉기대임대소득이 되었습니다. 담세력의 최소 단위는 어디까지나 현실적·지속 가능한 유동성(사적 유용성)입니다. 이것을 무시하는 과세는 질식적 과세Confiscatory taxation로 귀결됩니다.

3) "2% 표적과세 = 수직적 형평"이라는 논리의 평등·보편부담 파괴

- 같은 가치의 주택인데도 '보유자 신분'에 따라 수십 배 세금이 갈립니다(1주택 고가 장기보유자 vs 법인·다주택). 이는 수평적 형평의 정면 위반입니다.
- 더구나 주택 수요의 98%는 종부세 비과세권(대다수 가구)에서 발생합니다. 2%만 때리면 가격안정 효과는 구조적으로 제한되고, 반대로 똘똘한 한 채 수요를 부추겨 고가·신축으로 가격 왜곡이 생깁니다. "공익 달성"을 명분으로 하지만 실효 없는 차별입니다.

4) 법적 안정성과 예측가능성의 붕괴가 바로 사회계약의 파기입니다

- 2021년은 공시가격 급등 + 공정시장가액비율 상향 + 급격한 세율·중과 + 합산배제 축소 + 조정대상지역 확대가 동시에 적용된 특이년입니다.

- "6개월 예고로 충분"이라는 주장은 현실을 모릅니다. 주택은 6개월 내 합리적으로 처분하기 어려운 대자산입니다. 경과·상한·단계조정 없이 단번에 3~10배 세액 비약을 허용한 것은 신뢰보호·법적 안정성을 정면으로 거슬렀습니다. 사회계약은 예측가능한 정부를 전제로 합니다.

5) "공익>사익" 판단의 사실오인: 공익은 미미, 사익침해는 중대
- 공익(재정): 2021년 종부세(농특세 포함)는 총조세의 약 1~2%대에 불과. 대체재원으로도 충분히 조달 가능한 규모입니다.
- 공익(가격안정): 2021년 과세강화 이후에 오히려 가격 급등과 전세불안이 심화된 구간이 존재합니다(똘똘한 한 채, 임대시장 위축).
- 사익침해: 사적 유용성 초과, 동일가액 '신분별' 수십 배 격차, 상한 폐지·공제 삭제로 인한 법인·임대부문의 현금흐름 붕괴, 전세보증금 반환차질 등 실질 피해가 컸습니다.
→ 이 구조에서 "공익이 더 크다"는 결론은 경험칙과 균형성 모두에 어긋납니다.

6) 국제 비교: 보편·낮은 세율·지방 중심 vs 표적·고율·중앙 중과
- 미국: 연간 세부담 인상 상한(주별 2~6%), 지방세 중심.
- 일본: 평가 주기·상향 상한(3년/5%).
- 영국·프랑스·독일: 임대가치(사적 유용성) 기반, 중앙정부 '추가 중과'는 예외적.
- 한국 종부세는 중앙정부가 세율·공정시장가액비율·평가를 동시

가변하는 가변 다중레버리지. 국제 보편모형과의 괴리가 예측가능성·형평성 리스크로 직결됩니다.

7) 사회계약의 핵심은 형식적 합법성이 아니라 실질적 정당성
• "법률에 있으니 합헌"이 아니라,
① 과세요건의 명확성·예측가능성,
② 사적 유용성을 넘지 않는 한계,
③ 수평·수직 형평의 조화,
④ 경과·상한 등 납세자 보호장치,
가 지켜질 때 비로소 조세는 사회계약의 정당한 산물이 됩니다. 2021년의 종부세 운영은 이 네 가지를 동시에 위반했습니다.

마무리 질문(패널 1·2에 대한 교차 질의)
① 사적 유용성 초과 과세를 어떻게 정당화합니까? 기대임대소득 1~2%인 자산에 5~7% 실효세율(법인 기준)을 수년 반복 부과하면 원본잠식이 발생합니다. 이것이 재산권의 본질적 내용을 침해하지 않는다는 근거는 무엇입니까?
② 동일가액인데 '보유자 신분(다주택자·법인)'만으로 수십 배 세액이 나오는 구조가 수평적 평등에 어떻게 부합합니까? "정책 목적"이면 모든 차별이 허용됩니까?
③ 2021년처럼 공시가격·공정시장가액비율·세율·지역·합산배제를 한 해에 동시 상향해 3~10배 세부담 비약을 만든 운영을 두고도, 법적 안정성·신뢰보호가 지켜졌다고 보십니까? 경과·상한 없는

급변을 사회계약이 정말 허용합니까?

④ 공익 대비 사익: 종부세가 총조세의 1~2% 내외라면, 왜 사적 유용성 초과라는 중대한 사익침해를 감수해야 합니까? 더 정밀하고 피해가 적은 대안세목(소득·양도·상속·종합자산 낮은 세율 광범위)들이 존재합니다.

결론

종부세는 보유세의 본질(응익·낮은 세율·예측가능)을 벗어나 **표적·고율·가변 중과**로 사적 유용성을 제도적으로 초과시켰고, 수평적 평등과 법적 안정성을 훼손했으며, 사회계약의 신뢰를 무너뜨렸습니다.

형식적 합법성으로는 정당화될 수 없습니다. 실질적 조세정의와 헌법적 한계에 비추어 재설계(또는 폐지 후 단일·지방 중심 체계로 환원)가 답입니다.

사회자 종합 평가와 종합 결론

"종부세는 정당한가 아니면 잘못 설계된 것인가"

01. 한 문장 요약

이번 토론 전 과정을 종합하면, 현행/최근 운용된 종합부동산세는 보유세의 본질(응익·낮은 세율·예측가능)에서 이탈했고, 사적 유용성 한계를 반복적으로 초과시키며, 수평·수직 형평을 동시에 훼손한 측면이 크다. 결과적으로 헌법적 원칙(재산권·평등·조세법률주의)과 실질적 조세정의/사회계약 원리에 비추어 현행 형태의 종부세는 정당화되기 어렵다는 결론에 이른다.

02. 핵심 사실·구조 진단 (요지)

① 과세구조의 삼중 레버리지

공시가격(평가) × 공정시장가액비율(비율) × 세율(주택수·법인·지역 연동)이 동시에 가변되어 한 해에도 세부담이 수배로 비약 가능. 여기에 농특세, 합산배제 축소, 조정대상지역 지정까지 결합되면 예측 가능성 붕괴.

② 사적 유용성 초과

주택 보유의 기대임대수익(1~2%대) 대비, 법인·다주택 구간의 실효부담이 3~6배에 달하는 사례가 광범위. 이는 보유세가 지켜야 할 원본비침식/담세력 한계를 넘어서는 질식적 과세 위험을 상시화.

③ 차별과세의 과도성

동일 시가의 주택이라도 '보유자 신분(법인·다주택·조정대상지역 2주택)'만으로 수십 배 세액 격차가 발생. 이는 수평적 형평을 훼손하고, 수직적 형평(더 가진 자가 더 낸다) 또한 합리성의 한계를 넘음.

④ 법적 안정성과 신뢰보호의 약화

상한·경과장치 미흡 상태에서 공시가격·공정시장가액비율·세율을 동시 상향하거나, 공제·상한의 폐지/회복을 빈번히 반복. 민간임대 과세전환 등 정책 급변이 납세자의 합리적 예측과 장기 의사결정을 좌절.

⑤ 정책효과의 비일관성

"가격안정·형평"이라는 목적과 달리, 실제로는 똘똘한 한 채 선호를 강화, 임대공급·전세시장에 부정적 외부효과(보증금 반환압박·전세불안)를 유발. 세수 기여 또한 총조세 대비 매우 적음(1~2%p 내외).

⑥ 국제비교의 일탈

다수 OECD는 지방 단일재산세 + 인상률/평가 상한으로 설계(미국

2~6%/년 상한, 일본 3년/5% 상한 등). 영국·프랑스·독일은 임대가치(사적 유용성) 기반. 한국은 중앙정부가 평가·공정시장가액비율·세율을 동시 가변하는 예외적 모델.

03. 헌법·원칙별 최종평가

① 재산권(본질적 내용/사적 유용성)
- 판단: 기대임대수익을 반복 초과하는 고율·중과 구조는 원본잠식 위험을 제도화. 주거·임대의 사적 유용성을 실질적으로 박탈하는 구간이 존재.
- 결론: 본질적 내용 침해 위험이 현저하며, 경계선 사안이 아니라 구조적 리스크.

② 조세평등주의(수평·수직 형평)
- 판단: 동일가액 대비 '신분'(법인/주택수/지역)에 따른 비약적 격차는 수평적 평등 위반 소지가 큼. 수직적 형평 명분도 담세력(현금흐름)과의 연결이 약함.
- 결론: 평등원칙 충돌이 체계적으로 누적.

③ 조세법률주의(명확성·예측가능성·위임한계)
- 판단: 공시가격 현실화·공정시장가액비율·조정대상지역·주택수 계산 등 핵심 과세요건이 하위법령·행정결정에 과다 의존. 연속 개정·동시 가변 운용으로 예측가능성 훼손.
- 결론: 형식적 근거는 있으나 실질적 통제·명확성 결여, 위임한

계·법적 안정성 측면에서 부적합.

④ 과잉금지원칙(목적·적합성·최소침해·균형성)
- 목적: 형식상 정당하나 목적 간 상충(가격안정 vs 형평)이 크고,
- 적합성: 실효 논란(가격안정 증거 빈약·역효과 사례),
- 최소침해: 상한·경과·낮은 세율·단일 체계 등 완화수단 미흡,
- 균형성: 공익(세수·부동산가격 안정효과) 미미, 사익침해(원본잠식·시장왜곡) 중대.
- 결론: 과잉금지 위반 소지가 높다.

⑤ 사회계약/실질적 조세정의
- 판단: 정부는 예측가능·공정·보호장치를 제공해야 한다. 2021년 등 특이년의 급변 운용과 표적 고율 과세는 신뢰 붕괴를 초래.
- 결론: 형식적 합헌만으로 정당화 불가, 실질적 정당성 결여.

04. 반대 논거에 대한 응답(요지)

- "상위 2% 표적은 수직적 형평" → 동일가액 대비 수십 배 격차는 수평 형평의 붕괴. 수직 형평도 현금흐름 담세력과 결합되어야 정당.
- "정책목적이 크니 수단은 용인" → 과잉금지의 최소침해·균형성 심사에서 탈락.
- "법에 규정돼 있으니 합헌" → 위임범위·예측가능성은 형식이 아니라 실질로 심사.

- "외국과 달라서 안 된다" → 고유성은 인정하되, 낮은 세율·단일·상한·경과는 보편적 헌법적 품질 기준.

05. 최종결론

- **정당성 판단**: 종부세가 목표(형평·가격안정)를 표방했으나, 수단의 설계·운용이 보유세의 본질과 헌법적 한계를 광범위하게 벗어났다.
- **헌법적 평가**: 재산권 본질침해 위험, 평등원칙 위반 소지, 조세법률주의(명확성·예측가능성·위임한계) 이탈, 과잉금지 위반 가능성이 복합적·구조적으로 확인된다.
- **사회계약·조세정의**: 형식적 합법성만으로는 정당화되지 않으며, 납세자의 신뢰와 예측가능을 회복할 근본적 재설계가 요구된다.

따라서, 현행 형태의 종부세는 "그대로의 유지"가 아니라 "전면 재설계(또는 일원화에 준하는 축소·대체)"의 대상이다.

단기적으로는 상한·경과·위임한계 보완 등 안전편을 즉시 장착하고, 중기적으로는 지방 단일보유세 중심·사적 유용성 준수·낮은 세율·간명·예측가능이라는 국제 보편모형에 맞도록 체계 개편을 추진해야 한다.

이것이야말로 헌법이 요구하는 재산권 보호·평등·법치, 그리고 국민이 기대하는 실질적 조세정의와 사회계약의 복원으로 가는 가장 안전하고 설득력 있는 길이다.